自閉症スペクトラムとコミュニケーション
―― 理解コミュニケーションの視覚的支援 ――

著
リンダ・A・ホジダン

訳
門 眞一郎
小川 由香
黒澤 麻美

星 和 書 店

Seiwa Shoten Publishers

2-5 Kamitakaido 1-Chome
Suginamiku Tokyo 168-0074, Japan

Visual Strategies For Improving Communication

Practical Supports for Autism Spectrum Disorders

Revised and Updated

by
Linda A. Hodgdon, M.ED., CCC-SLP

Translated from English
by
Shinichiro Kado, M.D.
Yuka Ogawa
Asami Kurosawa

English Edition Copyright © 2011 by QuirkRoberts Publishing, LTD
Japanese Eddition Copyright © 2012 by Seiwa Shoten Publishers, Tokyo

この本を，視覚的支援具の開発作業を熱心に支えてくれた，
マコーム郡中学校区自閉症プログラムのスタッフ，
子ども，家族に捧げます。

聞いたことは忘れる
見たことは忘れない
行ったことは身につく

　　　──中国のことわざ

まえがき

　中等度から重度のコミュニケーション障害をもつ人に対するコミュニケーション支援がきわめて大きな進歩を遂げた理由のひとつは，おそらく自閉症の人の独特な学習パターンに関する理解が進んだことでしょう。かなりの数の研究により，自閉症の人の情報処理は，全体的，ゲシュタルト的な処理に強いという特徴があることがわかりました（p.14 参照）。この強みは，空間的に整理された，非一過性の情報を理解するのに適しています。一方，弱点は，分析的継次的な情報処理に関係するもので時間的に整理された一過性の情報の理解が難しいことです（Prizant & Schuler, 1987）。

　この独特な学習スタイルを示す証拠が得られたことで，自閉症や他の重度の言語・コミュニケーション障害におけるコミュニケーションおよび言語の問題に関して理解が深まりました。そしてそのことからコミュニケーション支援の方法が大いに進歩し，自閉症その他の対応困難な状態の人たちが効果的なコミュニケーション・スキルを身につけることができるようになりました。

　リンダ・ホジダンは本書において，自閉症の子どものコミュニケーションの専門家として，長年にわたって重ねてきた経験に裏打ちされ，自閉症の人の習得スタイルについての研究結果に基づく，コミュニケーション支援の実践的な応用方法をいくつも紹介しています。本書は，親，教師，言語聴覚士などが，自閉症その他の重度のコミュニケーション障害によく見られる，コミュニケーションや自己管理の問題の解決策を考案するうえで役に立つ，「ハウツー本」，「マニュアル本」です。本書には，例や図が満載されており，効果的な方法でコミュニケーション・スキルを高めたいと願うすべての人を明確に導いてくれます。本書で取り上げられた支援法や例は，ホジダンが臨床・教育の現場で実際に試し，その効果が実証されたものばかりです。

　ホジダンの「視覚的コミュニケーション」に対するアプローチは，多くの点で独特です。自閉症の人たちのための多くのコミュニケーション支援プログラムが，表現コミュニケーションに重点を置いているのとは全く対照的に，ホジダンがまず重視しているのが，理解すること，すなわち環境の理解，要求や指示の理解，人や言語の理解です。このような理解を助けるうえで効果があることが，ホジダンのコミュニケーション支援プログラム全体が成功している重要な要因のひとつなのです。

自閉症やその他の障害をもつ多くの人たちは，学習スタイルが独特であることから，理解，特に言語の理解に大きな困難を抱えています。環境，相手の期待，他者を確実に理解することができれば，表現コミュニケーション・スキルの発達の基盤を確立できます。

　ホジダンの支援でもうひとつ独得なのは，「視覚的コミュニケーション」の方法を，言語，記憶，計画立案，自己管理などの内的な心理作用のための物理的な「支援具」，あるいは橋渡しとして提案している点です。このアプローチは，行動の自己調整（自己監督・自己決定）に関するヴィゴツキーの理論と軌を一にします。ヴィゴツキー理論では，言語は第一の道具であり，子どもの思考や行動を指導したり仲介するためにまず他者が使い，そして「内言」の中で自分自身の行動を導いたり，問題を解決するために徐々に子どもが使うようになります（Vygotsky, 1978）。言語が（習得スタイルの違いのために）道具としてすぐに機能しない人の場合は，他の仲介道具を使う必要があり，これが徐々に思考と行動の自己調整につながります。ホジダンが説明している方法は，物理的（視覚的）な道具から心理的な道具への動き，そして行動と思考の他者調整から自己調整への動きを明証しています。

　理論と研究にしっかりと裏打ちされた本書は，支援策の案や，実例，図がとんでもなく多いという点で特異な存在です。うまく構成されていて，わかりやすく，また質問と回答という読者に優しい形式になっています。自閉症の人とのコミュニケーション，自閉症の人によるコミュニケーションを向上させたいと願うすべての人にとって，本書は必携の書であり，言語およびコミュニケーションに，中等度から重度の問題を抱える子どもを担当するコミュニケーションのスペシャリストにとっては，まさに「贈り物」です。

ミシガン州クリントン・タウンシップ
マコーム郡中学校区
発話・言語障害コンサルタント
キャスリーン・S・ピストノ博士

参考文献：

Prizant, B. M., & Schuler, A. L. (1987). Facilitating communication：Language approaches. In D. Cohen and A. Donnellan (Eds.), Handbook of autism and pervasive developmental disorders (pp. 316-332). New York：Wiley.

Vygotsky, L. S. (1987). Mind in society：The development of higher psychological process. Cambridge：Harvard University Press.

注

この邦訳書は，原書の増補改訂版を邦訳したものです。原書の初版の邦訳書は刊行されていません。
しかし，増補改訂版は初版の内容を網羅したものであり，削除されている箇所はほとんどなく，増補されている部分が多いので，増補改訂版を読めば初版を読む必要はありません。そのため，邦訳書としては，初版を刊行せず，増補改訂版を刊行することといたしました。

旅が始まろうとしていた…

　言語聴覚士として働き始めた頃，私は自閉症スペクトラム（ASD）の子ども向けのプログラムで仕事をしました。子どもたちは，自閉症スペクトラムの人々によく見られるコミュニケーション面と行動面の様々な問題を抱えていました。

　その頃，ブレイクという名の快活で利口な若者がいて，一週間に数回は，スクールバスを降りるとき大パニックを起こしていました。レオは，一日に何百回も同じことばをしゃべっていました。トミーは，簡単な指示に従うにも，基本的な身辺処理のルーティンをこなすにも助けが必要でした。アリッサは，スケジュールに変更があると，いつでも厄介な行動に走ると言われていました。ノアの両親は，ノアを食料品店に連れて行こうとすると生じる問題を報告し，エイデンの母親は，簡単な会話にもエイデンが加われないので心配していました。

　私は，当時よく使われていた言語療法の技法と指導プログラムを使って，このような子どもたちを教えようと本気で取り組んでいました。時にはうまくいきました。時には見られるはずの進歩が見られないので，イライラしました。

はじめに

転機

　時として人生とはなんと不思議なものなのでしょう。複数の状況が一点に集約するのです。そして，まさにそれが起きたのです。ある日，自分のカメラで写真を何枚か撮りました。それから，お弁当箱をめぐるサリーの癇癪発作（俗にいうパニック）に対処するために，その写真を使ったのです。写真がサリーをうまく落ち着かせてくれたのです。

　すごい！　私はびっくりしました。

私の頭にひらめいたと言えたらよいのですが…

　うーん，ひらめいたと言えばひらめいたかな。でも，一つずつでした。ここに写真，あそこに視覚的支援具というふうに。一歩一歩でした。そして結果は，時として小さな奇跡のようなものでした。写真を使えば，自閉症スペクトラムの子どもたちを，もっと成功に導けるということがわかったのです。

こうして私は，コミュニケーションの力を別の手段で理解し始めたのでした

　まず，ことばを話す能力や，ことば以外の手段で望みやニーズを伝える能力と同じくらい，「理解する能力」も重要である（あるいはもっと重要でさえある）ということに気づき始めました。自閉症スペクトラムの子どもたちは，理解するために手助けを必要としていたのです。ことば，会話，対人的やりとり，その他多くのことをうまく解釈するために，支援が必要だったのです。コミュニケーション，行動，対人的やりとりの問題や，日常生活活動への上手な参加に関する数多の問題において，理解の困難さが「根本原因」になっていたのです。

それで私たちは，自閉症スペクトラムの子どもたちの長所に着目しました

　私が使った絵・写真が，新しい着眼点を私に教えてくれました。自閉症，アスペルガー症候群，特定不能の広汎性発達障害など，自閉症スペクトラムの子どもたちの学習困難に注目するのではなく，一人ひとりの長所の方

に焦点を合わせることにしました。

結論はこうです…

　自閉症スペクトラムの子どもたちの大多数は視覚的学習者（VISUAL learner）なのです。
　つまり，聞いたことよりも見たことの方がよく理解できるということです。

　だから，コミュニケーションを支援するために絵・写真，その他の「視覚的支援法」を使うと，子どもたちはとてもよく反応できるのです。このメッセージは，本書の中でさまざまな形で説明します。これは，本書を手に取られた方に受け取ってほしい最重要メッセージなのです。「試行錯誤」と観察によって，私たちが長年学んできたことの妥当性を実証する研究が，今ではたくさん報告されています。

コミュニケーション，行動，ソーシャル・スキルは，自閉症スペクトラムに共通する難題です
　しかし，必ずしもそうではないということがわかりました。私の記憶にある子どもたちの非常に多くが頻繁かつ強烈な問題を呈していましたが，少なくともそのような頻度と強度にはならないで済むはずなのです。
　ひとたび視覚的支援の威力を実感し始めると，子どもたちが上手くやれるために，多種多様なやり方で視覚的支援を生活の中に組み込めることがわかりました。一つのアイデアが別のアイデアを生み出すようになったのです。子どもたちは活気づきました。
　そして何年もかかって私が「視覚的支援法」について発見したことが，私の考え方を変えてくれました。コミュニケーションについての理解も，私が関わっている子どもの支援の仕方についての理解も，完全に切り替えてくれました。

では，何が変わったのでしょう？
　原書の初版は，「視覚的支援法」が子どもにもたらす成果を，多くの例を使って浮き彫りにしました。初版に書いた基礎情報は，時間を超えたものであり……いわば古典です。その原則と例は，時を経てもすたれていま

せん。

　しかし今や，重要な分野4つで初版当時から変化がありました。この変化は初版のメッセージの価値を損なうものではありません。むしろ，このことは，視覚的支援法の使用に新たな次元を加えるものです。つまり，コミュニケーションの視覚的支援法が，本当に「最良の実践」という地位を獲得したことを実証しているという次元です。

1．視覚的支援法を使う理由

　原書の初版では，視覚的支援法を使用する理由と目的を力説しました。初版に述べた理由は変わっていません。けれども，今では自閉症スペクトラムの子どもたちに特別な学習上の困難さがよく見られることと，自閉症スペクトラムの子どもたちに視覚的支援が役に立つこととを確認する研究がさらに増えています。さらに，視覚的支援で成功した親や教師から，その報告を何千回も私は個人的に聞いてきました。本書は，そういう情報をもっとたくさん提供します。

2．視覚的支援法を使うことの利点

　子どもたちに情報を与えて，子どもたちの生活を整理する目的で視覚的に支援することが，子どもたちにとって有益であることを，初版で強調しました。スケジュール，選択ボード，移行の支援具などの視覚的支援具は，子どもたちがうまく行動するために有用です。その他の視覚的支援具も，コミュニケーションと自立を支援します。このような利点は変わっていません。「違う点」は何かと言いますと，子どもたちの成功を助けるために，視覚的支援具の使い方をさらにたくさん発見し続けているという点です。本書は，視覚的支援法の可能性をもっともっと読者が発見する手助けとなることでしょう。

3．使える科学技術

　私たちが最初に視覚的支援具を作り始めたときは，助けになるような手段が少なく，発明の工夫を重ねねばなりませんでした。現代の科学技術のおかげで，数年前よりもすばやく，しかもはるかに容易に視覚的支援具を作成できる選択肢が増えました。この改訂版では，科学技術と絵・写真の選択肢に関して，最新の手法をお目にかけます。

4．現在の状況

　コミュニケーションの視覚的支援は，自閉症スペクトラムの子どもたちだけではなく，コミュニケーション，行動，学習に多様な問題がある他の多くの子どもたちのための支援プログラムを作成するときにも「最良の実践」の地位を獲得しました。初版以来，視覚的支援法には，疑問が生じ，神話も生まれ，個人的経験が分かち合われもしました。これらの多くを本書に加えて，初版で説明した基本原則を保持しながらも，視覚的支援の仕方が年月とともに成熟したことを明らかにしました。

私には今，個人的な使命があります

　この重要な「視覚的支援法」についてのメッセージを自閉症スペクトラムの人々（幼児，学齢児，大人でも）の親や教師に伝えることに私は多くの時間を費やしています。自閉症に焦点を合わせてはいますが，コミュニケーションや学習に多様な問題を抱える子どもたちという広いスペクトラムとして考えるように，常に努力しています。このような子どもたちにも，生活の中に視覚的支援法を組み込むことが役に立つからです。

　長年にわたって，非常に多くの親と教師が，自分たちの成功談を私に伝えてくれました。これらの人々の証言が私の知っていることの正しさを証明しています。以下は，ある母親が書いてよこしたことです……

　　　　私は先週，先生のセミナーに出席しました。とても役に立つと思いました。昨晩は，リトルリーグでの息子の初試合でしたが（障害のある子どもたちのための特別なリーグが私たちの市にはあります），息子のために準備をしていて，あることをすぐに思いつきました。
　　　　帰宅すると，試合で撮ったばかりの写真でストーリーを作る作業に取りかかりました。「視覚的支援法は複雑にする必要はない。とにかく試して」と先生がおっしゃったのを忘れてはいませんでした。
　　　　今朝，朝食の席で，「トミーは野球をする」のストーリーを息子に見せると，息子はワクワクしていました。チームメンバーとコーチをシャツの色で認識する方法など，いろいろなことを私たちは話しました。息子は，土曜日にまた試合をするのが待ちきれなくなっています。
　　　　短時間ですべてできましたし，このことが皆にもよい経験になることを希望しています。
　　　　かつてはとても難しく思えていたことを先生は取り上げて，私たち

家族にとって現実のものに変えてくださいました。

　　　　　　　　　　　　　　　　　　　　　　　　　パティ（母）

これは大きな問題に対する簡単な解決法でした
　そして，あなたが関わっている子どもたちのために，よりよいコミュニケーション環境と学習環境を整備するために，視覚的支援法の使い方を習得する準備が本当におありでしたら，まさにうってつけの本を今あなたは手にしています。
　本書を著した唯一の目的は，視覚的支援法で子どもたちに提供できる大きな可能性を，あなたに理解していただくことです。

　コミュニケーションについての「あなたの考え方をただちに変えて」ほしいのです。そうすれば，自閉症スペクトラムやそれと関係する学習上のニーズがある子どもたちに対して，視覚的支援法が持っている威力を心から受け入れることができるでしょう。

　自閉症スペクトラムの子どものよいコミュニケーションの相手になるためのアイデアを提供できるなら，私の目的は果たされたことになります。

　あなたは親ですか？　それなら「視覚的支援法」が使えます。
　あなたは教師ですか？　それなら「視覚的支援法」が使えます。
　言語聴覚士ではなくても，自閉症スペクトラムの子どもたちとのコミュニケーションに「視覚的支援法」を取り込めるのです。

　しかし，あなたが自閉症スペクトラムの人たちのコミュニケーションの相手なら，コミュニケーションについてのある重要な基本情報を理解していなければなりません。あなたが支援している自閉症スペクトラムの人たちとの関係を変えることになる情報です。

　私たちは一緒に，私たちが関わっている子どもを支援できると信じています。「視覚的支援法」を試してみれば，うまくいくことがわかるはずです。試してくださることを希望します……この情報はとても貴重なものですから……そしてあなたの人生も，あなたが支援している子どもの人生も，絶対に変わります。

目　次

まえがき　v
はじめに　ix

第1部：視覚的コミュニケーション入門 ——————————— 1

第1章：視覚的コミュニケーションとは？ ……………………… 3

視覚的支援とは何ですか？　3
この本は誰のためのものですか？　6
このプログラムは誰のためのものですか？　6
なぜ視覚的支援具を使うのですか？　9
　視覚的支援具のミニテスト　9
なぜ視覚的コミュニケーションが重要なのですか？　10
なぜ視覚的なメッセージは聴覚的なメッセージよりも理解しやすいのですか？　12
なぜ視覚を使った方がうまく活動できるのですか？　13
手話はどうですか？　手話も視覚的なコミュニケーション手段のひとつですが。　17
教室（またはコミュニケーション環境）は通常どのような感じですか？　19
この情報をどう活用すればよいのですか？　子どもたちのニーズに応えるには，何を考えればよいですか？　23

第2部：視覚的支援具の例 ——————————————— 25

第2章：情報を与える視覚的支援具 ……………………… 27

スケジュール表　28
　見本と例　29／一日のスケジュール表の作り方　31
ミニ・スケジュール表　38
　見本と例　39／ミニ・スケジュール表の作り方　42
カレンダー　44
　見本と例　46
選択ボードとメニュー　50
　見本と例　52
「ノー」を伝える　54
　見本と例　55
人の居場所を伝える視覚的支援具　58

　　　　見本と例　59
　　　　移行や移動の視覚的支援具　61
　　　　　見本と例　66
　　第3章：効果的に指示するための視覚的支援 ………………… 69
　　　　クラス運営の視覚的支援具　70
　　　　　見本と例　74／クラス運営の支援具の作成　76
　　　　手順書やレシピ本　79
　　　　　見本と例　81／手順書とレシピ本の作り方　83／手順書とレシピ本を使う練習　85
　　　　新しい視覚的支援具の使い方指南　88
　　　　効果的に指示を出すためのアドバイス　89
　　第4章：環境を整理するための視覚的手法 …………………… 93
　　　　標識を使って環境を構造化する　94
　　　　　見本と例　96
　　　　生活全般を整理する　98
　　第5章：複数の環境間のコミュニケーションの仲介 ………… 101
　　　　視覚的連絡票　104
　　　　　今日，学校で　104／昨夜，家で　105／視覚的連絡票の作成　106／見本と例　109
　　　　学校・家庭間コミュニケーションのための助言　112

第3部：様々な生活環境でのコミュニケーション ――― 117

　　第6章：家庭におけるコミュニケーションの改善 …………… 119
　　　　家庭で役立つ簡単なアイデア　121
　　　　家庭ですべきこと　126
　　第7章：地域社会でのコミュニケーション …………………… 131
　　　　社会参加の目標を定める　133
　　　　地域社会参加のアセスメント　138
　　　　地域社会におけるコミュニケーション　140
　　　　地域社会で成功するために　144

第4部：視覚的支援具の作成と活用 ――― 149

　　第8章：視覚的支援具の作成 …………………………………… 151
　　　　拡大コミュニケーション　152
　　　　教師用視覚的支援具　156
　　　　　見本と例　158

視覚的支援具の作り方　160
　　　　コミュニケーション支援具立案の手引き　161
　　　効果的なコミュニケーションのためのシンボルの選択　167
　　　うまくいく視覚的支援具作りのヒント　169
　第9章：視覚的支援具と科学技術 ……………………………………… 177
　　　材料　177
　　　写真撮影の基礎　185
　　　視覚的支援具作成のための実用的なヒント　191
　第10章：コミュニケーションと教育に視覚的支援法を取り入れる …… 193
　　　コミュニケーションの教え方　193
　　　　ジェスチャーと身体言語　193／周囲にあるモノを活用する　197
　　　コミュニケーション重視型の教室：成功のための重要要素　198
　　　　コミュニケーション重視型教室の重要要素　198／視覚的支援具を使うときにすべきこと，すべきでないこと　200
　　　最後に質問をいくつか　206

第5部：プログラムの立案について ────────────── 211

　第11章：教育の動向：視覚的コミュニケーションについて ………… 213
　　　疑問に答えます　215
　　　教師の役割　218
　　　言語聴覚士の役割の進化　219
　　　全体のまとめ　222

付録　225

　参考文献　247
　訳者あとがき　250

第1部

視覚的コミュニケーション入門

第1章
視覚的コミュニケーションとは？

コミュニケーションは複雑です。効果的にコミュニケーションを取ることは簡単なことではありません。目的を確実に達成するためには，情報の送り手と受け手の両方に，かなりの努力が必要です。コミュニケーションに問題を抱える人たちは，コミュニケーション過程に関わることが特に困難なのですが，視覚的な補助によって，コミュニケーション過程にうまく関わることができるようになります。

> 私たちは視覚的支援法，視覚的支援，視覚的支援具という呼び方をしています。これらは多くの要素からなるシステムを構成して協働し，自閉症スペクトラムの人たちが上手に自立し効果的に人とのやりとりや生活の中のルーティンに参加することを助けるのです。

視覚的支援とは何ですか？

視覚的支援とは，目に見えるものでコミュニケーションの助けとなるもののことです。身体動作から身の回りにある手がかりまで多種多様であり，視覚を使って情報を得る能力を活用することです。視覚的支援はコミュニケーションの一環として，情報を効果的に受け取り，処理し，行動し，意思表示するのに役立ちます。視覚的支援を効率的に利用することは，人がコミュニケーションを取るうえで欠かせません。視覚的支援には以下のような形態のものがあります：

1．身体言語
2．環境に元々存在する手がかり
3．情報を整理して伝えるための従来からある視覚的支援具
4．特定のニーズに合わせて特別に作る視覚的支援具

身体言語

人が発するメッセージは，それを伝え，その意味をはっきりさせる身体の自然な動きや儀礼的な動きから大きな影響を受けています。例えば次のようなものがあります。

- 表情
- 体の向き，距離
- 姿勢
- 体の動き
- 手を伸ばす，触れる，指差す
- 相手の目を見る，凝視する，視線をはずす

体の自然な合図を読み取ったり，逆に自分から出したりする能力は，伝えるメッセージの効果を大きく左右します。

環境に元々存在する手がかり

私たちの周囲には元々，視覚的な情報があふれています。例えば次のようなものがあります。

- 家具の配置
- 人やモノの位置・動き
- 標識，信号，ロゴ，ラベル，値札などの印刷物
- 伝言メモ，指示書，選択肢リスト，メニュー
- 商品のパッケージや，機器に書かれている使用説明，職場で使われる指示書

環境に存在するこうした手がかりの意味を読み取る能力は，私たちが効果的に，また自立的に活動するうえで欠かせません。

情報を整理して伝えるための従来からある視覚的支援具

私たちはたいてい，日々の生活を上手に営むために，様々な種類の視覚的支援を使ったり，作ったりしています。例えば次のようなものがあります。

- カレンダー，スケジュール帳
- 時刻表，テレビ番組表，映画館の上映スケジュール
- 買い物リスト，メモ，メニュー
- 標識，ラベル
- 地図
- クレジットカード，電話帳
- 組み立て説明書，使用説明書

　こうした世間一般に用いられている視覚的支援具の使い方を教わることは，コミュニケーション障害のある子どもが情報を読み取るためには重要なことです。こうした子どもには，他の子どもたちならいつの間にか身につけるような情報の使い方を，特別に教えることが必要になる場合が多いのです。

特定のニーズに合わせて特別に作る視覚的支援具

　特定の問題や状況に対処するうえで必要な構造や情報を提供するために，一人ひとりに応じて考案された支援具が多数あります。日常的な環境に存在する視覚的支援具や従来からある支援具を応用するものもあれば，特定のニーズに合わせて特別に作る支援具もあります。特別に作成する視覚的支援具については，第2，3，4，5章で詳しく説明します。

視覚的な情報をこれほど私たちが利用しているなんて考えたこともありませんでした。それがこの本の主題なのですか？

　その通りです。本書の第一の目的は，コミュニケーションを改善するために，日常的な環境に存在する視覚的支援具，従来からある視覚的支援具，特別に作る視覚的支援具について，その作成と利用を探究することです。

　本書では，こうした視覚的支援を行う際に，何をどう選択すべきかについての枠組みとして，評価の指針とトレーニング案を提案します。子どものプログラムには視覚的支援を無数に取り入れることが可能で，それを限定するのはニーズと想像力だけです。注意深く構築された子どものコミュニケーション・システムの一部として，視覚的支援を実行することを考慮すべきです。

> 視覚的支援によってコミュニケーションが改善する子どもの診断名には以下のようなものがあります。
> - 注意欠如多動性障害（ADHD）
> - 自閉症
> - 失語症
> - アスペルガー症候群
> - 注意力障害（ADD）
> - 行動障害
> - バイリンガル
> - 高次脳機能障害
> - 認知障害
> - 読字障害
> - 情動障害
> - 脆弱X症候群
> - 学習障害（LD）
> - 言語発達遅滞
> - 言語障害
> - 精神障害
> - 広汎性発達障害（PDD）
> - 脳外傷
> - その他

> 視覚的支援はことばを話せない子どものためだけのもの、と決めつけてはなりません。子どもの理解や思考の整理を助ける視覚的支援にはいろんなやり方があることに気づけば、子どもが話せるか話せないかは関係ないということがわかるでしょう。

この本は誰のためのものですか？

　ここで紹介している手段は、中等度から重度のコミュニケーション障害を抱える子どもの家族と教師のためのものです。言語聴覚士、クラス担任、その他の教師、親、その他の養育者の方々にも役立つ情報を掲載しました。またコンサルタント、スーパーバイザー、そしてカリキュラムやプログラムを立案する人たちの役にも立つはずです。

　本書で紹介するアイデアは、特別支援教育の現場だけではなく、普通教育の現場でも色々と活用できるもので、その多くは特別なニーズのある子どもだけでなく、すべての子どもたちに利用できます。教育現場で統合教育プログラムが主流になると、子ども（そして教師も）を取り巻く環境は変化します。コミュニケーションの視覚的支援は、そうした教育現場をより良くするための有効な手段として活用することができますし、またすべきなのです。子どもの日常の生活環境は一つではありませんから、様々な人と環境とがかみ合えば、この視覚的コミュニケーション・システムが成功する確率は高まります。

　視覚的支援具には、子どもの活動参加と自立を促す効果があります。したがって本書は、ニーズの様々に異なる子どもたちのために、有意義な教育プログラムを構築することに苦戦している、あらゆる人のためのものなのです。

　本書では、読みやすさを考えて、子どもとコミュニケーションを取る人や保護者のことを、多くの場合まとめて「先生」と書きました。大半の例は学校に関するものですが、どの視覚的支援具も、あらゆる環境に合わせて作成・調整することができます。

このプログラムは誰のためのものですか？

　これらの「視覚的コミュニケーション」の支援具は元々、自閉症の子どものためのコミュニケーション・プログラムの一部として考え出されたものです。自閉症の診断を受けた子どもの多くに、コミュニケーション能力の有無と直接関係すると思われる行動上の特徴が見られるのです。学業を

支援するため，様々な視覚的支援具や視覚的手法をプログラムに追加しました。環境の中に視覚的支援を増やしたことで，大半の子どもの理解と活動参加の状況が改善しました。

　視覚的な支援技法が広まるにつれ，他の多くの子どもにも応用できることがわかりました。従来の診断には当てはまらないと思われる人も含めて，ほぼすべての障害（視覚障害を除く）の子どもが，視覚的支援に良い反応を示しています。またこれらの支援技法は，保育所や幼稚園，様々なタイプの通常学級に入ってからも使えます。特別なニーズのある子どもの受け入れ準備のためのコンサルテーションを通じて，これらの支援技法がすべての子どもに役立つものであることに通常学級の教師は気づくのです。

> これらの支援技法を，自閉症の診断を受けていない子どもには関係ないものと決めつけないでください。自閉症の子どもたちから学んだことが，コミュニケーションや学習に困難を抱える多くの子どもたちの習得スタイルについての理解も深めてくれているのです。特定の診断名がついていない子どもにも，こうした習得スタイルが見られる場合があります。

私が関わっている子どもたちは，全員ことばを話せます。それでも視覚的支援具が役に立ちますか？

　ことばを話せるか話せないかは関係ありません。視覚的支援具は，子どもが自分をもっと上手に表現するのにも役立ちますが，第一の目的は理解を助けることなのです。視覚的支援具は情報を与え，自立して行動するための環境整理をし，行動の自己管理を援助し，その他にも多くの目的を達成するのです。本書では，子どもたちに成果をもたらす視覚的支援の様々な使い方を探究していきます。

- 就学前児
- 幼稚園児，保育園児
- 小学生
- 中学生
- 高校生
- 大人

> ことばを話しているからといって，理解しているとは限りません。情報を取り入れること，処理すること，意味を汲み取ること，応答の仕方を選ぶことなど，いくつものことが，理解ということには必要です。ことばを話せる子どもでも，このコミュニケーション過程総体に，困難さを覚えることがあるのです。

> 自閉症スペクトラムの子どもの出現率は増加し続けています。学区からの報告では，支援サービスを必要とする自閉症スペクトラムの子どもの数が年々飛躍的に増加しているのです。教育界の潮流は，自閉症スペクトラムの子どもを普通学級に統合するというものなので，通常の教育をする教師は，自閉症スペクトラムの子どもたちが成果をあげるための支援法や教育技法をもっと知る必要があります。自閉症スペクトラムの子どもたちに視覚的支援法が効果的なことに教師が気づくにつれて，視覚的支援法は，他の子どもたちのためのプログラムにも素晴らしく効果的な補完手段になることがわかりました。特にコミュニケーションの問題や他の特別な学習上のニーズを抱える子どもにとって有効なのです。自閉症の子どもたちの学習と理解の方法について理解が進めば，同じ支援法を他の子どもたちの支援にも活かせるのです。

色々な子どもに役立つようですが，他にはどんな子どもがいますか？

次のような子どもも忘れずに再評価してください。

「あの子は，私の言うことをすべて理解しています」

*

「あの子には，それは簡単すぎます」

*

「あの子には，それは難しすぎます」

*

「あの子は，もうそんなことは知っています」

*

「あの子は，そういうものを使わないのではないかな」

*

「あの子は，理解はしているけれど，聞き分けがないだけなんです」

*

「あの子には，私がどうしてほしいかがわかっているはずです。ちゃんと聞いていないだけなんです」

聴覚情報を理解し整理する子どもの能力を，実態よりも過大評価することはよくあります。そして能力発揮に波があると，態度や努力に原因が求められるのです。感情や行動に問題が見られるような診断を受けている子どもの場合，このように報告されることがよくあります。生活の様々なところで視覚的支援具を用いると，このような子どもの多くで，能力発揮に改善が見られていますので，このことも考慮に入れてください。

こんなふうに考えてみてください。視覚的なコミュニケーション手段を使うことは，多くの子どもたちの長所や得意分野を認めることです。また不得意分野の一部を克服したりうまくやり過ごすために，得意分野のスキルを使うための視覚的支援具や体制を作ることなのです。

なぜ視覚的支援具を使うのですか？

　それは効果があるからです！　次のミニテストに答えて，あなた自身の体験を振り返ってみてください。

視覚的支援具のミニテスト

- カレンダーに書き込みをして，日々の予定を忘れないようにしていますか？
- 「**すべきこと**」のリストを作って，机や冷蔵庫に貼っていますか？
- 何が欲しいかを誰かに伝えるとき，広告やメニューの**写真**を指差したことがありますか？
- 買い物に出かける前に**買い物リスト**を作りますか？
- 「列に並んでください」，「出口」といった**標識**を見たことがありますか？
- 料理の本に載っている**レシピ**を見ながら，おいしい夕食を作ったことがありますか？　その料理を作る度に，そのレシピを繰り返し見ましたか？
- 家族の誰かに忘れずに何かをしてほしいとき，**メモ**に書いておいたことがありますか？
- レストランで何を注文するか決めるとき，**メニュー**にさっと目を通しますか？
- お子さんが歯を磨くのを忘れないように，**チェックリスト**を作ったことがありますか？
- やらなければいけないことを思い出すために，**付箋紙**に書いて洗面所の鏡に貼ったことがありますか？
- 「**イラスト付き組み立て**」説明書を見ながら，新しい自転車を組み立てた経験がありますか？

　この中で「はい」と答えた質問が1つでもあれば，あなたも日々の生活

> 次のように考えてみてください。私たちの生活は視覚的な刺激であふれかえっています。企業は名前を覚えてもらうために、視覚的な手段をあの手この手と工夫しています。私たちの暮らす環境は、私たちに情報を与えて行動を操るための視覚的支援具であふれかえっています。また私たちは、テレビという視覚的メディアに引きつけられてもいます。

をやりやすくしたり、何かを選択したり、誰かとコミュニケーションを取ったり、課題をやり遂げたりするために、視覚的コミュニケーション支援具を使ったことがあることになります。私たちは皆、日々の生活の一部として視覚的支援具を使っているのです。

もうひとつ思い出してほしいことがあります。お気に入りのファストフード・レストランに行って、何を注文するかもう決まっているのに、メニューや陳列されているデザートを見てしまうことはありませんか。なぜでしょう。メニューを見ることにどんな意味があるのでしょうか。それは、視覚的支援具を使って考えをまとめたり、決めたことを確認したりしているわけです。

私たちは通常、視覚的支援具を使って日々の生活をやりやすくしたり、情報を手に入れたり、コミュニケーションを取ったりしています。この本の狙いは、そうした私たちが日々の生活の中で重宝しているのと同じ種類の視覚的支援具を、子どもにも広げようということです。視覚的支援具を使って子どもたちのコミュニケーションを支援しようということです。視覚的支援によって、子どもたちの環境をわかりやすくして学習をしやすくするということなのです。

なぜ視覚的コミュニケーションが重要なのですか？

> 電波の悪い場所でラジオの野球中継を聴いているところを想像してみてください。別の放送局の音声が混じったり、雑音が大きすぎてアナウンサーのことばが聞き取れないような状態です。ラジオに耳を近づけて目を閉じ、周りにいる人たちに静かにしてもらって、試合の様子を何とか聞き取ろうとしなければなりません。聴覚情報に注意を集中して理解するのが困難な子どもたちの状況が少しは想像できるでしょうか。

自閉症でありながら、周囲に対する自分の反応をことばで表現できる人たちは、耳から入ってくる情報に注意を集中し、これを調整し、理解するのが難しいと報告しています。ある自閉症の人が、コミュニケーションの状況でどんなことが難しいのかを説明してくれました。例えば、この人は、目の前にないモノについて電話で会話することは、モノを目の前にしながら会話するのよりもかなり難しく、電話だけでは何の説明なのか理解できなかったそうです。しかしそのモノがある場所に実際に行ってみたら、すぐに理解できたそうです。他にも、音に過敏だとか、選択的聴取ができないという人たちもいます。

また別の自閉症の人は，文字で書かれていない質問に答えるのが難しいそうです。周囲に雑音があると会話に集中できないという人もいました。何か見る対象があれば，会話に集中しやすいのです。この人たちが言っていることは，次のようなことです。

> テンプル・グランディンは，自閉症とともに生きるとはどういうことなのかを説いています。彼女は，次のように書いています。「私は画像で考えます。ことばは，私にとって第二言語のようなものです。私は，話されたことばも書かれたことばも，カラーの動画に翻訳します……それがビデオテープのように頭の中で上映されるのです。誰かが私に話しかけるとき，その人のことばはすぐに画像に翻訳されます。ことばで考える人にとって，この現象を理解することは難しいことが多いのです…」
> (Grandin, 1995)

これは，自閉症の子どもの大半，他にも特別なニーズのある子どもの多く，また自らをビジュアルラーナー（視覚的に理解する人）と呼んでいる人たちに当てはまることです。

聴覚障害，注意散漫，注意力障害，多動，聴覚処理障害，聴覚記憶障害などと言われる多くの子どもたちについて考えてみてください。彼らは様々な理由から聴覚情報処理に問題を抱えていますが，それでも聴覚が主に使われる環境で暮らし，学んでいるのです。こうした子どもたちを相手にコミュニケーションを取ろうとするとき，人はまず聴覚的な方法を使います。その半面，これらの子どもたちの多くは，比較的強い視覚的スキルを持っています。実際，彼らの多くが聴覚的能力よりも格段に優れた視覚的記憶力や視覚的理解力を持っていることが観察されています。それなら，その能力を最大限に活かさない手はありません。

> あなたの家に留守番電話はありますか。録音されたメッセージがわかりにくいことがたまにありませんか。何人分もの名前や住所，電話番号のような詳細な情報がメッセージに残されていたらどうでしょうか。留守番電話は理解できるまで何度も聞き直せるのでいいですが，毎日の生活や学校では何度も聞き直すことはなかなかできませんよね。

> 私たちの目標は，学びのスタイルにおける「一人ひとりの違いと長所」について，もっとたくさんのことを発見することです。子どもたちの違いと長所が理解できたら，「もっと効果的に学べる」ように子どもたちに力を貸せるでしょう。

なぜ視覚的なメッセージは聴覚的なメッセージよりも理解しやすいのですか？

その質問の部分的な答えとして，まず次のような状況でのご自身の経験を思い出してみてください。

きちんとしたレストランで，ウェイターがメニューを手渡してくれて，それから今日のスペシャル6種類を次々と早口に教えてくれたことはありませんか（タラ幼魚の焼き物オレンジ風味……，などなど）。このような状況では，かなりの割合の人がまずスペシャルの内容を聞いて，それから気になった部分を何回か言い直してもらいます。このように口頭で伝えられたメニューは，あっという間に消えてしまう「一過性」のメッセージなので，理解したり記憶したりするのが難しいからです。

スペシャルのことは忘れて，メニューに書かれているものから注文することもできます。さっと目を通してから最初にもどったり，あちこち見たり，と注文が決まるまで好きなだけ見ることができます。メニューにある文字や写真は，決心がつくまでずっとそこにあるのです。またメニューがフランス語で書かれていて，読み方がわからないときは，選んだものを指差せばウェイターは注文をわかってくれます。文字のメニューは「非一過性」のメッセージなので，その情報を使って目的を達成するまでずっとそこに存在し続けてくれます。

聴覚情報処理に問題のある子どもは，急速に変化する音声情報をなかなか処理できないことがわかっています。つまり，通常のことばによるメッセージは手がかりがすぐ消え速度が速いため，子どもたちには大変難しいのです。視覚的情報は，子どもがそれを処理できるまでずっと消えずに存在し続けてくれます。視覚的なメッセージは，ひとつにはこうした子どもたちの機能スタイルにうまく合っているということなのです。

「視覚的」ということばからは写真や絵を連想します。「視覚的」とはそういうことですか？

「視覚的」ということばには，目に見えるものすべてが含まれます。身体言語やモノ，あらゆるタイプの印刷物がコミュニケーションの視覚的支

「私は人の言うことが部分部分に分かれて聞こえるので，時には何度も繰り返し言ってもらわなければいけないこともあります。それに人が言った文を頭の中で単語に分けるので，おかしな，時には理解できないメッセージに聞こえます。誰かがテレビの音量のスイッチをいじって遊んでいるような感じでした」
ドナ・ウィリアムズ
『自閉症だったわたしへ』
(Williams, 1992)

こんな経験はありませんか。ラジオかテレビをなんとなくつけていたら，突然，自分に必要な電話番号を言っていることに気づきます。ちゃんと聞かなきゃ，と思ったときには，その話題は終わり，別の話が始まってしまいました。「聞き直し」をするチャンスはありません。あなたの子どももこんなふうに感じているのかもしれません。

「……人から何かを言われても，私の頭は時間をかけて言われたことを整理する必要があるので，返事をするのが遅れることが多い。受けるストレスが大きければ大きいほど，それはひどくなった」
ドナ・ウィリアムズ
『自閉症だったわたしへ』
(Williams, 1992)

援になります。ただし，子どもがそこから意味を引き出すことができなければ，何の価値もありません。子どもにとって得るものが最も多いのは，次のような視覚的支援です。

- 気づきやすい
- わかりやすい
- 誰にもわかる

写真や絵は，誰もが理解できる媒体のひとつです。広告会社が私たちにメッセージを伝える方法について考えてみてください。たくさんの色や特徴的なロゴ，写真，絵を使い，文字量は少なくして，私たちの注意をうまく引いています。これを真似しない手はありません。広告会社は，きっとかなりのお金を使って研究し，テクニックを開発したはずです。

どんな形態の視覚的支援を選ぶかは，子どもの能力，環境，そして何が利用できるかによって決まります。この点については第8章で詳しく述べますので，とりあえず本書で紹介する視覚的支援具は，どれも色々な形態で作ることができるということだけ覚えておいてください。子どもの能力レベルと，その時点での教育目標に沿った形態を選ばなければなりません。

> このことは，私たち「定型発達」の人間すべてについての研究から，科学者たちが明らかにしたことです。視覚は他のすべての感覚を打ち負かします。視覚は，多分あらゆる物事を習得する単一の手段としては最良のものです（Medina, 2008）。この事実は，自閉症に特別に関係する話ではないことに注意してください。これは，「一般人」に属する私たちすべてに関係する話なのです。さらに聴覚的な問題を抱える子どもにとって，これが何を意味しているかを考えると驚かざるを得ません。

なぜ視覚を使った方がうまく活動できるのですか？

情報を取り入れ，処理し，意味をくみ取り，そこから何らかの形で出力したり反応したりする，という過程には，途絶が生じうる段階がいくつもあります。その理由もおそらくいくつもあるでしょう。子どもがどのような状況にあるのかを理解するために，次の2点を考えてみてください。

1．別のことに注意を向けることや，注意を元にもどすことが難しい

自閉症の子どもは，別のことに注意を向けたり，注意を元にもどしたりすることを円滑かつ正確にコントロールすることが苦手です。最近の研究によると，小脳の機能不全のために，感覚入力を調節する能力が妨げられていることがわかりました。ソーシャル・スキルやコミュニケーション・スキルを早期に習得するには，相手とのやりとりの素早く活発な変化を察知する能力が必要とされます。そのためには，情報の選択，

優先順位づけ，処理といったことを，非常に速く行う必要があります。自閉症の子どもたちの神経系は，それらの機能を適切に果たす能力を持ち合わせていないのです。このことが，少なくとも部分的には，自閉症研究者が言うところの，幼児期に他者との間に距離を置いたり，他者に関与しなかったりといった行動や，聴覚情報処理が一貫しないことの原因なのです。対照的に，自閉症の子どもは，変わらないもの，予測可能なものを好みます（Courchene, 1991）。

2．前景の音声に注意を払うこと，背景の雑音を遮断することが難しい

もうひとつの説明はこうです。通常の環境には多くの音源が同時に存在します。意思を伝えようと思えば，ドアの閉まる音や紙のこすれる音など，周囲から発せられるいろんな音に打ち勝たなければなりません。通常は，伝えられるメッセージ（前景音）だけに注意を払い，背景の雑音は遮断することができますが，それができない人もいます。耳から入るすべての情報を同じ強さで知覚するのです。このように音源を選んで聞くことができないために，全部オンか全部オフかのどちらかの受信機のようになってしまうのです。

既にお話しした，一過性のメッセージと非一過性のメッセージについて思い出してください。会話，手話，ジェスチャーなどのコミュニケーション・モードは「一過性」で，これを聞いたり見たりすることができるのは短い間だけです。一過性の情報を次々に処理する必要のある課題は，自閉症その他のコミュニケーション障害のある人にとっては不得意分野です。

それとは対照的に，自閉症の子どもたちが比較的得意なのは，「ゲシュタルト的」に処理される，「非一過性」の情報（つまり視覚的な情報）を解釈する課題です。「ゲシュタルト的」ということばは，メッセージの個々の部分を分析するのではなく，メッセージを一つの塊全体として解釈することを意味します（Prizant & Schuler, 1987）。

別の言い方をすると，自閉症の子どもたちは，事物の「全体像」や「総体」を理解する傾向があるということを，ゲシュタルトは意味します。微妙な細部や全体の一部の意味を分析したり，解釈したりするスキルはあまりないかもしれません。

このようなスタイルで環境を解釈するということを念頭に置いたうえで，考えてみてください。注意を払う対象を変えたり，注意を元にもどしたり

> 何かに神経を集中させたり，雑音を遮断したりするとき，あなたはどうしているかを考えてみてください。例えば，BGMの流れている場所で読書をしたり，誰かと会話したりすることはできますか。私たちが関わる子どもの多くは，そのような状況にうまく対処することができません。

> ことばの学習スタイルが異なる子どもたちがいます。つまり他者の発することばの解釈や表現言語の習得パターンが通常とは異なるのです。そういう子どもたちにとって，目的によっては，ことばは断片であったり大きな塊であったりしますが，特定の言い回しや微妙なことば遣い，文法的な違いを効果的に理解する能力が欠けています。例えば，誰かに「How are you?」（調子はどうですか）と質問されれば，「Fine」（いいです）と答えますが，質問が「How old are you?」（何歳ですか）に変わっても，やはり「Fine」と答えてしまったり，また，空になった牛乳パックを指差して「ゴミ箱に入れて」と言うのがルーティンになっているなら，その通りにしてくれますが，牛乳パックを指差して「カウンターの上に乗せて」と言っても，やはりゴミ箱に入れてしまったりします。彼らはゲシュタルト的に理解するので，大きな「塊」で理解します。大きな塊を適切に分析して細かい断片にすることができないのです。

することが難しい子どもが，雑音の多い環境で，一過性の音声メッセージの核心部分を理解しようとすることがどういうことなのかを。しかもこのような子どもたちは，おそらく「全か無か」という聞き取りスタイルなのです。一過性の音声メッセージを受け取るには，まさに苦手とするスキルが必要とされます。その結果，環境を理解するには効率が悪いシステムになるわけです。口頭でのメッセージは，それを受け入れられるだけの注意を払った時点では，もう終わってしまっているかもしれないのです。

　対照的に，視覚的な（非一過性の）メッセージを見せれば，メッセージが消えてしまう前に注意を集中させるチャンスを与えることができます。視覚的メッセージはずっとそこにあるので，注意を払うのをやめ，注意の対象を変え，また注意を元にもどすだけの時間を持てるわけです。こうしたプロセスを経るため，多くの子どもたちは，耳で聞いた情報よりも目で見た情報の方がよく理解できるようです。また，視覚的メッセージはずっと見えているので，注意を払うのに十分な時間を取ったり，メッセージを記憶するのに必要であれば繰り返し見たりすることができます（Quill, 1995）。

　私たちが教育している子どもたちの多くに，聴覚障害，注意散漫，注意力障害（ADD），多動，聴覚情報処理困難，聴覚記憶困難，などと言われる行動が見られることを考えると，能力障害には色々な理由があることがわかります。子どもたちが困難を抱えている理由の一部でも理解することができれば，教育プログラムの立案に役立つはずです。子どもたちは様々な理由で聴覚情報処理障害をもちながら，主に聴覚が使われる環境の中で暮らし，学習しているのです。子どもたちに対して，他者がコミュニケーションを取る際に最もよく使うのが聴覚です。それと同時に，こうした子どもたちの多くは，視覚スキルが相対的に優れています。実際，彼らの多くが聴覚とは比較にならないほど優れた視覚記憶力や視覚的解釈スキルを持っていることが観察されています。

　コミュニケーションのやりとりを仲介したり，理解を支援したりするための視覚的支援具を使うことにより，効果的なコミュニケーションに欠かせない，非一過性の情報を与えることができます。子どもが最も不得意とする分野で多くを要求するのではなく，得意な分野を活用するのです。視覚的支援具を使って子どもに情報や指示を与えれば，子どもの理解はずいぶん深まります。中等度から重度のコミュニケーション障害を抱える多くの子どもに視覚的支援を行うと，コミュニケーションはことばだけで行う

こうした子どもたちは，短いことばや毎回決まった指示には適切に応じるかもしれませんが，複雑なことばを理解するのは不可能ではないまでも困難です。聴覚的な手がかりよりも視覚的な手がかりがある方が，よく理解できます。よく使われる指導法は，詳しく説明したり指示したりするものですが，これは子どもたちが必要とするものとは正反対のものです。

コミュニケーションの表現面の問題は，明白で特定しやすいことが多いのです。対照的に，子どもがどのように注意を向けるか，情報を処理するか，意味を整理するかは，評価することが難しいものです。周囲の環境にある支援——子どもたちの目に入るもの——を見ることで，聞いて理解することの困難さに多くの子どもたちは対処しているのです。

子どもに指示している教師あるいは親を想像してください。子どもはすぐには応じません。要求や指示を繰り返すまでに，平均的な教師や親はどれくらい待つでしょうか？ 2秒でしょうか？ それとも3秒？ あるいは4秒？

中には「情報処理が遅い」と言われる子どもいます。情報を取り入れ，そこから意味をくみ取り，明確に返事をするのに，他の子どもよりも時間がかかるのです。この過程が，要求を何度も繰り返すことによって妨害され，その度にこの過程を初めからやり直すことになるとしたらどうなるか，想像してみてください。

よりも効果的かつ効率的になります。

やっと意味がわかってきました。ことばのある子どもとない子どもの両方が対象ですか？

　ことばを話す能力や他の表現方法を使う能力で，子どものコミュニケーション能力を判断しがちですが，表現することはコミュニケーションのやりとりの一部でしかありません。

　コミュニケーションに視覚的支援具を使うかどうかは，話す能力で決まるのではありません。これらの支援具は，ことばのある子どもにも，ない子どもにも有効です。視覚的支援具を使うかどうかは，ひとつには情報を受け取り，そこから意味をくみ取る能力によって決まります。

　「理解力」は子どもの行動と学習に関係するので，「理解力」に注意を向け直してみるとよいでしょう。本書で紹介しているコミュニケーションの視覚的支援具は，理解と表現の両方のスキルを伸ばす支援具と考えるべきものです。多くは理解の支援具，つまり子どもたちが情報を受け取るための支援具として作られるものですが，「副次的な」利点として，子どもが表現しようとする際にも役立ちます。

　本書では，こうした子どもたちの相対的な強みと弱みを認識し，それに合わせてコミュニケーション環境にどう手を加えるかについて説明します。さらに視覚的支援具を使ってコミュニケーション過程を調整したり，改善したりすることについて，またコミュニケーションをもっと効果的，効率的に行える環境を整えることについても説明します。

先生たちはもう既に実行しているのではないですか？

　教育現場を見てみると，活用されている視覚的支援が少ない場合が多いのです。多くの人が少しは使っていますが，たくさん使っている人はまれです。

　また，首尾一貫して使っている人も，教室でのコミュニケーションや指導の核として取り入れようとしている人も，まだ少ないのが現状です。

　コミュニケーションに問題を抱える子どもたちのために，視覚的支援法を使うには多くの理由があります。しかし，肝に銘じておいてほしいことは，強力な視覚的支援のある学習環境を作ることは，「すべての」子ども

　視覚的支援の必要性は，子どもの話す能力によって決まるのではありません。その必要性は「理解」する能力で判断します。視覚的支援は，ことばがある子どもにもない子どもにも，「どちらにも」役立ちます。

　多くの子どもたちが，特定のものなら話されたことばを理解できます。使われていることばを理解しないわけではないのです。それでもなお，困難さを抱えています。そのような子どもにも，視覚的支援は有効です。すなわち，注意を集中し，情報をもっと速く処理し，考えを整理し，課題に取り組み続け，気を散らすものを無視することなどを助け，その他にも多くのことを助け，効果的に活動に参加できるようにしてくれるのです。

　子どもの理解力を過大評価することは珍しいことではありません。ことばが話せ，反響言語が多い子どもの場合には，特に注意が必要です。話せるからといって，すべてを理解しているとは限りません。言語能力があるように**見える**ことで，コミュニケーション能力全体についての判断を誤ってしまう場合があるのです。

たちにとって益となるということです。

　研究により明らかになったことは，視覚は，おそらく「あらゆる物事」を習得するために，「すべての」子どもたちが使える単一の手段としては最良のものです。絵・写真は情報伝達の手段としてとても役に立つということを，教師は理解していなければなりません。絵・写真は，私たちの注意を引き，誰にとっても情報伝達に有用です。コミュニケーションに問題を抱えている子どもや，特別な学習上のニーズのある子どものためだけではないのです（Medina, 2008）。

手話はどうですか？　手話も視覚的なコミュニケーション手段のひとつですが。

　いい質問ですね。視覚的支援具の活用について話すと，よく手話が話題にのぼります。確かに手話は視覚的な手段ですから。

　この本では，コミュニケーションの視覚的支援具を作成する際に，主に以下の2つを目指しています：

目標1：一過性でない手段でコミュニケーションを取る
　視覚的支援具の主な効果は，そのツールが一過性でないメッセージを伝えて，多くの子どもたちに必要な処理時間を与えるという点にあります。手話は一過性の合図であり，一瞬目の前にあるだけで，すぐ消えてしまうものなのです。

目標2：誰でもすぐに理解できるシンボルを使う
　手話は誰にでも理解できるというものではありません。訓練を受けた人でさえ，種類の異なる手話や，手の動きが不正確な場合には，わからないこともあります。手話は多くのコミュニケーション・システムにおいて使われていますが，制約があることも事実です。

手話の利点は何ですか？

　手話を学ぶことが，意図的にコミュニケーションを取るための第一歩となったという子どももいます。ことばがなかった子どもが，手話を使うこ

とで，コミュニケーションの世界の扉が開いた，という報告が数多くあります。面白いことですが，ことばがなかったのに，手話を教えられたらことばを話すようになった子もいるのです。まるで，手のモーターに連動して口のモーターも動いたかのように。

　理解の点で言うと，手話と音声を組み合わせて子どもに指示を出すと，多くの場合注意を引くのに効果的です。手は，他のコミュニケーション支援具とは違って，常にその場にあります。なくしてしまうということも，持ち運びが不便ということもありません。手話が第一のコミュニケーション手段という環境（聴覚障害者のコミュニティ）では，手話は認知能力のある子どもがコミュニケーションを取るための洗練された手段なのです。

手話の問題点は何ですか？

　コミュニケーション障害をもつ子どもの特性について考えてみてください。こうした子どもの多くが一過性の情報をうまく処理できないという点については既にお話ししましたが，さらにことばを理解する，運動を計画する，注意を払う，抽象的な表現を理解する，記憶する，その他にも多くの補助的なスキルに困難を抱えている場合もあります。様々な教育プログラムで手話の開発が促進されてきましたが，問題点もあって一部の利点が損なわれてしまっているのです。

- 運動に困難さがある子どもは，多くの手話に必要とされる細かい運動を真似することができない
- 運動困難・記憶困難があるために，自分独自の手話を生み出してしまう
- 手話を多く教えすぎると，微妙な違いを効果的に解釈できなくなる子どもが多い
- 多数の手話を覚えると，それをすべて理解できる相手としか効果的にコミュニケーションできなくなる
- 非一過性の，ゲシュタルト的，具体的な学習スタイルの子どもが，一過性の，分析的，抽象的なものを習得しなければならないことになる
- 手話は万人が理解しているものではない。特に学校の外では，誰もが手話をわかってくれるわけではない

手話は使わない方がよいということですか？

そうではありませんが，子どものコミュニケーション方法は，各自のニーズに合わせて注意深く計画する必要があります。コミュニケーション方法の一部として手話を検討するのであれば，その選択にあたっては，他の視覚的支援具の具体性，意味理解の容易さ，非一過性のメッセージといったことを考慮すべきです。効果的なコミュニケーション方法には，手話と他の視覚的コミュニケーション手段の両方の要素があってよいのです。

教室（またはコミュニケーション環境）は通常どのような感じですか？

平均的な教室では，教師と子どもとのコミュニケーションは大体が話しことばによって行われます。これは家庭や地域社会でも同じです。私たちが関わっている子どもの多くは，聴覚よりも視覚を使った方が能力を発揮しやすいということがわかっているのに，ほとんどの時間を自分の苦手なスキルでコミュニケーションを取らなければならないという環境で生活し，学習しているのです。

聴覚主体の教室というところで，子どもたちはどのように対応しているのですか？

自閉症やコミュニケーション障害，問題行動のある子どもの先生や支援者が，子どもの行動スタイルについて感想を述べることは珍しいことではありません。よく耳にする意見をいくつか挙げます：

「あの子は言動に実に一貫性がない」
「あの子は自分がしたいことしかしない」
「あの子は人を操ろうとする」
「あの子は人の話を聞かない」
「あの子はすぐ気が散ってしまう」
「あの子は決まった手順にひどくこだわるばかりで，状況が変化しても

言語処理は複雑な過程です。学齢期の子どもの中枢神経系がこの言語処理課題を達成する速度には限界があります。

ある興味深い研究が明らかにしたところでは，（定型発達の）子どもは，かなりの程度の正確さで1分間に120語を処理できます。多くの教師と親が，1分間に150から160語の速度で情報を発しているということも明らかになりました。このずれについて考えてみてください。そういうことをしながら，子どもたちはなぜちゃんと応えないのだろう，と親や教師はいぶかるのです。

定型発達の高校生は，1分間におよそ145語の処理ができるほどに「スピードアップ」します。しかし，これでも「早口の話者」に対処できる速度ではありません（Hull, 2008）。

忘れないでくださいよ。これらの数字は，理解に課題のある子どもではなく，定型発達の子どもの能力についてのものです。注意を集中することが困難な子ども，聴覚情報処理に問題を抱える子ども，その他の学習上の問題を抱える子どもではどういうことになるか，想像してみてください。

「行動を変えない」
「あの子は変化に対応できない」
「何か新しいことをさせようとすると，ひどい問題行動が出る」

こうした感想を述べる人は，子どもの聞く能力について次のように述べる傾向があります：

「私の言っていることはすべて理解しているのに，聞き分けがないだけなんです」
「私がどうしてほしいのか，ちゃんとわかっているはず」
「私の言うことは理解しているのに，とにかく頑固で，気が乗らないと言った通りにしないんです」

> 聴力検査の後で，耳鼻科医や言語聴覚士が親に伝えることばはこうです。息子さんには「聴力」に問題はありません。きちんと音は聞こえています。本当に抱えているのは，「言語理解とコミュニケーション」の問題です。聞こえたことを，必ずしも「理解」しているとは限らないのです。

子どもの能力発揮や行動の様子に一貫性がないのに，その子は理解していると教師は考えてしまうのです。そして指示に従わないのは，わざとそうしているからだと考えるのです。

注意深く観察すると，こうした子どもの多くは，耳から入ってくる情報を効果的に利用することがとても難しいことがわかります。問題は聴力ではなく，耳から入ってくる情報に注意を向け，それを受け取り，処理し，意味を理解し，そしてその情報に基づいて行動するという情報処理過程なのです。こうした子どもたちの行動をじっくり観察すると，情報の大部分を，ジェスチャーその他の視覚的な手がかりや，周囲の環境にある一定の手順（ルーティン）に大きく頼っていることに気づきます。こうした子どもたちは，周囲から何を求められているのかを理解するとき，具体的なことばを理解するよりも，周囲にある視覚的情報と予想されるルーティン情報をパズルのように組み合わせて理解しているのです（Prizant & Schuler, 1987）。

> 「言語」を学ぶ私たちは，教育者として，「言語刺激」や「言語拡大」という指導技術を教えられてきたのではないでしょうか。これが「多くのことばを発する」ことにつながってしまっているのかもしれません。その子にできることが少なければ少ないほど，私たちはますます多くのことばをかけます。実際のやりとりを観察していると，多くの子どもは，理解できる以上のことばを次々と浴びせられているのです。

例を挙げてもらえますか？

次のような例があります：

　　　ジョーンが学校からもどり，家の廊下で立っています。母親が手をとって洋服だんすの前に連れて行き，「上着を脱いで，お弁当箱は台

所に出しておいてね」と言います。ジョーンは言われた通りにしますが，彼女は言われたことばに反応しているのでしょうか，それとも合図が出たのでいつもの習慣的行動を取っているだけなのでしょうか。

もうひとつ例を挙げます：

　マークは昼食後，テーブルの上を片づける手伝いを始めます。マークがカップを手に取ると，先生が流し台を指差しながら，「それを流し台に置いてね」と言います。マークはカップを流し台に置きます。マークはどの合図に反応したのでしょうか。マークが情報を得たのは，先生のことばからでしょうか，それとも目にしたモノやジェスチャーでしょうか。

では，次のような状況はどうでしょう：

　先生が，空になった牛乳パックをメアリーに手渡し，「これを私の机の上に置いてね」と言うと，メアリーはゴミ箱のところへ行って，その中に牛乳パックを捨てました。メアリーにとって意味のある合図はどれだったのでしょうか。メアリーは，空の牛乳パックに関して習得していた習慣にただ従っただけです。

そうした視覚的な手がかりには従わないよう指導すべきなのですか？

ジェスチャーや周囲の手がかりに注意を払うことは，悪いことなのでしょうか。もちろん，そうではありません。コミュニケーションを取る人は誰でも，視覚的な情報に大いに頼りながらメッセージを正確に解釈しているのです。研究者の説明によると，メッセージは通常以下のように伝えられているそうです：

視覚による伝達 55％	☐ 目に見えるもの： ・ジェスチャー ・表情 ・体の動き ・周囲にあるモノ
声による伝達 37％	☐ 声の抑揚 ☐ 話す速度 ☐ 声の大きさ
音声言語による伝達 7％	☐ 実際に話されることば (Mehrabian, 1972)

> 次のように言われる子どもに注意してみましょう：
> ・人を操ろうとする
> ・耳が聞こえない振りをする
> ・言動に一貫性がない
> ・すぐに気が散る
> ・心が別の世界に行ってしまっているよう
> ・気の向いたことしかしない
> ・人の話をきちんと聞かない
> ・理解はしているが，やりたくないだけ
> ・私の言うことはすべて理解している
> ・突然理解できるときと，できないときとがある
> ・人の話を聞こうとしない
> ・頑固
> ・他のことはできるのだから，これもできるはず

私たちが関わっている子どもたちが，一般の人たちほどには聴覚情報をよく理解できないとすると，子どもたちの理解コミュニケーションにおいて，音声言語が占める割合がどれほど小さいかについて考えてみてください。

子どもたちが協力的でない，あるいは自立できないのは，実は自分が何を期待されているのか，次に何が起こるのかを理解していないからかもしれません。子どもたちが正確に理解できているのは，こちらから伝えようとしているメッセージのほんの一部なのかもしれないのです。コミュニケーション障害のある子どもが補助的な情報を活用したり，その意味を理解したりできるかどうかを観察してみるとよいでしょう。また，メッセージのうちの音声言語による部分がどの程度理解できるのかを知っておくのもよいでしょう。どのような手がかりがあると最もよく理解できるのかがわかっていれば，プログラムやトレーニングの目標も大きく変わってきます。

この情報をどう活用すればよいのですか？
子どもたちのニーズに応えるには，何を考えればよいですか？

次のように考えてみてください：

こうした子どもたちは90％を視覚に，10％を聴覚に頼っています。この数字は確たる統計学的根拠に基づいたものではなく，観察の結果であり，考え方として示したにすぎません。子どもたちが90％視覚に，10％聴覚に頼っているのだとしたら，あなたは子どもたちとどのようにコミュニケーションを取りますか。どのように指導しますか。多くの子どもたちが，聴力自体は正常でも，このような反応の仕方をしているのです。

> 90％視覚に，10％聴覚に頼っている子どもを，あなただったらどのように指導しますか？

プログラムを変更すれば，年齢相応のコミュニケーション・スキルが身につくようになるということですか？

特別なニーズのある子どもたちに関わる専門職の私たちは，子どもたちが抱えている問題を軽減したい，あるいは解消したい，と考えがちですが，私たちの役目は「治癒」させることではありません。子どもたちの能力障害や学習スタイルの中には，おそらく決して変わることのない部分があるでしょう。教育の目的は，子ども一人ひとりの能力を最大限に引き出すことです。その意味では，以下の3つの目標が適切であり，現実的です。

1．スキルを教える

子どもが持っているスキルの可能性を最大限に引き出す手助けをする必要があります。コミュニケーションを可能な限り効果的，効率的，普遍的に，そして社会で受け入れられるものにする方法を，子どもたちは習得する必要があります。

2．代替手段を教える

自分の目的を達成するために視覚的支援を使うことを習得すると，活動に参加しやすくなり，自立度も高まります。自立は，間違いなく教育の長期的な目標のひとつです。

3．最大の習得が可能になるよう環境を修正する

子どもたちの習得スタイルについて既にわかっていることを活用しましょう。もっと効率的に習得できるような環境改善と指導方法の考案によって，習得時間を最大限に取れるようになります。

プログラムの目標を考え直した方がよさそうですね。

> 通常の環境では，第一のコミュニケーション方法として音声言語に頼っています。視覚を得意とする子どもは，その能力を活用することで，いっそう効率的にコミュニケーションを取ることができます。

子どもとその習得環境を，コミュニケーションの視点から見つめ直すとよいでしょう。コミュニケーションへの関与度を評価する際には，理解と表現の両方の要素を考慮に入れてください。コミュニケーションを仲介したり，環境側から支援したりする必要がある場合には，視覚的な支援をひとつの選択肢として考えてみてください。視覚的支援を，コミュニケーション全体を構成する要素のひとつとするのです。

考えなければいけないことがたくさんあります。何から始めたらよいでしょうか？

> 「魔法の薬」のように聞こえてしまうかもしれませんが，何らかの視覚的支援具をコミュニケーション手段のひとつとして使うことが役に立たない子どもはいない，と言ってもよいでしょう。

まずは，視覚的支援具の例を調べ，その使い方を考えることから始めましょう。視覚的支援の目的にはいろいろあります。子どもたちの学びを助け，家庭と学校の日常活動にもっと上手に参加できるよう手助けするために，視覚的支援法の多種多様な使い方を考えることになります。

第2部

視覚的支援具の例

視覚的支援具を作成する目的は1つ，コミュニケーションを支援することです。コミュニケーションに問題がある，コミュニケーションが絶えず途絶する，周りの環境を整理する必要がある，行動を修正する必要がある，というときには，その過程を補助するために視覚的支援具を用いることができます。この第2部の目的は，視覚的支援に関して，様々な形態の様々な例を紹介し，読者のみなさんによく考えていただくことです。例としては，色々な年齢や能力レベルに応じた使い方を選んで紹介します。

また第2部では，4章に分けて，以下について説明します：

- 情報を与える視覚的支援具
- 効果的に指示するための視覚的支援
- 環境を整理するための視覚的手法
- 複数の環境間のコミュニケーションの仲介

具体的なニーズに応える視覚的支援具の作り方の例も紹介します。各章間で重複することも当然ありますが，ご了承ください。また紹介している支援具の多くは，複数の機能を果たすように作成できます。

紹介されている視覚的支援具は，どの年齢と能力レベルで使えるのですか？

どのアイデアも，一人ひとりのニーズに適したレベルで支援するために特注製作（カスタマイズ）することができます。ここで紹介するアイデアは，幼児から成人にまで，修正を加えたうえで使われたことのあるものばかりです。能力レベルでは，重症の精神障害の子どもから特別な才能に恵まれた子どもまで使えます。これらの視覚的支援具の多くは，構造〔訳注：場面の意味と見通し〕を具体化してくれるので，大半の子どもの役に立つでしょう。

これから例を見てゆく皆さんには，対象の子どもを何人か思い浮かべながら読むことをお勧めします。最初は，基本的な考え方が，その子どもたちの状況にどのように当てはまるかを考えてみてください。個々のケースに応じて必要となる形態は，数多くの条件によって変わってきます。子どもを評価する方法，環境を分析する方法，使用する視覚的支援具の詳細を決める方法については，第4部で具体的に説明します。

利用可能な新しい科学技術がたくさん登場しています。元々の意図とは違うかもしれませんが，コミュニケーションの目的にはどのように応用できるかを考えましょう。新しいApps（ダウンロード可能なアプリケーション）が続々と開発されており，子どものために視覚的支援具を創造し，提示するための選択肢を無限に提供してくれるかのようです。これらが特に有用となるのは，成熟していて，このような装置をうまく操作するスキルのある年長児です。以下の章で取り上げるアイデアや支援法のほとんどは，適当なら電子版に変換することもできます。本書の第4部では，視覚的支援法を実施するとともに，新技術を利用することの可能性を論じます。

第2章
情報を与える視覚的支援具

　コミュニケーションが果たす主な機能のひとつは，情報を与えることです。学校や家庭では通常，次のようなことになっています：

- 情報はたいてい音声言語で与えられる。
- 特定の情報を子どもは既に知っており，覚えていることが前提とされる場合が多い。
- 「子どもは既に知っている」という前提があるために，全く情報が与えられない。

　スケジュール表やカレンダーといった視覚的支援具の第一の役目は，論理的に，構造化して，順を追って情報を与えることです。たいていの人は，日々の生活を整理するために，この種の支援具を利用しています。そして私たちが関わる子どもにも，こうした支援具は役に立ちます。これらの支援具を通常の形態で使うと，情報が十分に伝わらない子どもがいます。そのような場合には，修正や改良を加えて理解可能な情報量を増やし，意味がもっとわかりやすくなるようにします。

　混乱やイライラの元になりかねない出来事が毎日数多く生じても，具体的に目に見える形で情報を与えると，対処しやすくなります。難しい状況にうまく対処するために必要な構造を，視覚的支援具が与えてくれるのです。

情報を目に見える形で与えると…

- 注意を引く，注意がそれない
- 情報を素早く簡単に解釈できる
- 口で伝える情報を明確にできる
- 時間，順序，原因と結果といった考え方を，具体的に教えることができる
- 変更を理解し受け入れてもらうために，構造を与えることができる
- 次の活動，次の場所に移行するための支援になる

> あわただしいヨーロッパのパックツアーに参加しているところを想像してみてください。7日間で16都市を回ります。ところが旅行会社は日程表を配り忘れていたのです。来る日も来る日も，今日どこに行くのか，何を見るのか，いつ食事をするのかもわかりません。イライラしますよね。子どもたちの多くが，毎日の生活でそのように感じているのです。それが儀式やルーティンにこだわる理由のひとつなのです。

スケジュール表

　日課がなめらかに進むようにしたいなら，スケジュールを管理する支援具を使うと，非常に大きな成果が得られます。子どもの理解と協力がよくなれば，いくつもの成果が得られます。きちんとしたスケジュール表があれば，クラスは整然とし，それにより子どもの能力発揮にもムラがなくなります。

でも子どもたちは日課を理解しています。スケジュール表は本当に必要ですか？

　スケジュールやルーティンを子どもは理解している，と私たちは考えがちですが，現実には，理解していない，覚えていない，忘れている，漠然としかわかっていない，やるべきことをやりたくない，気が散る，などという場合が多いのです。スケジュール表があれば，大人と子どもの間のコミュニケーションを明確にすることができます。今すべきことにもどらせるのに役立ちますし，クラスで使われる他の多くのコミュニケーション支援具の基盤としての役割も果たします。

> あなたにとって「奇異」に思えるかもしれないことがあります。多くの人が報告していることですが，子どもがスケジュールを「知っている」ときでさえ，それを目に見える形にすることは「鎮静」技法となり，子どもたちに安心感を与え，リラックスさせ，ストレスを減らすことに役立つのです。

　スケジュール表は子どもに次のような情報を与えます。

- 今日行われること（いつもの活動）
- 今日行われること（新しいこと，いつもとは違うこと）

きょうのよてい：かようび		
🕐	8:00	あさのかい
🕐	8:30	あそび
🕐	9:00	おはなし
🕐	9:30	おやつ
🕐	10:00	そとあそび
🕐	10:30	おんがく
🕐	11:00	べんきょう

第2章　情報を与える視覚的支援具　29

- 今日は行われないこと
- 活動の順序
- 予想していることとは違うこと
- 一つの活動をいつやめて，次の活動に移るのか

見本と例

問題：クリスは朝8時にバスを降りると，手に持っている弁当箱をじっと見つめて，弁当を食べたいと宣言します。お昼まで待つように言われると，癇癪を起こしてなかなか収まりません。

解決策：「今はダメ。お昼まで待ちなさい」のような否定的な言い方では，クリスをなだめることはできません。弁当を食べるのはいつなのかをクリスに理解させるには，一日のスケジュール表を作成して，昼食までの出来事が順番にわかるようにします。クリスが朝からお弁当を食べたがるなら，スケジュール表を見せて，昼食までにどんな活動をこなさなければならないのかを伝えます。スケジュール表があれば，一日のルーティンをクリスにわかってもらえます。

問題：カールには，毎日昼食後に体育館に行けることがわかっています。体育の先生がいない日には，ルーティンが変わってしまい，体育館に行けなくなってしまうので，カールは癇癪を起こします。

解決策：カールの一日のスケジュール表（体育の入ったもの）を作ります。そして体育に×印を付けるか隠すかし，その代わりに行う活動は何かをカールに見せて，変更があることを視覚的に伝えます。スケジュール表を書き直すときには，カールにも参加してもらうと理解しやすくなります。

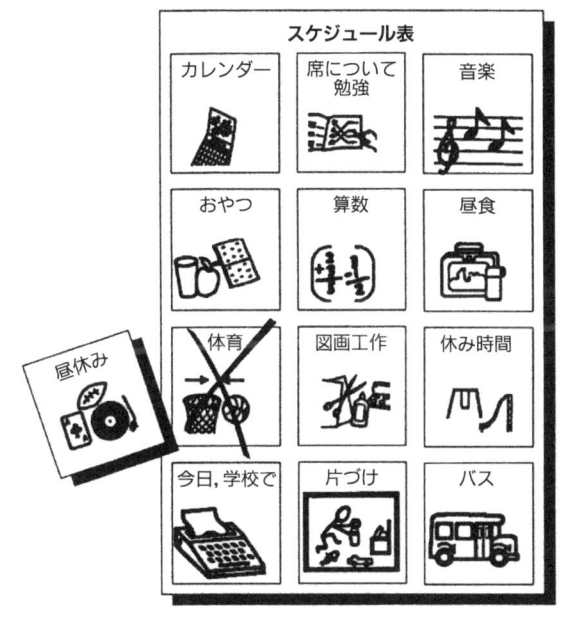

問題：サラは，クラスの皆と同じ活動をするのが苦手です。一つの活動を終えて次の活動を始めようとすると，嫌がることがよくあります。活動中，皆と一緒にいられず，教室内を歩き回ったり，走って遊びのコーナーに行き，おもちゃを出したりします。

解決策：スケジュール表を使って，一つの活動を終えて次の活動に移ることをしっかりルーティンにします。次の活動の時間になったら，スケジュール表のところに行き，終わった活動を示すものを外して，次の活動は何かを確認します。サラが活動の途中で席を立ってしまった場合には，スケジュール表を使って，今の活動にもどるように指示します。表を見せながら，「スケジュール表には○○と書いてあるよ」と言いましょう。

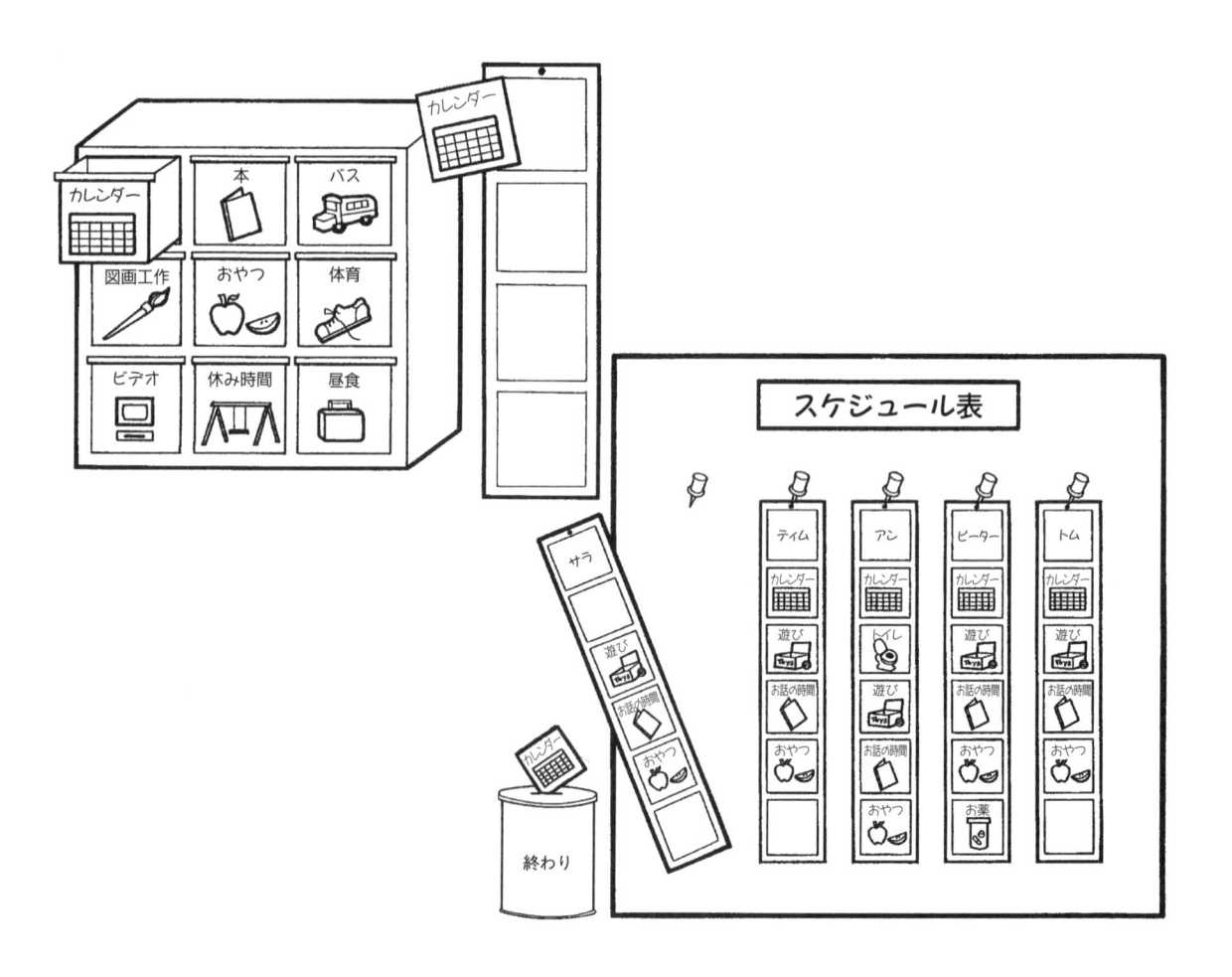

一日のスケジュール表の作り方

1．一日をいくつかに区分する
　子どもにわかるように区分する。例えば次のような点に着目してください。

- 別の教室に移動する
- 教室内の別の場所に移動する（大きいテーブルから各自の机に移動する。または教室の隅にある四角いカーペットに直に座る状態から，教室いっぱいに円形に並べた椅子へ移動する）
- 別の教材や道具を使う活動に移行する
- スタッフが替わる

　一日の活動すべてをリストアップする必要はありません。またそれは不可能です。すべてを入れたら，ごちゃごちゃしてしまいますので，主な活動だけ，その子どもにとってとても重要なものだけを選びましょう。どれだけ入れるかは，子どもの理解力によります。細かい時間割や個々の活動については，ミニ・スケジュール表を作ればいいのです（38ページのミニ・スケジュール表を参照）。

2．区分ごとに名前を付ける
　区分の名前は，子どもの観点から考えて，場所や活動がある程度わかるようなものにします。例えば次のような名前を使ってみてはどうでしょうか。

スケジュールの時間	作業療法	音楽
作業	学習時間	料理
昼食	昼食の準備	片づけ
算数コーナー	トイレ	集合
エアロビクス	テレビゲーム	グループ活動
自立学習の時間	体育	レジャー
休憩	ゲーム	図書室
買い物	机で勉強	図画工作テーブル
パソコン教室	16号室	音楽
今日のふりかえり	ソーン先生の部屋	外出実習

非常に具体的な名前（「エアロビクス」）もありますが，総称的な名前（「学習時間」）もあり，ここには日によって違った活動を入れることができます。

一つの活動から次の活動へ移る際に，子どもに具体的な活動の名前を告げないクラスが多いことには驚かされます。名前を告げずに行っている活動や，その時々で違う名前で呼んでいる活動はないか，考えてみてください。

個々の子どもの特別なニーズは，メインのスケジュール表や各自のスケジュール表に追加できます。例えば：

薬を飲む　　　　　　*トイレ*　　　　　　*作業療法*

3．表示形態を選ぶ

その子どもにわかりやすい形態を選んでください。そして，活動が何かをただちに間違いなく理解できる形態を選んでください。表示されているものを無理なく理解できれば，スケジュール作成の効果は大きくなります。クラス全員用のスケジュール表を作成する場合は，クラス全員が理解しやすい形態を選びましょう。複雑で一部の子どもには理解できない表を作るよりも，簡単でも誰もがわかる表を作る方がよいのです。

どの形態がよいか考えてみましょう。

- 文字
- 絵文字，線画
- 写真
- 記号，ロゴ，実物

多くの場合，文字と何らかの画像を組み合わせるのが最善の選択肢です。画像には，実際に使っている活動名を文字にして添えましょう。絵本や言語プログラムから取ってきた画像には，さまざまな目的に応じて既にことばがついています。そのような画像を使ってコミュニケーションを取る際には，画像に既についていることばを，あなたが使うことばと同じものに変えましょう。画像にことばをつけることで画像の効果が高まる理由を次に挙げます。

- 活動の名称を言うときに，誰もが同じ呼称を一貫して使えるからです。画像とことばを組み合わせると，大半の子どもが速く理解できるのです。
- 画像に添えることばを，多くの子どもが習得するからです。

4. フォーマットを選ぶ

誰用のスケジュール表か
- グループ用
- 個人用
- グループと個人の両方

時間的見通しをどう表示するか
- チャイムや学校活動に合わせて具体的な時間を記載する必要があるか
- 子どもが理解するためには，具体的な時間よりも活動の順序の方が重要か
- どちらもある程度はあてはまる

どのような体裁にするか
- 壁に貼る
- コピーしたものを配布する
- コミュニケーション・ブック，フォルダー，バインダーに挟む
- ポリの小袋やクリアファイルに入れる
- 紙に書いたものを折りたたんでポケットに入れる
- 財布の中に入れる
- クリップボードに挟む
- 黒板に書く

大きさはどれくらいか
- 教室の端からでも見える大きさ
- ポケットに入る大きさ
- 子どもの手でも扱える大きさ
- 必要以上に注意を引かない「普通」の大きさ
- 各自が持ち運べる大きさ

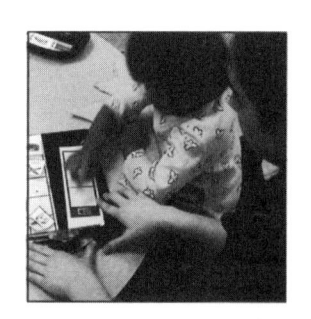

どこに置くか
- 壁に貼る
- 机やテーブルの上に置く
- ポケットに入れて持ち運ぶ
- 各自のフォルダー，バインダー，コミュニケーション・ブックに挟んで持ち運ぶ
- その他

携帯性は必要か
- 子どもは一つの教室からほとんど外に出ない
- 子どもはいくつかの場所を移動する

5．朝，スケジュール作りへの子どもの参加の仕方を決める

　子どもは朝一番に，その日のスケジュールを作り，それについて話し合う機会を持つべきです。スケジュール作りに参加することは重要です。誰かが準備してくれたものをただ見るというのではなく，スケジュール作りに参加させるようにすると，子どもは情報をしっかり理解することができます。

どのような活動にするか
- 先生は，クラス全体のスケジュール表を作る
- 子どもは，それを見ながら先生と話し合う
- 子どもは，紙と鉛筆，パソコンや電子機器を使って，スケジュール表の写しを作る
- 子どもは，先生の作ったスケジュール表を見て，絵カードを並べてスケジュールを組み立てる
- 子どもは，先生の作ったスケジュールをコピーする

スケジュール作成をどんな扱いにするか
- 一人での活動
- グループでの活動

忘れてはいけないこと：スケジュール作成に何らかの形で子どもを参加させることは，その日の活動に向かわせるために欠かせません。このスケジュール作成活動をどのように行うかは，子どもの年齢と理解力によりますが，スケジュール・システムを活用するうえで，子どもの積極的な参加は重要な要素のひとつなのです。

6．一日を通してのスケジュール表の利用方法を決める

一つの活動が終わったことを，先生または子どもは，スケジュール表にもどって確認します。

活動のルーティンを決める
次の活動に移ることを確認するためのルーティン動作を行う。
- 終わった活動に×印またはチェックマークをつける
- 終わった活動の絵（写真）カードを裏返す
- 終わった活動の絵（写真）カードを表から外す
- 次の活動は何か確認する
- 新しい活動の絵（写真）カードを指差して，ルーティンのことばを言う
- 新しい活動へ移る
- 必要であれば，スケジュール表の絵（写真）カードや，活動が変わることの手がかりとなるモノ，その他の視覚的情報を，次の活動の場所に持って行く

ルーティンのことばを決める
スケジュール表の使用や変更は，ことばを使う活動にしましょう。活動を変更する際には，先生か子どものいずれかが口に出して言ってください。

ルーティン動作（前述）を行うときには，必ずルーティンのことばを言いましょう。「休み時間はおしまい。次は作業の時間です」というふうに。これによって子どもは，活動が変わることに注意を向けやすくなります。規則性のあるルーティンに従って，自分で状況に対処できるようになるのです。

子どもにはことばのルーティンにも積極的に参加するよう促しましょう。話すことができない子どもも少ししか話せない子どもも，この活動に参加すべきです。「休み時間はおしまい。次は（　　　）」というように，穴

埋め問題のような形でやってみましょう。どんな手段であれ、子どもには順番に穴埋めをさせましょう。つまり絵カードを外したり、ジェスチャーで表現したり、ことばで答えるなどです。重要なのは、自分の順番がきたときに何かをすることです。この活動で、決まったことばを繰り返し使うことにより、多くの子どもが機能的な語彙を習得してきました。

ことばをもっと話せる子どもなら、簡単な決まり文句以上のコミュニケーションを取るでしょう。何が終わって、次に何が始まるのかを話しましょう。以下について話し合うとよいでしょう。

- これから何をするのか
- どこへ行くのか
- どんな教材が必要か
- 守らなければならないルールは何か

7．スケジュール表の使い方

- スケジュール表通りに行動する
- スケジュール表通りに行動しない場合には，スケジュール表を変更する
- スケジュール表の使用を，一日のルーティンの中の重要部分とする
- スケジュール表の情報について何かを伝える場合には，必ず表を見ながらにする
- 大事な支援具として取り扱う
- スケジュール表を効果的に使用するためには，予め十分な時間を取っておく
- スケジュール表で環境の構造を示す（訳注：構造とは場面の意味と見通し）
- 会話のきっかけをつくり，ことばを豊かにすることに利用する

> どんなに芸術的で，見栄えが良くて，素晴らしいスケジュール表も，毎日のプログラムに組み込んで活用しなければ，宝の持ち腐れです。

忘れてはいけないこと：スケジュール表は，毎日の活動にその一部として組み込むと，最大の効果を発揮します。

8．人とのコミュニケーションにスケジュール表を使う

日々のスケジュール表は，子どもが自分の生活について人に伝える能力を高める支援具として最適です。スケジュール表は，様々な環境において人に情報を伝えるための支援具となるのです。

- 他の人とのコミュニケーションの支援具としてスケジュール表を使う
- スケジュール表またはそのコピーを家に持ち帰らせる
- 家庭と学校とがコミュニケーションを取るためにスケジュール表を使う

スケジュール表の情報を用いて，コミュニケーションの機会を増やす方法については，「複数の環境間のコミュニケーションの仲介」（第5章）で詳しく説明します。

ミニ・スケジュール表

　一日のスケジュール表は，一日のうちの大きな時間区分や活動の移行について，理解の手助けとなります。しかし，これにすべての活動や移動を入れると，とても煩わしいものになってしまいます。そこで，一日のスケジュール表の補足として便利なのが，「ミニ・スケジュール表」です。これは，短い時間帯や特定の活動時間の中での，一連の活動の順序や選択肢をわかりやすくしたものです。

　　例：一日のスケジュール表には「料理」の時間が表示されています。子どもは自分のミニ・スケジュール表を見に行き，料理の時間には，1）サンドイッチを作る，2）アイスティーを作る，3）テーブルのセッティングをすることを理解しました。

　ミニ・スケジュール表の形態は一日のスケジュール表と同じでもよいですし，そうでなくてもかまいません。ミニ・スケジュール表はその日のある時間帯について教えてくれるものですから，目的を達成するのに必要なだけの情報を詳しく載せることができます。

色々なスケジュール表があったら混乱しませんか？

　きちんと連係させてあれば大丈夫です。効果的な方法のひとつは，ミニ・スケジュール表と一日のスケジュール表に同じシンボルを使うことです。そうすれば，メインのスケジュール表に記載されているのと同じシンボルが使われているミニ・スケジュール表を探すことができます。2つの表につながりがあることが見てわかります。支援具の収納場所を決めておき，必要なときにはすぐに使えるようにしておくことが重要です。

ミニ・スケジュール表は何の役に立つのですか？

　主な目的は2つあります。
　1．ミニ・スケジュール表は，一日のスケジュール表と同じように，こ

> ミニ・スケジュールは，それを使う場所に置きましょう。朝の着替えのルーティンを手助けするためのミニ・スケジュールなら，寝室に置きましょう。学校での特定の学習のためのミニ・スケジュールなら，課題で使う教材と一緒に置いておきましょう。

れから行われる活動についての情報を与えてくれます。
2. ミニ・スケジュール表は，自立学習の習慣を指導するための優れた構造を提供してくれます。子どもがスケジュールを使って一つの活動から次の活動へと移行する能力を習得したら，さらに広げて，今までより時間は長くし，しかし先生の監督は少なくしても学習できるように指導することができます。

見本と例

問題：ジェイクは，スクールバスを降りてから教室に入るまでの間に，様々な問題行動に走ります。自分のバッグを持たない，歩道に座り込む，スタッフから逃げ回る，などです。まだ学校の建物にも入っていない状態なので，一日のスケジュール表を作り，何らかの構造を伝える機会が作れません。

解決策：バスを降りて教室に入るのに必要なステップを掲載したミニ・スケジュール表を作りましょう。ジェイクは，移動中に自分の行動や他者を操ることに夢中になり，自分が何をすべきなのかを忘れてしまうようです。次のステップが何なのかをジェイクに見せ，また口頭でも伝えることで，他のことに気が散らないようにし，目的ある次の行動は何かということに注意を集中させることができました。ミニ・スケジュール表をジェイクに携帯させ，ことあるごとに一緒に表を見て，一つ一つのステップを踏みながら，今何をしているのかを繰り返し確認しました。

問題：ポールは，クラスのルーティン通りに課題に取り組むことができません。一連のステップを踏んで一つのルーティンをやり遂げなければならないときでも，エアコンやパソコンなど周囲にある色々なモノに気を取られてしまいます。他の子どもよりもはるかに多くの注意や指示をされるので，朝学校に行くという毎日のルーティンも，ポールにとってはイライラの原因となっています。

解決策：ミニ・スケジュール表を作って，毎日のルーティン通りに行動できるようにし，自立度をもっと高めるようにします。

スケジュール表とミニ・スケジュール表の形態

メインのスケジュール		ポールの ミニ・スケジュール	メアリーの ミニ・スケジュール
8：30	登校	上着 お弁当箱 先生への手紙 トイレ 遊び	
8：45	あいさつ		
9：00	勉強	買い物リストを作る パソコンで勉強 トイレ	買い物リストを作る クーポンを切り取る お金の用意をする
9：30	おやつ	食卓の用意をする	ジュースを作る 食べ物をしまう 食卓をふく
10：00	買い物		
11：00	料理	フレンチ・トーストを作る	食卓の用意をする 調味料を出す デザートを用意する
11：30	昼食		
12：15	身だしなみ	薬を飲む トイレ 歯を磨く 顔を洗う 髪をとかす	

メインのスケジュールには，一日のうちの時間区分ごとの活動を記入します。ミニ・スケジュールでは，時間区分ごとに活動の順序がわかるようにします。ミニ・スケジュール表には次の2つのタイプがあります。

1．変更のない定例のルーティンを実行しやすくするためのミニ・スケジュール
2．毎日あるいはよく活動内容が変更になる時間区分についての情報を提供するためのミニ・スケジュール

ミニ・スケジュール表を使用するのは，子どもがそれを必要とする場合のみです。例えば，ポールは登校時と身だしなみの時間にも，スケジュールで確認しなければ毎日のルーティンをこなすことができませんが，メアリーはそうした繰り返しのルーティンは支援がなくても行えます。活動が変更になる時間区分では，二人ともミニ・スケジュール表が必要です。ミニ・スケジュール表は毎日作り替えて，その日の授業案を反映させます。

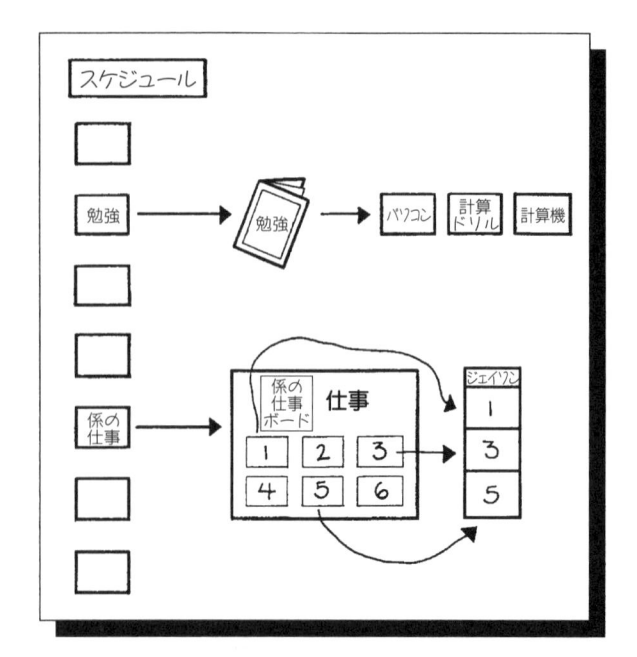

問題：子どもたちにはもっと長い時間自立して行動できるようになってほしいと先生は思っています。促さなくても学習課題を最初から最後までやり，次の課題に移れるようになってほしいと思っています。

解決策：ミニ・スケジュール表を作り，それを見て自立して一連の課題活動をこなせるようにします。

　一日のスケジュール表には主な活動区分を記載します。そして子ども一人ずつにミニ・スケジュール・ホルダーを用意し，スケジュール表のその時間区分に使われているのと同じことばやシンボルで名称をつけます。ミニ・スケジュール表には，その時間区分に行う一つ一つの活動を入れ，先生または子どもが作ります。

　一日のスケジュール表には，掃除や片づけなどの「係の仕事」という時間があります。朝，子どもたちが自分のスケジュール表をまとめるときに，「係の仕事」のボードのところに行って，ホルダーに入れる仕事を選びます。そしてその時間がきたら，「係の仕事」のミニ・スケジュール表のところへ行き，自分が選んだ活動を確認します。それからそのミニ・スケジュール表に従って，選んだ仕事を手順通りに終わらせます。

ミニ・スケジュール表の作り方

　ミニ・スケジュール表は，一日のスケジュール表の作り方と基本的に同じですが，一日のスケジュール表の形態やフォーマットと同じである必要はありません。例えば，クラス全体用のスケジュール表は白黒の絵で作り，ミニ・スケジュール表は写真でもリスト形式でも，個々の子どもやどんなアイテムがあるかによって最も適したものを選べばよいのです。クラス全体用のスケジュール表は掲示板に貼ったり，子どもがポケットに入れて持ち歩いたりしてもよいでしょうし，ミニ・スケジュール表は小型アルバムにしたり，学習や作業のエリアに掲示したりしてもよいでしょう。

忘れてはいけないこと：一日のスケジュール表は通常，クラス全体のこと

を考えて作成しますので，クラス全体のニーズに応えられるよう，なるべく一般的なフォーマットにします。一方ミニ・スケジュール表は，特定の時間区分と一人ひとりの子どもを対象としているので，フォーマットは各自の学習目標を反映させることができます。

重要な点：スケジュール表で次のようなことができます。
- 生活に関する情報が得られる
- 自分の世界の中に論理性や規則性を見いだしやすくなる
- その日の出来事について話し合い，共通認識を持つためのコミュニケーション支援具となる
- ことば数が増え，言語スキルが伸びる
- 時間概念の発達の助けとなる
- 物事の順序，前後関係がわかる
- 次の活動への移行や活動の変更に関連する問題行動が減る，または解消する

> その日の活動を予想できることで，自己統制感，安心感，自立感を得られます。

> 今している活動をやめることや，あまり好きではない活動に移ることを子どもがいやがる場合には，先生はスケジュール表のせいにして，「スケジュール表には○○の時間だって書いてあるよ」と言うことができます。

忘れてはいけないこと：よくまとまったプログラムでは，スケジュール表は，他の多くのコミュニケーション支援具の中心的な存在となります。スケジュール表に使っている絵やことばを，場所や活動，他のコミュニケーション支援具をまとめるために使います。これについては次章以降でさらに例を挙げます。

カレンダー

カレンダーは教室でよく使われる視覚的支援具です。しかしその使い方は，環境により大きく異なります。曜日や日付を確認したり，曜日や月の名前を覚えたり，といった通常の使い方では，特に障害の重い子どもにとっては，機能的な価値はほとんどないかもしれません。しかし，ありふれた使い方ではありませんが，カレンダーには他にも子どもの役に立つ使い方があるのです。

曜日や日にちの確認なんてどうでもいいんです！　私は自分のカレンダーがなければとても生きていけないので，いつもバッグに入れて持ち歩いています。これをなくしたら本当に困ります。子どもたちも私と同じように助かっているなんて思いもしませんでした。

その通り！　カレンダーは子どもたちにも同じように役立つのです。毎日の生活を整理でき，順序や時間の観念が理解でき，またとても貴重な情報を得ることができるのです。子どもが知りたがって質問することで，カレンダーに記入できることを色々と考えてみてください。カレンダーを使って子どもたちに伝えることのできるものには，次のようなものがあります。

- 学校に行く日，行かない日
- 定期的な特別行事・活動はいつか
- 定期的でない活動はいつか
- 遠足や見学
- ある人が，いつ来て，いつ帰るか
- ある人がいつまでいるのか，いないのか
- お医者さんに行く日，散髪に行く日
- 学校から帰宅したら誰が家にいるのか
- 支援者が来てくれる日
- 早退や遅刻をする日
- 昼食のメニュー，お弁当を持って行く日と学校で買う日

> 家庭では家族用のカレンダーが，家族の活動の「中心」になります。オフィス用の大判カレンダーは，多くの情報を記録するのにはうってつけです。家族それぞれの活動を色分けするために，蛍光ペンを使ってみましょう。家庭によっては，一枚のカレンダーにすべてを収めるには，活動が多すぎたり，家族メンバーが多すぎたりすることもあります。このような問題があれば，家族メンバーそれぞれにカレンダーを一つずつ用意しましょう。別の選択肢としては，特定の活動には一つのカレンダーを使い，他のすべてに関しては別のカレンダーを用いる方法もあります。例えば，一つのカレンダーをすべての子どもたちの学校の活動に使い，それ以外の家族への情報は別のカレンダーを使いましょう。

- 何かを学校に持って行く日，家に持って帰る日
- お金を持って行く日，いくら持ってくるか

こんなことができます。

クラス用のカレンダーを作る

　子どもにカレンダーを見て情報を得てくるよう教えます。カレンダーを見て，どういう予定になっているのかを確認する時間を，一日のスケジュールの中に組み込むこともできます。

家でカレンダーを作る

　どこの家庭でも大抵どこかにカレンダーが掛けてあります。しかしカレンダーはあっても，子どもがその使い方を知っているとは限りません。その子の毎日について，具体的な情報を与える目的では使っていないかもしれません。家庭のカレンダーは，効果的に使えば，子どもが理解できるような方法で，各家族メンバーに関する情報を書き込むことができます。その子用のカレンダーを用意してあげましょう。そして何もかも書き込むのではなく，その子にとって重要な事柄だけを記入しましょう。

自分専用カレンダーまたはスケジュール帳の使い方を身につける

　各自用のカレンダーを作って，子どもの生活に関する情報を記入します。より多くのことに責任を持って自立して取り組めるようにするには，自分で自分のカレンダーを使って，毎日の生活をやりやすく整理することを教えましょう。自分で責任を持ってすべきことは何かを忘れないですむように，情報を自分で書き込むことを教えましょう。カレンダーをチェックして情報を確認するというルーティンを教えましょう。ビジネスの世界では，スケジュール帳を持ち歩く人が多くなっています。その使い方も子どもに教えましょう。

見本と例

問題：サムは水泳が大好きなので，お母さんが毎週木曜日に公営のプールに連れて行きます。サムは，翌日の金曜日から毎日何度も，「今日は水泳に行くの？」という意味のことをお母さんに聞きます。ことばで返答しても理解できず，この質問は延々と続きます。

解決策：カレンダーでサムに教えましょう。お母さんはカレンダーを冷蔵庫に貼り，木曜日の欄すべてに水泳を表す絵を貼りました。そして毎晩寝る前に，その日の欄に×印をつけ，水泳の日まであと何日かを数えることをサムに教えました。そして，冷蔵庫に貼ったカレンダーを使って，サムの質問に答えるようにしました。サムが質問してきたら，一緒に冷蔵庫まで行き，今日のところを指差して，「水泳はなし」と言いました。水曜日には「水泳は明日よ」と言い，木曜日にはサムに「今日は水泳に行くよ」と話しました。サムから水泳のことを聞かれるたびに，お母さんはカレンダーを見せたのです。しばらくすると，サムは一日に何度も自分でカレンダーを見に行くようになりました。それと同時に，サムの質問回数は激減しました。サムが知りたかった情報は，カレンダーにあったからです。

　木曜日，サムの質問は爆発的に増えました。今日が水泳の日ということはわかっているのですが，今日のいつなのかがわからなかったからです。お母さんは，夕食を表す絵を使って，水泳が夕食の後だということをサムに伝えました。夕食の絵と水泳の絵を冷蔵庫のカレンダーのすぐ横に貼って，一対の絵でサムの質問に答えたのです。このときもサムは，いったん絵の意味を理解すると，自分で絵を見て質問したいことの答えを見つけられるようになりました。

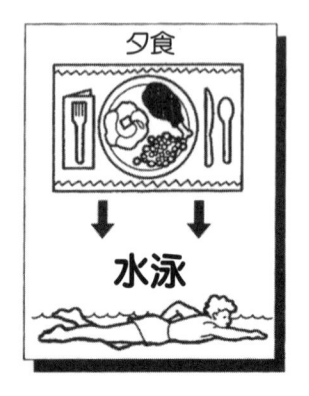

> 　予定の行事が変更になったときには，カレンダーを修正することが，本当に，本当に大切です。カレンダーの情報を参照する人たち全員が修正に気づくように，何らかの方法で修正を明確にすることも重要です。このことは，カレンダー参照における最重要部分となることがあります。

問題：サムは，自分のスケジュールに変更があると，うまく対処できません。いつも通りのはずと思っているところに変更があると，激しく抗議して問題行動を起こします。水泳が中止になる週があり，お母さんは何とか問題を回避したいと思っていました。

解決策：お母さんは，サムに理解してもらうため，水泳の絵の上に「なし」を意味する記号を書いて，何か違うことがあるよと伝えました。そして，それでも出かけられるように，別の活動を計画しました。スケジュールに変更があることをサムに伝えるために，カレンダーの「水泳なし」の隣にアイスクリームの絵を貼りました。サムはもうカレンダーを使うことに慣れてきていたので，スケジュール関係の大事な情報を書き足しておくことで，サムはしつこく質問を繰り返すことなく変更に対処できたのです。

問題：ティムは，いつ何を学校に持って行くのかがなかなか覚えられません。お弁当を持って行く日もあれば，食堂で食べる日もあり，お金を持って行ってお店で材料を買い，自分で昼食を用意する日もあります。ティムが覚えられるようにと，親と先生は色々試してきましたが，うまくいきませんでした。

解決策：翌週の活動について，金曜日に先生はティムと話し合いました。何曜日に何が必要かを，ティムは自分のカレンダーに書き込み，家に持ち帰ります。ルーティンとして「明日の準備」をするときに，カレンダーを見るよう，お母さんは毎晩ティムに教えます。お弁当をカバンに入れたり，お金を用意したりするのはティムの役目です。

48　第2部　視覚的支援具の例

日曜日	月曜日	火曜日	水曜日	木曜日	金曜日	土曜日
		1	2	3	4 ✈	5 ✈
6 ✈	7 ✈	8 ✈	9 ✈	10 🏠家	11	12

問題：ジェリーの両親は，1週間旅行することになりました。その間，ジェリーは支援者と一緒に過ごします。親は，自分たちがもどってくることがジェリーにはわからないのではないか，と心配しています。

解決策：親はカレンダーを作り，自分たちが何日間留守にするのかをジェリーに伝えました。飛行機で出かけることになっていたので，飛行機の絵を使って留守にする日を表しました。そして，帰宅する日には別の絵を記入しました。支援者は，両親がまだ留守であること，そして帰宅まであと何日あるかをカレンダーを使って説明することができました。

問題：スコットの両親も，同じような問題に直面していました。普段よりも長い間留守にすることになったのです。スコットは飛行機に乗ったことがあるので，両親が出かけるのに自分は行かないと知ったら怒るのではないか，ということが心配でした。

日曜日	月曜日	火曜日	水曜日	木曜日	金曜日	土曜日
		1	2	3	4	5 ジェニーのおうち
6	7	8	9	10	11	12
13	14	15 ジェニーのおうち	16 ジェニーのおうち	17 ジェニーのおうち	18 ジェニーのおうち	19

解決策：やはりカレンダーを使ったのですが，親が何をするかではなく，スコットが何をするかを表す絵を使うことにしました。親はスコットに，「プールのあるジェニーのおうちに行くんだよ」と話しました。時折週末にジェニーの家に行くので，そのときにはいつもスコットに絵を使うようにし，親が留守にするときまでに，この絵を使うことに慣れてもらいました。

ここに良い例があります。

　最近，一人のお母さんから何通か手紙をもらいました。他の人からもよく聞くフラストレーションを伝えているものです。そのお母さんによると，

　　息子のトムは今成人向けのデイプログラムに通っています。トムに情報を与えるには視覚的なものが必要で，日とか週の単位（いったい何が起こっているのかが彼にわかるように！）だけではなく，月ごとのカレンダーも必要だと私は主張しているので，職員とさんざんもめています。トムは，これから何カ月も先に予定されていることが，いつできるのかについて心配するので，月ごとのカレンダーも必要なのです。例えば，外食するときどこで食べるのかがわからないと，息子は大混乱に陥ってしまいます。ところが，この成人向けプログラムでは，毎月2回外食をするのですが，たいてい前日か当日になって行き先を決めるのです。

　　息子は外食が大好きで，もちろん好物（マクドナルドとピザ）があります。残念ながら，いつどちらに食べに行くのかが，決して息子にはわからないのです。そうすると，次のようなことになるのです。やっとピザを食べに出かけた日，彼は帰宅すると「トニー（息子の担当職員）とピザが食べたい！」と大声で何度も何度も「要求する」のです。もちろん，次にいつ行けるのか，私には全くわかりません。2週間のうちにはまた外食に行くでしょうとしか言えないのです。これは息子に猛烈な不安を引き起こし，ピザを食べに行くことが頭から離れなくなってしまうのです。

　このお母さんは，状況をとてもうまく描写してくれました。解決策はとても簡単なものです。必要な情報が取れるカレンダーがあれば，この問題は容易に解決するでしょう。このような視覚的支援具でトムの行動が変えられることを，職員が理解してくれさえすれば実現可能です。

> 視覚的支援の使用は，年齢ではなくニーズによって判断する必要があります。この状況で，視覚的支援具（カレンダーやスケジュール）を使用する目的は，情報提供です。成長したからといって，情報のニーズがなくなる人はいません。視覚的支援具の「有用性」は，他にもあります。安心感が得られる，確認できる，記憶を助ける，精神を安定させる，不安を軽減する……などですが，このリストはまだ続きます。理解できる（そして安心感のよりどころとなる）形で情報を与えると，その人の行動は変わります。

> 注：土壇場になって決定するのが好きな人は，より多くの情報を望み，必要とする人々にどれほど多くの不安を引き起こしているとか，そのことがまったくわかっていないでしょう。たぶん，その「流儀」を変えれば，皆の生活のストレスは減るでしょう。

重要な点：カレンダーを使うと，以下のようなことができます。
- 子どもに理解できる形で情報を与える
- 一日，一週間，一カ月の出来事を伝えるコミュニケーション支援具になる
- 子どもの質問に答える

- もっと自立的になれる方法を教える
- 子どもに自己管理のための整理方法を与える
- 生活に論理と秩序を見いだす助けとなる
- 時間的な前後関係を教える
- これから何が起きるのかが理解できないために，変更に抵抗したり困難を感じたりする子どもの問題行動を，軽減したり解消したりする

忘れてはいけないこと：カレンダーは，様々な能力レベルの子どもが利用できます。話すことや読むことができなくても，カレンダーという考え方をうまく使うことができます。カレンダーを使いこなすのに，必ずしも曜日や月を理解したり言えたりする必要はなく，そのようなスキルがないままでもかまわないのです。

選択ボードとメニュー

> **考えてみてください：**
> 行きつけのファストフード・レストランに行ったときに，あなたがいつも決まってすることは何ですか？ 何を注文するか決めているのに，いつも同じものしか頼まないのに，メニューを知り尽くしているのに，やっぱりメニューを見てしまいませんか？ それはなぜなのでしょう？ メニューを見ると……
> - どんな選択肢があるのかを思い出せる
> - 考えが整理される
> - 意思決定の助けになる

コミュニケーションの視覚的支援具の中でも，特に簡単で広く使われている「選択ボード」は，多くの場合，視覚的なコミュニケーションの取り方を子どもに初めて教えるために作ります。何種類かある食べ物の選択肢の中から一つ選んでもらうと，コミュニケーションを取ろうという気があまりない子どもにも，即時強化になるだけでなく，指差して要求することを効果的に教えることができます。何かを選択するということは，多くの場合，コミュニケーション障害の重い子どもが最初に教わるべきことのひとつです。

私はおやつの時間に選択ボードを使っていますが，他にも利用できることはありますか？

選択ボードを子どもにとっての情報メニューだと考えると，可能性がかなり広がってきます。メニューは，食べ物以外のものや，食べ物以外の選択や食べること以外の活動の選択の際にも，とても役立ちます。例えば次のようなメニューや選択肢が考えられます。

- 余暇活動

- 誰と一緒に勉強するか，あるいは遊ぶか
- どのレストランに行くか
- どのお店に行くか
- どの係の仕事をしたいか
- どの歌を歌うか
- どのゲームや遊びをするか
- 次は誰の順番か
- どの活動場所に行くか
- どこを訪問するか
- おやつまたは食事のときに何を食べるか
- 活動に参加するかしないか

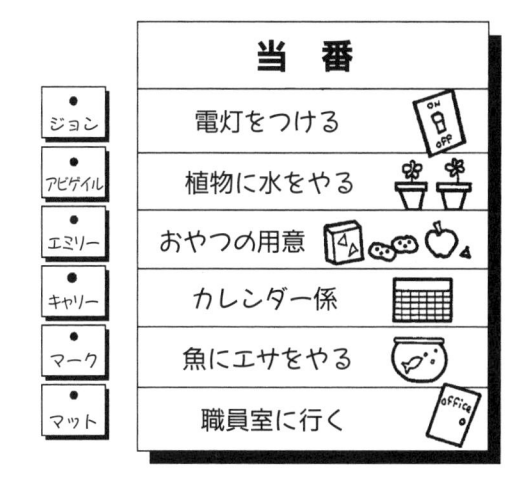

	当番
ジョン	電灯をつける
アビゲイル	植物に水をやる
エミリー	おやつの用意
キャリー	カレンダー係
マーク	魚にエサをやる
マット	職員室に行く

こうしたメニューがあると，どんな選択肢があるのかがわかり，また選択肢を吟味したうえで選ぶことができます。

忘れてはいけないこと：選択肢は文字や絵でもよいですが，現物を並べて選んでもらうと便利な場合も多いです。どちらにしても，選択肢をことばでではなく，目に見えるようにするのがよいのです。

素敵なアイデアですが，子どもたちのために私が決めた方がよいのではないでしょうか？　責任者は私です。いちいち子どもに選ばせていたら示しがつきません。

　子どもに選択の機会を与えることは，自分の生活を自分でコントロールできるようにするということです。自己決定の機会をある程度持つことで，活動参加レベルが向上します。選択肢を与えたからといって，子どもが反乱を起こすわけではありません。責任者はやはりあなたです。選択肢を決めるのもあなたです。子どもには選択肢が与えられる時もあれば，与えられない時もあるのです。

でも常にすべての選択肢が手に入るとは限りません。それにはどう対処すればよいのですか？

　メニューは，あるアイテムをいつ選べるのかを子どもに伝えてくれます。

もっと重要なことは，別の選択肢を今は選べないということも伝えてくれるのです。これは，何らかの理由で手に入らないものをしつこく要求する子どもの場合に，特に役立ちます。このような状況では，「ノー」を表す記号やスケジュール表，カレンダーなどの視覚的支援具を使うと，情報を補足することができます。いくつか例を見てみましょう。

見本と例

問題：おやつの時間に先生が，ジャッキーの弁当箱を開けて，中から一つ選んでジャッキーに渡しました。するとジャッキーは，それを放り投げてしまいました。

原因：ジャッキーは弁当箱の中の別のものが食べたかったので，渡されたものを抗議の意味で放り投げたのでした。

解決策：弁当箱の中の選択肢を見せて，選ぶ機会をジャッキーに与えましょう（さらに，抗議の意思を伝えるための適切な方法をジャッキーに教える必要があります）。

問題：シェリーは自由時間になると，毎回同じ活動を選びます。

原因：シェリーはその活動が好きなのです。他にどんな選択肢があるのか思い出せないのかもしれません。既にそれがルーティンになってしまっていて，なかなか変えられないのです。

解決策：活動メニューを作って，シェリーに選んでもらいましょう。お気に入りの活動ばかりやってはほしくないので，メニューにその活動は載せないという人もいるでしょうが，もっと効果的な方法があります。その活動も載せるのです。シェリーがそれを選んだら，短い時間だけそれをやらせます。そして，メニューのそのアイテムを覆い隠させて，もう一度選んでもらいます。これを何度か繰り返して，いくつかの活動選択肢を試させるのです。お気に入りの活動をまた選ぼうとしたら，それは「もうおしまい」だということを伝えます。

問題：スティーブがビデオを見たがっていますが，ビデオは今は選択肢の中にはありません。

原因：ビデオはもう見てしまったか，今は手に入らないか，先生

が選択肢に入れたくないか，のいずれか。

解決策：メニューの中のビデオを覆い隠すか，「ノー」の表示記号を使って，ビデオは選べないことを表します。このような状況ではメニューから外してしまう人が多いようです。その場合の問題は，それがメニューにはなくても，スティーブは覚えているということです。きっと何度も何度もビデオを要求するでしょう。ビデオをメニューに残しておけば，それが今は選べないということを伝える手段としてメニューを利用できます。覆い隠したり「ノー」の表示記号を使ったりすることで，もっと情報を伝えられるのです。スティーブにはそれが気に入らないかもしれませんが，少なくともビデオを見ることができないという状況についてのコミュニケーションは理解できます。もしもこの問題がなかなか解決せず，ビデオは特定の日にしか見られないという場合には，カレンダーを使って，ビデオを選べる日はいつかをスティーブに見せましょう。

忘れてはいけないこと：子どもに要求してもらいたくないアイテムのシンボルは，コミュニケーション支援具から外すという人もいます。このことは，子どもがそのアイテムを覚えていて，それをしたいと思ったとき，問題になります。そのシンボルがないと，それについて何かを伝えることが余計に難しくなってしまうのです。そのシンボルがメニューにあれば，子どもがそれを要求していることはわかるけれど，今はそれは手に入らない，だから別の選択肢を選んでほしい，ということを先生は伝えることができます。この方がもっと効果的にコミュニケーションを取ることができます。

重要な点：選択ボードやメニューを使うと……
- 受け入れることのできる要求行動を教える機会ができる
- 選択肢が広がる
- 色々な種類のものが選べるようになる
- コミュニケーションの効果が高まる
- 手に入らないものがあることを確実に伝える視覚的支援具となる

- 本人独特のやっかいな要求行動や抗議行動が減る

「ノー」を伝える

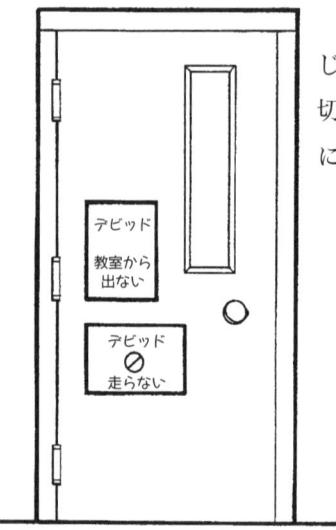

　子どもに情報を伝えるときには、どんな選択肢があるかを伝えるのと同じくらいに、何が入手できないか、何が選択できないかを伝えることが大切です。多くの場合、次のことを伝えてコミュニケーションの内容を明確にすると有益です。

- 選択肢にないもの
- 許されない行動
- する予定ではないこと

　選択ボードやメニューに載せる選択肢をなかなか決められない、ということもあります。先生が自分でいくつか選択肢を考えてみたものの、子どもが本当に選びたいものがその中になかった、ということもよくあります。子どもの希望することを、何らかの理由で先生が選択肢に入れたくない、ということもあるでしょう。それを目に見える形で明確にすると、お互いに理解しやすくなります。

　同様に、許されない行動、してほしくないこと、する予定ではないこと、を明確に伝えることも重要です。視覚的支援具があれば、こうしたことを具体的に伝えることができます。

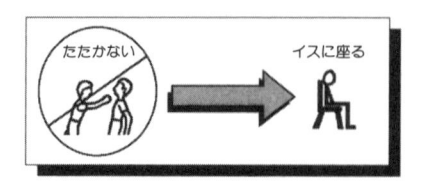

否定表現ではなく肯定表現で伝える方がよくはないですか？　つまり、何がこれから始まるのかとか、どんな肯定的な行動を取ってほしいのかを伝えるのです。

　子どもには肯定的に情報を伝えるのが最も望ましいと考えられますが、否定的な面を伝えることが同様に役に立つ場合もあります。視覚的支援具には肯定的な情報と否定的な情報の両方を含めて、意思を明確に伝えることができます。

> 　子どもたちは絵を見て十人十色の解釈をします。この絵を見て，「鼻をほじくりなさい」と言いたいのだと解釈する子どももいるでしょう。子どもがそういう解釈をするようなら，ティッシュの絵だけを使うとよいでしょう。

それは良さそうですね。どのようにすればよいですか？

　国際的な「ノー」記号（⊘）を使うと，視覚的に意思が伝わることがわかっています。この記号を絵の横に描いたり，絵にかぶせたり，あるいは記号だけを単独で使ったりすると，記号や文字などの認識能力が乏しい子どもでも容易に理解できます。このほかに「ノー」を伝える方法としては，そのアイテムを裏返す，何かで覆う，×印をつける，選択肢から外す，などがあります。いくつか例を見てみましょう。

見本と例

問題：先生は，色々な教材を戸棚に保管しています。その戸棚は子どもたちには開けてほしくないのですが，トミーは何度も戸棚を見に行っては，中からモノを出し，それを持って教室を歩き回ります。

解決策：戸棚に「ノー」記号をつけて，開けてはいけないということをトミーに思い出してもらいましょう。トミーが戸棚の所へ行ったら，その「ノー」記号を見せて，それがどんな意味なのかを思い出させましょう。

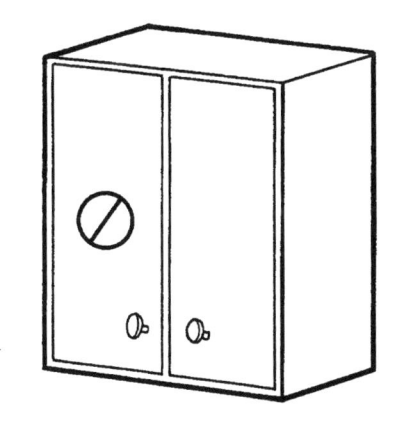

問題：ヴィンスは家のDVDプレーヤーに，まるでおもちゃのように惹かれていて，DVDプレーヤーのある部屋にいるときは，他のおもちゃには目もくれず，DVDプレーヤーのボタンを触りまくります。親がおもちゃで遊ぶように仕向けても，すぐにDVDプレーヤーのボタンで遊び始めます。

解決策：DVDプレーヤーに「さわらない」と書いた紙を貼りましょう。ヴィンスがDVDプレーヤーの所へ行ったら，

その紙を見せて「さわらない」と言ってください。ことばを話せるのであれば，本人にも「さわらない」と言わせましょう。そしておもちゃで遊ぶように再指示してください。最終的な目標は，その紙を見ただけで「さわらない」というルールを思い出せるようになることです。そのためには，ヴィンスにその意味を教えることが重要です。

　教室を抜け出し続ける子どもの話を，ある先生がしてくれました。運動場に出るドアと廊下に出るドアがありました。問題を解決するために，先生は二つのドアの上に国際的な「ノー」記号をつけて，「きょうしつからでません」と書いた紙を貼りました。その子は一つのドアのところに行き，貼り紙を声に出して読みました。それからもう一方のドアのところに行って，貼り紙を声に出して読みました。そしてトイレへのドアのところに行くと，笑いながら「貼り紙がない！」と言うなり，トイレに入るとドアに鍵をかけたのです。

問題：デールにはお気に入りのおやつがあり，他にどんなにたくさんの種類があっても，いつも同じものを選びます。しかし，お気に入りのおやつの箱が空になってしまい，買い置きもないことがたまにあります。「もうないよ」と言われても，デールは理解できない様子です。それがどういうことなのかをデールにわかってもらう必要があります。

解決策：これは「ノー」記号の意味を教える絶好の機会です。空になった箱を逆さまにして，「もうおしまい」と声に出して言いましょう。デールと一緒に，そのおやつの箱またはおやつのメニューの絵に「ノー」記号をつけましょう。これは大げさにやってください。デールと一緒に「ノー」記号をつけるときには，「クラッカーはもうおしまい」などの決まり文句を言いながらやってください。この決まり文句は２〜３回繰り返して，今何が起きているのかを強調しましょう。それからデールに別のものを選んでもらってください。それでもクラッカーを欲しがる場合のために，空になった箱を取っておくのもよいかもしれません。

問題：ケビンは，毎日の生活がスケジュール通りに進むことに強いこだわりがあります。火曜日は，お母さんが学校に早めに迎えに来て，お医者さんに行く日だということを知っています。ある火曜日，スケジュールが変更になり，お母さんは迎えに来ないことになりました。お母さんは登校前にこのことをケビンに話しましたが，ケビンはいつものお迎えの時間になると，落ち着かない様子でウロウロと歩き回り始めました。予定が変更になったことを忘れてしまい，ルーティンが変わったことが気に入らなかったのです。

解決策：お母さんが変更になったことを紙に書いて，ケビンがポケットに入れておけるようにしておけばよかったですね。次にもう一度同じことが起きたときには，そうしました。そしてうまくいきました。ケビンは一日に何度もその紙を見ていましたが，それによって予定の変更に対処することができました。

忘れてはいけないこと：アイテムを完全になくしてしまうと，それを使ってコミュニケーションを取る機会も失われてしまいますが，そのまま見える状態にしておけば，伝えたい情報を明確にするために利用できます。選択肢のリストからは外しても，何かで覆ったり，リストの近くに置いたりして，コミュニケーションの視覚的支援具として使える状態にしておいてはどうでしょうか。

忘れてはいけないこと：「ノー」を目に見える形で伝えれば，それを行動管理プログラムの一要素として取り入れたり，他の目的でコミュニケーションの視覚的支援具として使用したりすることもできます。

重要な点：「ノー」を視覚的な手段で伝えると，次のようなことができます。

- コミュニケーションの内容を明確にする
- 子どもの理解を促す
- 混乱を減らす
- 選べないもの，許されないものを思い出しやすくなる
- 多くの問題行動を減らせる，または避けられる
- 思い出すために何度でも見ることができる
- 先生の促しを減らすことができ，何度も繰り返し言わないですむ

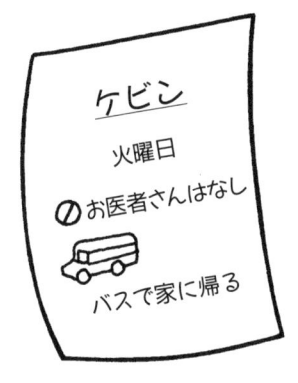

人の居場所を伝える視覚的支援具

　みんなどこにいるの？　自分にとって大切な人がどこにいるのかがわからなくて，不安やイライラを子どもが感じることは珍しくありません。他者のルーティンが変更になる，他者がいつ来るのか行くのかが予想できない，ということが問題を引き起こすことがあります。来るはずの人が来ないために日課が変更になると，つらくなる子どもはたくさんいます。登校したら代替教師だったということで，一日がめちゃくちゃになることもあります。下校して家に帰ったらどんなことがあるのかがわからないために，一日がめちゃくちゃになることもあります。明日は学校で何があるのかがわからなくて，前の晩がめちゃくちゃになることもあります。

そのような状況が子どもにそれほど悪影響を及ぼすとは思ってもみませんでした。単に世話の焼ける子どもだとか，そういう状況を利用しているだけだ，と思っていたのかもしれません。

　変化変更がつらい子どもは，その変化のことで頭がいっぱいになるためにうまく行動できなくなるという場合もあります。こだわりが強まったり，儀式的行動が増えたりすることもあるでしょう。
　子どもに目に見える情報を多く与えると，不安が軽減し，状況にうまく対処しやすくなります。
　人の居場所を伝える視覚的支援具は，以下のような情報を与えてくれます。

- 今日ここにいるのは誰か
- ここにいないのは誰か
- 誰がどこにいるか
- 後で来るのは誰か
- 誰がいつ来るか
- 来るはずだったのに来ないのは誰か
- 来るはずではなかったのに来るのは誰か

こうしたことは，そうなったときに，忘れずに伝えるようにしているつもりですが，それでは不十分なのですか？

　こういう情報は，子どもには大して重要ではないとか，一度言えばわかるだろう，覚えているだろう，と考えてしまいがちですが，必ずしもそうではありません。情報を視覚的なものにしておくことで，子どもは必要なだけ何度でも情報を見直して，予定を思い出し，覚えることができます。情報を前もって与えておくことで，多くの困難な状況を避けることができます。例で詳しく見てみましょう。

見本と例

問題：ジョニーのお母さんは週3日仕事をしています。ジョニーが学校から帰ると，スクールバスまでお母さんが迎えに来る日もあれば，支援者や母以外の家族が迎えに来る日もあります。ジョニーは，一日に何十回も今日は誰が家にいるのかと聞くので，同じ質問に何度

日曜日	月曜日	火曜日	水曜日	木曜日	金曜日	土曜日
		1	2	3	4	5
6	7 スー	8 ママ	9 スー	10 ママ	11 パパ	12
13	14 スー	15 ママ	16 スー	17 ママ	18 おじいちゃん	19

も答えることに皆疲れてしまいます。ジョニーはこのことばかりが気になり，学校で他の活動に集中できません。

解決策：情報を明確にする視覚的支援具を使いましょう。ジョニーが質問し始めたら，その視覚的支援具を見て，必要な情報を得るよう促します。ジョニーはやがて情報が必要なときには支援具を見るようになり，ことばで再確認してもらう必要性がかなり減りました。

問題：クリスは，火曜日に理学療法に通うのが大好きです。たまに休暇や会議，他の仕事などで，理学療法士（PT）がスケジュールを変更することがあるのですが，クリスはそういう変更にうまく対応できません。

解決策：PTのスケジュールを書き込むカレンダーを用意します。PTがスケジュールを変更するときには，それをカレンダーに記入し，カレンダーを見せながら，クリスにその変更について話しましょう。また，ク

リスの一日のスケジュールを変更することで，情報を与えるという方法もあります。要するに変更について前もって視覚的に教えておくことが大切です。

問題：ラルフは，兄と姉の外出や帰宅が，とても気になります。二人とも10代で活動的なので，学校やアルバイト，友達との付き合いなどで家を出たり入ったり忙しくしています。二人は学校が終わったらすぐに帰ってくるものだとラルフは思っているので，時間になっても帰らないと，今どこにいるのとお母さんを質問攻めにします。

解決策：家族は，必要以上の情報をラルフに与えない方がよいと考えていましたが，今よりも与える情報量を増やした方が，みんなが生活しやすくなるかもしれないとも思いました。そこで冷蔵庫に表を貼り，誰がどこにいるのか，いつ帰るのかを書き込みました。この表は，家族全員がそれぞれの居場所を確認するのにも役立ちました。（必ずしも完璧ではなくても）多くの情報を得られたことで，ラルフは安心できました。

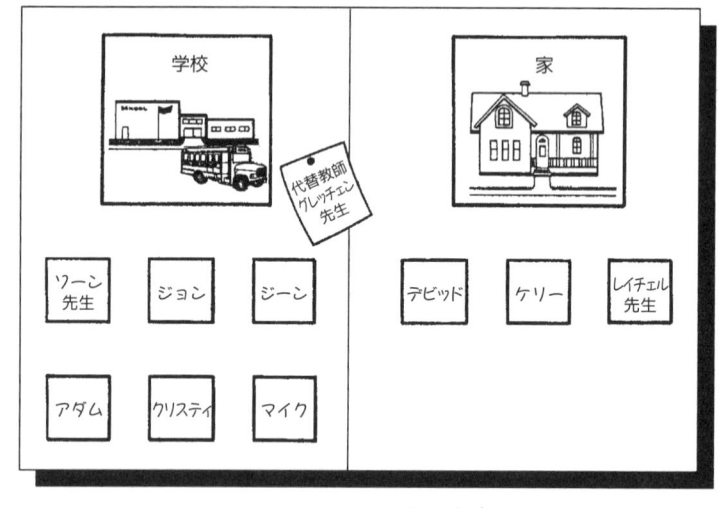

問題：自閉症スペクトラムの子どもたちは，他の子どもの出欠に対して様々な反応をします。まずジーンはクラスメートの存在をほとんど気にしていないので，もっと注意を向けさせる必要があります。アダムはその反対で，クラスメートの存在を気にしすぎて，誰かが欠席していると，それについて延々と質問します。

解決策：朝のルーティンの一環として，誰が出席で，誰が欠席か（家にいるか）を確認します。この活動により，ジーンはクラスメートに注意を向けるようになり，アダムは情報を得て，しつこく質問しないようになります。学校のスタッフがどこにいるかや，また必要があれば代替教師についての情報も含めましょう。

重要な点：人の居場所を伝える視覚的支援具には次のような役割があります。

- 日々の生活における変更について知らせる
- 重要な人がどこにいるのかを理解させ，覚えさせる
- 不安を軽減する
- ルーティンや予想される出来事の変更を受け入れやすくする

移行や移動の視覚的支援具

ある活動をやめる，別の活動を始める，部屋の反対側に移動する，別の部屋に行く——変化のプロセスというのは，それ自体が難しいことの連続です。こうした変化に影響を受けない子どももいますが，予想通りの問題が起こる子どもも多くいます。何が起こっているのかが理解できない子もいます。また変化に抵抗する，儀式的行動やルーティンに固執する，などの行動によって，活動が中断されて大混乱になってしまう場合もあります。どうしてこのような問題が起こるのでしょうか。その答えのひとつとして，変化変更を理解していないことが挙げられます。視覚的な情報を十分に使って，この移行を支援することも，こうした問題を乗り越える方法のひとつです。

人生は変化に満ちていて，変化を避けることは不可能です。問題を避けるための「魔法の法則」は何ですか？

魔法なんてありませんが，情報を与えることが鍵です。難しいのは，子どもがその時に何を感じ，何を考えているのかを理解することです。子どもは状況をどう見ているのか。それによって，問題行動を避け，移行移動のルーティンに従って動けるよう支援する方法を考えることができます。

子どもが何を考えているかなんて，どうやってわかるのですか？それは難しいことだと思います。

「大局」がわかると，子どもの頭の中で何が起こっているのか，をある程度理解できることが多いのです。よくある例を挙げます。

> 親や先生の中には，環境を構造化しないことによって，子どもに柔軟性のなさを克服させようとする人もいます。子どもがなんとか構造を見つけ出そうと必死になっているとき，このやり方では，おそらく子どもの柔軟性のなさを軽減するどころか，むしろ増大させてしまうでしょう。それはとても不幸なことです。視覚的支援具で構造を明確にしてあげれば，落ち着いてスケジュールを受け入れることができるでしょう。そのうえで，視覚的支援具を使って変化変更を伝えれば，これからどういう事態になるのかが理解できる可能性が高まります。この時点で今後の事態を気に入るとは限りませんが，理解がよくなっているので，対処の仕方は変わってくるはずです。

- 「今やっていることが好き。だから変えたくない」
- 「今やめたら，もう二度とできないかもしれないから，やめたくない」
- 「今すぐやめるのは嫌だ。変化のための心の準備を少ししたい」
- 「次にこの活動をできるのがいつなのか知りたい」
- 「次の活動が好きじゃない」
- 「これから何が起きるのか，これからどこに行くのかがわからない」
- 「何をすべきなのかはわかっているけど，自分のやり方でやった方が注目してもらえる」
- 「何かやっていたら，いつの間にか違うことをやっていた。それは嫌だ」
- 「この状況は過去にあったことに似ている。前に嫌だったことがまた起こるのではないかと思うと怖い」
- 「変化が起きたら自分ではコントロールできなくなりそうだから，何も変わってほしくない」
- 「変化は怖いから，何かが違うときはいつも抗議する」
- 「ルーティンは何が起こるのかが予測できるから好き。だから何かが変わると心配で落ち着かなくなる」

　子どもがうまく行動できない理由は，多くの場合，その子どものことをよく知っている人に聞いてみるとわかります。しかし，子どもをよく知る人は，こうした移行時の問題行動にばかり目がいってしまい，落ち着いて「大局」を分析することができないこともあります。身近な人には見えないことを，一歩離れた観察者が教えてくれることも時にはあるのです。

> 移行の支援技法は，必要なときに取り出せる道具箱のようなものです。周りで起こることすべてに対処するには，日常的に多くの支援技法を必要とする子どももいるでしょうし，支援が必要なのは特定の活動のときだけ，調子の悪い日だけ，何か新しいことやこれまでとは違うことがあるときだけ，という子どももいるでしょう。

挙げられた例の多くが，私が取り組んでいる状況にも当てはまることがわかりました。では，どうすればよいのでしょうか？

　子どもに情報を与えることは，こうした問題をなくす，あるいはうまく切り抜けるための基本です。情報を目に見える形で与えることで，こうした状況を切り抜けるのに必要な一貫性と非一過性が生まれるのです。以下に基本的な考え方をいくつか紹介します。

1．子どもに変化変更の準備をさせる

　活動や場面が変わることを子どもに知らせましょう。次の活動に移ることが，前の活動が終わること（ゲームが終わる，作業が終わる，など）によって自然とわかる場合もあります。活動で使っているモノなどを使って，終わりが近づいていることを伝えましょう。

*タイムタイマー

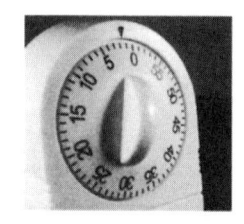

　　ゲームをしている場合：「誰々はもうすぐ終わるね」
　　　　　　　　　　　　「誰々はもうすぐ勝ちそうだね」
　　　　　　　　　　　　「マスはあと3つで終わりだよ，あとトランプ2枚取ったら終わりだよ，あと3人つかまえたら終わりだよ」
　　お皿を拭いている場合：「カップはあと3つで終わりだよ」
　　着替えの場合：　　　　「クツをもう1つはいたら，○○をしに行くよ」

　活動の終わり方がわかりにくい場合もあります（音楽を聴く，テレビゲームをするなど）。いつ活動が変わるのかを伝えるのに，視覚的支援具や関連するモノを使いましょう。例えばこのような方法があります。

子どもに活動をいつ始めるのか，いつまで続くのかを教える方法
- スケジュール表に記入する
- 時計を見るよう促す
- 持ち時間を知らせるためにタイマーをセットする
- 5分経ったらやめると書いたカードを子どもの机の上に置く
- 数量を決めて，終わりをわかりやすくする
  - 「パズルを2つやろう」と言って，パズルを2つテーブルの上に置く
  - 「カセットの片面だけ聞くんだよ」と言って，カセットテープを見せる
  - 「歌を5つ歌おうね」と言って，カードを5枚立てかける。1曲歌い終わるごとにカードを1枚外す

次の活動に移る時間が近づいたら，子どもに次のように予告する。
- スケジュール表を確認させながら「もうすぐ○○の時間だよ」
- 時計を確認させながら「あと5分だよ」

---

*タイムタイマーの入手先は，www.UseVisualStrategies.com
今では，国内で扱っている業者がいくつかあります。インターネットを使って「タイムタイマー」で検索するとみつかります。

　子どもは情報を与えられることで，次の活動に移ることが予測できるようになります。それによって子どもは自分の環境を理解することができ，問題が起きる可能性を減らすことができます。

- タイマーをセットして「タイマーが鳴ったら終わり。その後は○○をするよ」
- いつ終わるのかをわかりやすくして，それを見せる
  - 「あと封筒3つで終わりにしようね」と言って，封筒を3枚並べる
  - 「あと1曲歌ったら○○だよ」と言って，歌1曲分を意味するカード1枚を見せる

2．次の活動に移ることをルーティンの一部にする

一つの活動が終わったら，その道具を片づけて，次の活動の道具を用意するよう教えましょう。この2つの仕事を与えることは，気持ちを切り替える機会を与えることにもなります。

次の活動に移ることをいつものルーティンの一部と見なすことで，受け入れられるようになるかもしれません。スケジュール表やミニ・スケジュール表があれば，一つの活動から次の活動へと自然に流れるのを支援できます。

3．情報と手がかりを子どもに与えて，次の活動の準備をさせる

おそらく最も簡単なのは，子どもにモノを運んでもらうことでしょう。

- モノを運ぶ
- ミニ・スケジュール表を次の活動場所に持って行く
- 道具を次の活動場所に持って行く
- 買い物リストを車まで持って行く
- 水泳に行くときはタオルと水着を持って行く
- 別の場所にいる人に渡すものを持って行く
- 以下の情報が掲載されている絵（写真）カードを持って行く
  - 教室を出る場合は行き先
  - 建物を出る場合は行き先
  - 車やバスに乗る場合は行き先
  - 行き先に着いたら買うもの（アイスクリームなど）
  - 行き先に着いたらすること（水泳など）

親が，特定のお店やレストランへ寄ってくれるものだと子どもに期待させないために，お店やレストランの前を通らないというのはよくあることです。こういう場合のかたくなさは，もっと多くの情報を与えることによって和らげることができます。

<u>どこに行くのか</u>を特に気にする子どももいるでしょうし，<u>何をするのか</u>

が一番気になる子どももいるでしょう。例えば，アイスクリームを買いに行くとき，その子どもが気にするのは，どの店に行くのかかもしれません。あるいはアイスクリームを食べることが大事であって，どこで買うかはどうでもいいかもしれません。子どもは何を気にしているのか，を考える必要があります。そして子どもにとって最も重要なことについて情報を与えればよいのです。問題が起こるのは，子どもがいつものルーティンだと思っていたのに，その通りにならないのだと途中で気づいたときなのです。

4．子どもがある活動をやめたがらないときは，次にその活動ができる機会はいつかを教える

「休み時間に，またテレビゲームをしてもいいよ」とか，「お友達にはまた明日遊びに来てもらおうね」とか，「また来週来ようね」というひと言だけで，おとなしく次の活動に移ってくれることも時にはあります。ただし，こうした情報は，目に見える形で伝えた方が効果的です。「休み時間」と言いながら，スケジュール表の「休み時間」の隣にテレビゲームの絵を貼ったり，カレンダーに明日またはそれ以降の予定を書き込んだりするなどです。情報を具体的で視覚的なものにすると，音声言語だけの情報よりもずっと意味が伝わりやすくなるのです。

5．嫌いな活動，あまり好きではない活動に移るときは，その活動の後に何があるかを教える

あまり好きではない活動の後に好きな活動を予定しておくと，より協力的な態度を期待できます。誰にでも好きではない活動はありますが，だからといってそれをしなくてよいということにはなりません。おそらく最初にすべきことは，その活動が本当に必要かどうかを判断することでしょう（例えば，子どもがイヤホンを使うのをどうしても嫌がる場合，その子がある時間帯にイヤホンを使うことが本当に必要なのか，それとも代わりに別の活動にしてもよいのか）。もちろん，日々の生活の中には，なくせない活動，なくすべきでない活動がいくつもあります。その場合には，何をするのか，そしてその後には何をするのかを教えてみましょう。後にくる好きな活動に気持ちを向けさせることができれば，好きではない活動にも我慢して参加してく

れる場合が多いです。好きな活動の視覚的シンボルを近くに見えるようにしておけば，好きではない活動の最中に，何度でもそれを確認させることができます。そのシンボルに目を向けさせるだけでもよいし，手に持たせたり，指差したり，持ち歩いたりして，その後の本当にしたいことを楽しみにできるようにしましょう。この気をそらす作戦は，これまで何度も問題の時間を乗り越えるのに役立ちました。

では，こうした視覚的支援具の使い方を見本と例で見てみましょう。

見本と例

問題：ドナルドは体育館に行くのが大好きで，教室を出るときはいつも体育館に行くものだと思い込んでしまい，先生がドナルドと一緒に職員室に行こうとするときは，必ず問題が起こりました。廊下を行くと分かれ道になっていて，体育館は右手に，職員室は左手にありました。右に行こうとするドナルドを，先生が左に向かわせようとすると，床に転がって騒ぎだしてしまうのです。

解決策：教室を出る際に，もっと情報が必要だということは明らかでしたので，先生は教室のドアに，学校の中の場所の写真を何枚か貼っておきました。体育館，職員室，トイレ，ランチルーム，倉庫などです。そして教室を出るときには，ドナルドに行き先の写真を渡し，目的地に着くまでそれを持っていてもらいました。先生は，写真と行き先が同じであることを繰り返し強調しました。行き先がわかるようになったドナルドの行動は改善しました。

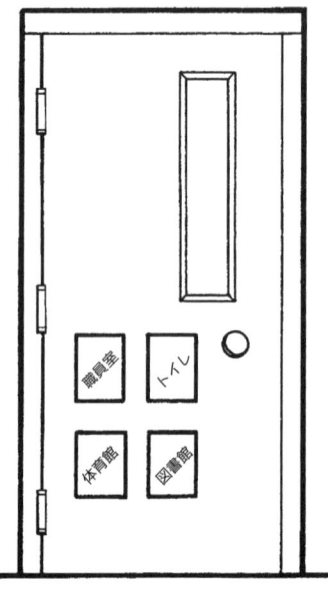

このような状況で簡単に役立つのが，行く先の絵や写真を用意しておくことです。教室を出るとき，学校を出るとき，また家から車で出かけるときの行き先の情報を視覚的支援具で与えるのです。

あまり馴染みのない場所（歯医者など）に行くときには，この視覚的支援具が大いに役立つ子どももいるでしょう。また，変化にはたいてい対応できるものの，不調な日には大騒ぎになってしまう子もいるでし

ょうし，時間や行き先に関係なく，変化することから必ず影響を受ける子もいるでしょう。子どもに理解してもらうために，いつも通りの状況でも，いつもとは違う状況でも，視覚的支援具を使っておくことが役立ちます。そうすれば，視覚的支援具から情報を得るということをルーティンにすることができます。問題が起きそうな状況になっても，そのルーティンが落ち着かせてくれます。

問題：カイルの母親は，毎週土曜日の午前中の買い物にカイルを連れて行きます。母親に決まったルーティンはなく，そのとき必要なものによって違う店に行きますが，立ち寄らない店があるとカイルの機嫌は悪くなります。

解決策：母親は，よく立ち寄る店（スーパー，クリーニング店，ホームセンターなど）の絵や写真を一冊のアルバムのようにまとめておいて，移動中にカイルに情報を与えるのに利用しました。アルバムを開いて次に行く店の写真をカイルに見せたのです。カイルは，次にどこに行くのかをことばで聞くよりも，写真で見る方がよく理解できました。また母親は，カイルが好きなファストフード店と好きなものの写真も入れておきました。例えば，お店2軒に寄ってから昼食をとりに行く予定の時には，写真をその順に並べておいて，ミニ・スケジュール表にしました。

移行は難しい。特に次のような場合には…
- 予期せぬ事態に驚かされる場合
- 行き先や活動内容がわからない場合
- 嫌いなことに向かう場合
- 好きなことから離れる場合
- 移行に抵抗する習慣を身につけている場合

　これらすべての解決策は，もっと情報を与えるということです。

問題：ティムの家族は定期的に祖父母の家に行きます。また，ティムを祖母に預けて，母親だけが出かけることもたまにありますが，ティムは祖母の家に置いていかれるのが嫌いです。ティムは，これから祖母の家に行くということがわかったり，感じ取ったりすると，きっと祖母の家に置いていかれるのだと思って大いに抵抗します。母親はこの問題行動を恐れているので，前もってどこへ行くかを言わないようにしています。

解決策：ティムにきちんと伝えましょう。祖母の家には行くけれど，ティムを置いて母親だけが出かけることはないということを，視覚的に伝えます。どうなるのかがわかれば，問題は収まり始めるはずです。母親がティムと一緒に祖母の家で過ごす日には，置いていかれないことがわかれば，もっと喜んでティムは祖母宅へ行くはずです。そしてティムを預けて母親だけが出かける日には，支援方法をいくつか試してみましょう。母親はいつもどるのかを伝えたり，母親がもどったら何をするかを伝えたり，祖母の家にいる間のスケジュール表を渡したり，いい子にしていたときには好きなことを選択させてあげる，などです。いくつかの方法を試してみて，どれがティムにとって意味があるかを確かめる必要があるかもしれません。最大の課題は，なぜティムは祖母宅に置いていかれるのを嫌がるのかを知ることです。それがわかれば，それに基づいて，ティムに情報を与える方法を考えればよいのです。

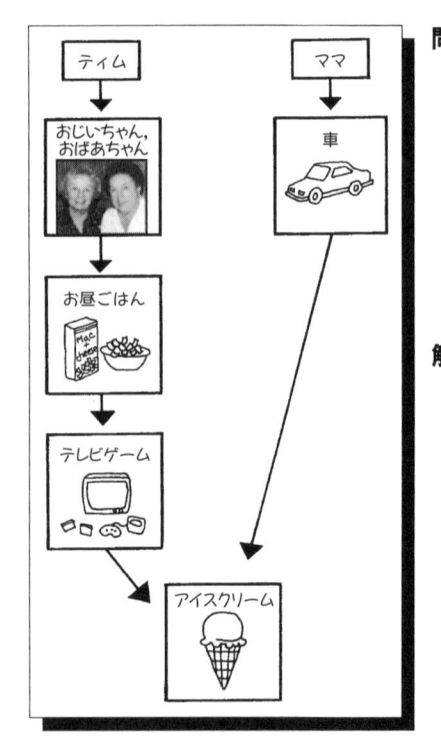

ティムは，これからおばあちゃんとおじいちゃんの家に行きます。ティムはお昼ごはんを食べます。ティムはテレビゲームをします。ママは車で買い物に行きます。ママがもどってきたら，ティムとママはアイスクリームを食べに行きます。

忘れてはいけないこと：次の活動や場所に移るときに，問題が発生する確率が高まります。問題が発生する理由は様々で，なぜ子どもがそのように反応するのかを理解することが第一歩です。目に見える形で情報を与えることで，すべての問題が解決できるわけではありませんが，問題に発展するかもしれない多くの状況を回避したり，修正したりすることはできます。

重要な点：視覚的支援具で移行や移動を支援すると……
- 何が終わって何が始まるのかが明確になる
- これから何があるのかについて，具体的な予測情報を与える
- 何度でも必要なだけ子どもが確認できるメモの役割を果たす
- 移行時に発生する多くの問題行動をなくすのに役立つ

第3章
効果的に指示するための視覚的支援

　教師の仕事で特に難しいことのひとつが，子どもにうまく指示を出して，一日がスムーズに流れるようにすることです。さらに，その時々に出てくる色々な子どものニーズに対しても，時間を振り分けなければなりません。能力は様々であっても，教師の時間と注意を他の子どもよりも多く必要とする子が，平均的なクラスには少なくとも2～3人はいるでしょう。学習ニーズが深刻な子どもは，「1対1で個別に配慮する必要がある」と言われますが，これは多くの場合，言うほど簡単なことではありません。

クラス全員が個別に配慮を必要としているように思える日もあって，本当に疲れてしまいます！

　子ども全員に共通する教育目標のひとつは，できるだけ一人で行動できるようになるための構造とスキルを与えることでしょう。大人による指導や監督に常に依存させるような教育は，望ましくありません。

子どもにはもっと自立してほしいと思いますが，自立できていません。どうすればよいですか？

　先生が出す指示をわかりやすくするために，視覚的支援具を使うことをクラスのスタイルにしましょう。

　視覚的支援は，以下のように<u>子どもの</u>役に立ちます。
- 注意を向け，その注意がそれないようになる
- 注意がそれず，指示を完全に理解できる

　子どもの理解度に応じてことばで話す量を減らすことは，効果的なコミュニケーションに欠かせません。理解度は，子どもの能力発揮に一貫性があるかどうかによって判断します。文を聞いて一貫した応答ができるのであれば，その文を使ってください。単語で指示を出さないと適切に応答できないのであれば，それが使うべき言語レベルです。子どもが能力を発揮できない理由として最も多いのが，言語環境がその子には高度すぎるという場合です。

　通常のクラスでは，指示の大部分が音声言語で伝えられます。先生が指示を何度も繰り返さなければならなかったり，後から何度も補足しなければならなかったりすることも珍しくありません。視覚的支援を行えば，少ない労力で目的を達成できるようになります。

- 指示の内容が明確になる
- 指示されたことを最後までやり遂げる

視覚的支援は先生の役にも立ちます。
- 指示を繰り返す時間を減らす
- 多くの子どもが必要とする支援の度合いを下げる
- トレーニングの手順通りに進められる
- 何かを要求したり，指示したりする際のことばと一致するものを見せることができる
- 具体的で整理された指示を出すために，事前に計画を立てることができる

　視覚的支援を行うと，クラス全体の運営に劇的な効果があります。視覚的支援がクラスにとって有効だと確信したら，視覚的な要素を現行のプログラムに取り入れる方法は際限なくあります。

クラス運営の視覚的支援具

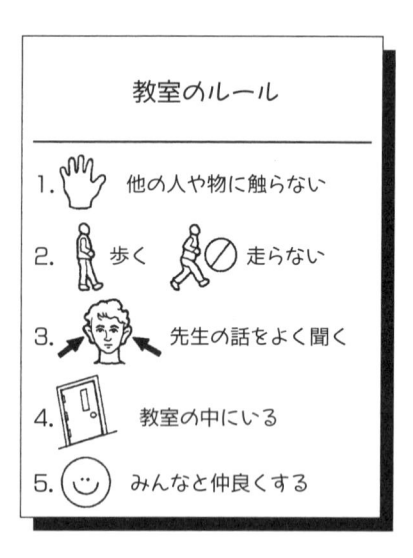

　クラス運営の視覚的支援具は，先生が子どもと効果的なコミュニケーションを取るために特別に作るものです。先生が日々の活動の中で，ルーティンのコミュニケーションを取る際にも，いつもとは違ったコミュニケーションを取る際にも役に立ちます。クラス運営の視覚的支援具の一番の目的は，先生が子どもの動作について指示を出す際や，基本的な指示を与える際のコミュニケーションを支援することです。これは先生のためのコミュニケーション支援具であり，先生が子どもに伝えることを支援するものです。クラス運営の視覚的支援具の活用にはいくつもの利点があります。

子どもの注意を引き，そらせない

　教室や，周囲がにぎやかな場所では，目に見えるモノの方が子どもの注意を引きやすいことが多いです。気が散りやすい子どもの場合，いったん気が散ってから再び注意を向けたときには，伝えようとしているメッセー

ジの大部分が抜け落ちることにもなってしまいます。見慣れた視覚的支援具をコミュニケーションのやりとりの一部として使えば，子どもが素早くまた注意を向け，口頭で伝えられていることが理解しやすくなります。

子どもが先生の直接的な関わりをあまり必要とせずに，課題を続けられるように支援する

子どもが課題を途中でやめてしまう，話をきちんと聞かない，一連の複数の活動を最後までやらない，すべきことをしないという場合，先生は普通，口頭で注意したり，再指示をしたりします。子どもが，すべきことをしなければしないほど，先生が発することばは増えます。ことばではない視覚的な手法を使えば，ことばを次々と浴びせることなく，注意を引いて理解させるのに役立ちます。例えば以下のようなものがあります。

- ジェスチャー
- 表情
- 身体的プロンプト（促し）
- 周囲にあるモノを指差す
- 視覚的支援具を見せる
- その他，音声言語によらない視覚的プロンプト

目的を達成するために，音声言語による過剰なプロンプトに子どもが依存するようになる，というのは実際にありうることで，これは一種の「学習された依存」です。あたかも順番交代を繰り返しているかのように，ことばによる指示が出されるのを待つのです。先生の順番になったら指示が出るのを待ち，そして自分の順番になったら行動を起こし，また先生の順番になって指示を待つ……と繰り返していくのです。また音声言語以外の手がかりは，気が散りにくいことのほかにも，子どもが徐々に発達していくにつれて，音声言語による手がかりよりもやめていきやすいという利点があります。

指示は簡潔明瞭なものにする

コミュニケーションに障害のある子どもの場合，かなりの割合で，先生の口頭説明を減らす必要があります。言語発達理論の中には，子どもに指示を与える際に音声言語の使用を増やすことを勧めているものもあります

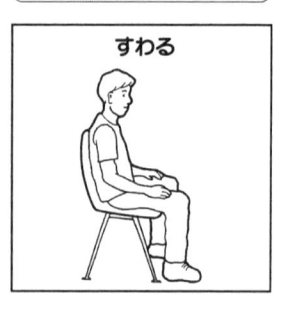

が，この手法は，私たちが対象としている子どもたちには効果的ではありません。音声言語の量を減らす，つまり聴覚環境を簡素化することが，多くの子どもに良い結果をもたらします。視覚的支援具を使うときには，言いたいことを正確に支援具に書き込むと，いっそう簡潔なことばを私たちは使うようになります。クラス運営に支援具を使うことにより，子どもとやりとりするすべての人が，同じような簡潔なことば遣いをするようになります。

「赤いイスに座って」は「座って」に
「円のところに来て，床に座って」は「来て」または「円の中に座って」に
「ロッカーに行ってお弁当を持ってきて」は「お弁当を持ってきて」に
「人をなぐるのはよくないよ。人に手を出してだめ」は「手は出さないで」に

クラス運営の支援具を作成する過程で，先生は余計なことばを削ぎ落とし，効果的なクラス運営に必須のコミュニケーションだけに集中できるようになります。コミュニケーションを目に見える形にすることで，子どもに指示を出す様々な人たちの間に一貫性が保たれるのです。

> 子どもに対して使うことばを段々と増やしていけば，子どもはことばを理解し使うようになるという訓練法がありますが，子どもの実際の理解度からスタートすることと，一歩ずつ進めていくことが重要です。子どもの処理能力を超えたレベルから始めたり，速く進めすぎたりすることがあまりにも多いのです。子どもはルーティンに馴染み従うことを学習するので，実際よりも多く理解しているように見えてしまう場合があるのです。

簡潔でルーティン化されたコミュニケーションを奨励する

同じことを言うのに，いくつもの違った言い方をするというのは珍しいことではありません。しかし，コミュニケーションに一貫性を持たせることは，多くの子どものためになります。これは周囲の人全員が全く同じことば遣いをしなければならないということではありませんが，学習中の一定の行動には一定のことばを添えることで，プロセス全体が向上するのです。

覚えておかなければならないことを子どもに思い出してもらう

子どもには，忘れていることを思い出させたり，指示を出し直したり，次の行動をプロンプトしたり，と様々な種類の手助けが必要です。視覚的支援具を使うと，子どもは自立して行動するために，支援具に注意を向け，理解するようになります。大人の直接的な関わりをできる限り減らし，子どもがすべきことを自分でするように教室の構造を明確にすると，全体の

雰囲気は，なめらかで，整理された，心地よいものになります。

視覚的支援具を使って子どもに指示を出せるというのはいい考えですが，そんなことが私にもできるのでしょうか？　私は一日中話しっぱなしです。それをすべて目に見える形にするなんて不可能に思えます。

> 特定の一人の子どもに対する指示の中核的なセットを決めておくと，特に複数の人が指導に当たる環境において，効果的です。補助教師や補助スタッフのいる教室や，親・兄弟・支援者のいる家庭，シフト制でスタッフが交代で世話をするグループホームなどはいずれも，連携することで事態は改善します。

　まずは，先生が一日に話すことすべてを目に見える形にするなんて，とてつもなく大変な作業に思えるかもしれません。一般的に，一日に大変な量のことばを先生は発していますから！　幸いにも，あなたのニーズを整理してみると，この作業はもっと簡単になります。クラス運営の支援具を作る際には，具体的なニーズや活動を明確にして行うべきです。

　教室で一日に子どもに伝えることをすべて記録するのは大変なことです。ですが，一日に何度も何度も繰り返し言っていることをリストアップするのであれば，それほど大変ではないはずです。そこから視覚的支援具の可能性を探っていきましょう。

　紙を一日持ち歩いて，浮かぶアイデアをメモしてみてください。クラス全体への指示と，特定の子どもに対する指示と1枚ずつ用意するとよいかもしれません。それから，特別な活動や科目をどう扱うかについても考えましょう。クラス全体を運営するために使うことば，クラスのルール，他の目的で作成した視覚的支援具には，当然重複する部分もあるでしょうが，重複することは問題ではありません。支援具を何と呼ぶかは，それがコミュニケーションを支援するために作られたものである，という事実ほどは重要ではありません。クラス運営の支援具は先生のものであり，子どもに語りかける先生を支援するものなのです。このように考えると，どんな可能性があるかがはっきりと見えてきます。

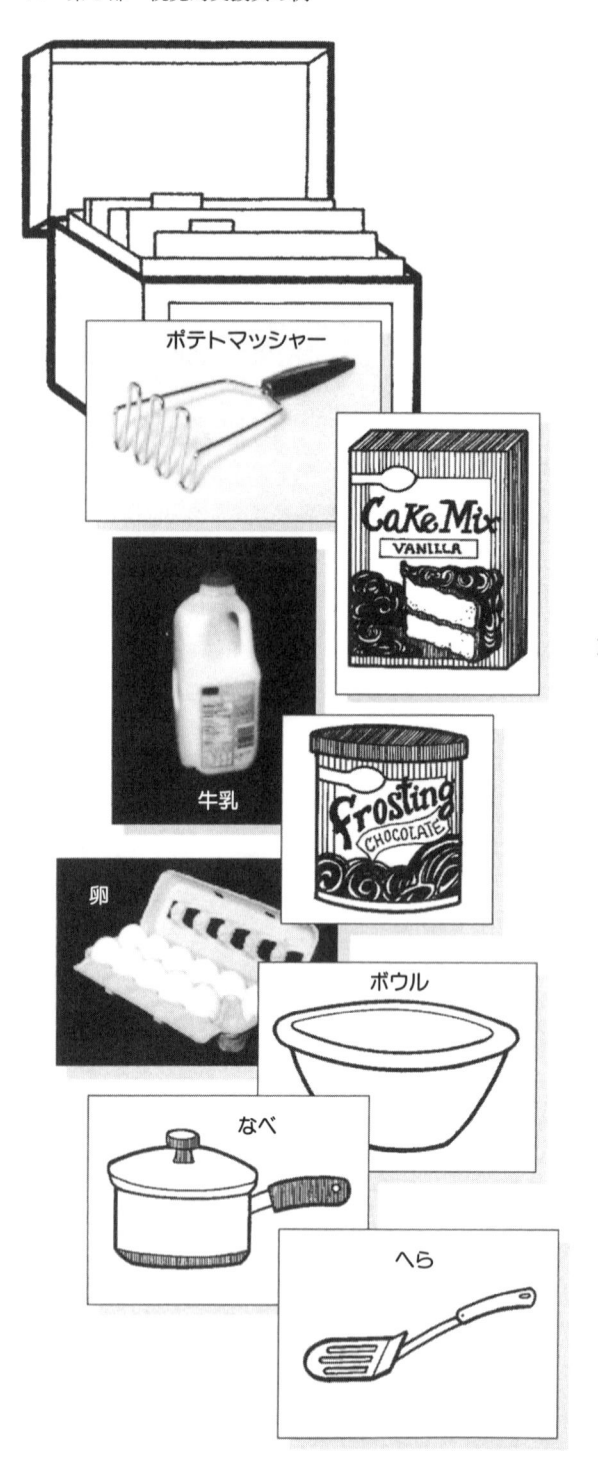

見本と例

問題：クラスで料理をしていました。冷蔵庫から牛乳を持ってくるよう先生に頼まれたジョーは，イスから立ち上がり，冷蔵庫に行く前にまず換気扇のところへ行って換気扇が回るのを見たほか，色々なものに気を取られました。冷蔵庫の扉を開けたジョーは，天井を見つめながら手を伸ばして，たまたまその先にあったバターをつかみ，それをテーブルまで持ってきました。この間，先生は何度もジョーに話しかけ，目の前の課題にもどそうとしましたが，結局役には立ちませんでした。

解決策：先生は，料理のルーティンで必要なアイテムを表すカードをいくつか作りました。ジョーに何かを持ってくるよう頼むときには，そのアイテムのカードを渡しました。ジョーは歩きながらカードを見ます。そして冷蔵庫にたどり着くと，もう一度カードを見て何を持って行けばよいのかを思い出し，頼まれたアイテムをきちんと持って来ることができました。ジョーが一人で課題をやり遂げることができたので，その間先生は他の子どもたちに関わることができました。

問題：教室内で一つの活動から次の活動へと移るときは大変で，クラス全員にすべきことをさせるのは一苦労です。先生の注意を全員が同時に必要としているかのようで，何と言われたのか，何をすべきなのかを全員が忘れてしまいます。一人ひとりの指示を口頭で与えると，どの指示が自分に対するもので，どれが他の子に対するものなのかわからなくなってしまいます。特に難しいのが，グループ活動からおやつの時間に移るときです。

解決策：次の活動に移るときに，こなすべき様々な課題を指示するためのカードを作りましょう。子ども一人ひとりに，具体的に指示するカードを渡します。この移行の時間が整然と進むと，子どもはもっと集中できるようになります。出す指示を視覚的に支援しておくと，見守りもしやすくなり，また各自のすべきことを思い出しやすくなります。

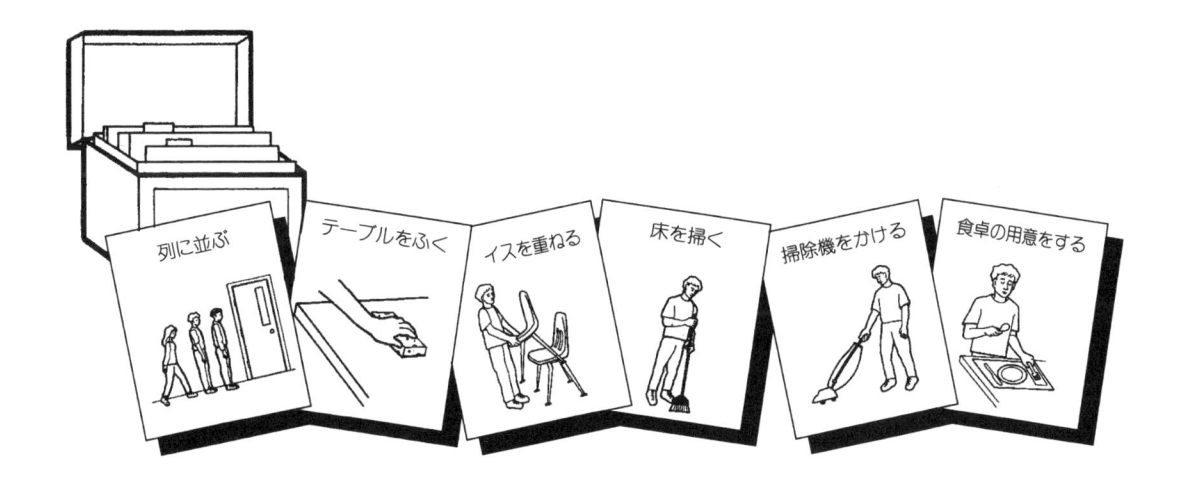

クラス運営の支援具の作成

支援具はどんな形のものですか？　どんな形式がお勧めですか？

> 絵や写真を選ぶ際には，子どもにすぐにわかるものを選びましょう。

　クラス運営の支援具はすぐにわかってもらう必要があるので，通常最も効果的なのは絵と文字を組み合わせたものです。絵のタイプは，子どもができるだけ速く容易に理解できるものにすべきです。また，教室の機能に合った使い勝手のよい支援具でなければならないので，サイズと携帯性も重要な要素です。

> 5 cm以下のサイズで市販されている絵もありますが，あなたが関わっている子どもが効率的に理解するのにそのサイズが適しているとは限りません。子どもに合っていないサイズの絵を使うと，支援具としての役割を果たさないことにもなりかねません。

　大きい絵：低年齢の子どもや，なかなか注意を向けられない子ども，絵の識別を学習し始めたばかりの子どもは，多くの場合，大きい方に反応します。小さい絵（5 cm×5 cm，9 cm×13 cm）にはあまり興味を示さなくても，大きい絵（13 cm×18 cm，20 cm×25 cm以上）には一貫して反応する子どももいます。また，離れた位置から見なければならない場合や，複数の子どもが一度に見る場合には，大きい絵の方がうまくいきます。あなたが関わっている子どもにはどれくらいの大きさがよいか，実際に試してみてください。

　小さい絵：先生が使う支援具の多くは，小さくて携帯性があり，取り扱いやすいものが便利です。小さい方が持ち運べて，机やテーブルに置いて子どもに見せるときでも場所を取りません。

私の整理整頓能力が問われるようですね。何から始めたらよいでしょうか？

　いくつか例を挙げます。
　先生用ミニブック：ポケットサイズのアルバムなどを利用して，1ページごとに絵カードや写真を1枚入れ，必要なときに開いて見せます。先生のポケットに入るサイズであれば，必要なときにすぐ取り出せます。一冊には一日の色々な場面で使える，子どものルールや教室の移動の指示などを入れ，もう一冊には特定の活動や場所で使用する絵カードや写真を入れてもよいでしょう。活動ごとに全く違ったコミュニケーションを取る必要がある場合，例えば1）ランチルーム，2）体育館，3）買い物に行く，4）バスに乗る，などがある場合には，活動ごとにミニブックを用意するとよいでしょう。

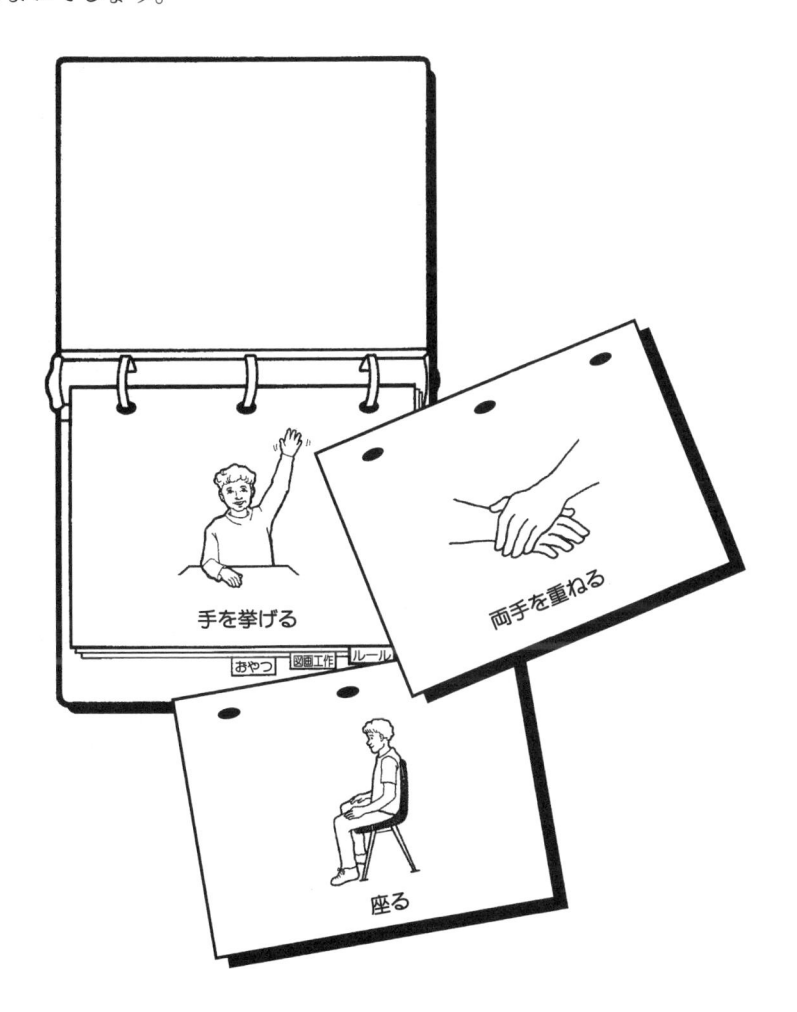

先生用ノートブック：小さいアイテムがいくつもあるというような状況を避けるため，3穴リングバインダーを使うという手もあります。ページが大きいので，1ページごとに特定の活動や時間帯に当てることができます。大きいとかさばるので困るという人もいますし，大きい方がなくさないですむという人もいます。大きいノートブックだと，開いてテーブルなどの上に置けば，子ども一人にも少人数のグループにも使えます。大きな支援具なので，複数の子どもにいっぺんに見せるのに適しています。

絵カードのファイル：特定のトレーニング活動の中で必要となるモノの絵や，出す指示やステップの絵をまとめておくと，特に子どもごとに違う指示を出す活動の場合や，活動ごとに指示が異なる場合に，役に立ちます。既に一定のルーティンになっていることのためのカードも入れることができます。

重要な点：視覚的支援具を使ってクラスでのコミュニケーションを支援すると……

- 先生からのコミュニケーションの効果が高まる
- 子どもの能力発揮が安定する
- コミュニケーションのプロセスが関係者全員にとって効率的になる

手順書やレシピ本

　作業や活動の一部はできるようになったものの，すべてを自力ではできない，複数のステップを自力で最後まではできない，という子どももたくさんいます。順序がわからなくなったり，気が散ってしまって途中が抜けてしまったり，次に何をするのか迷ったり思い出せなかったりする子どももいるでしょう。また，依存することを学習したために一人ではできないという場合もあるでしょう。手順を教えたことが，逆に依存を助長してしまったわけです。

　手順書とレシピ本は，子どもが一人で課題を終えられるよう，ステップバイステップで次は何をするかの手がかりになるものです。料理をする人がレシピ本を見てレシピを探し，その通りに料理をするように，多くの子どもも課題をうまく終えるために一連の手がかりを必要としているのです。

わかります。これは調理の授業のためのものですね。毎週金曜日に調理をするので活用できます。

> 手順書やレシピ本は，調理以外にも使えます。一つの課題を終えるのに複数のステップがある活動であれば，何にでも役に立ちます。

　それだけではありません。これは調理に限らず，色々なタイプの課題をこなすのに使えるのです。複数のステップから成る課題であれば何でも，手助けをあと一押し必要としている子どもの役に立ちます。

問題を抱えているのは教師の方だと感じるときがあります。私と助手が同じスキルを全く違った方法で教えていたことがあり，子どもが混乱するのも当然だなと思いました！

　それはよくある問題ですね。同じ課題なのに，先生や保護者によって方法や順序が違うというのは珍しいことではありません。話し合って決めた手順でも，少しずつ自分のやりやすいように変えてしまうこともあります。スキルを教える指導者が，後々の影響を考えたり，同じスキルを教えている人たちと連携したりすることもなく，教える方法や課題の順序を変えてしまいます。トレーニングのやり方が変更になれば，スキルを覚えるのに要する時間が長くなる可能性もあります。学習に時間のかかる子どもの場

合は特にそうです。手順書とレシピ本を利用すれば，課題のステップを一貫性のある方法で体系的に教えることができます。「エラーの出ない学習」ができるのです。

「エラーの出ない学習」とはどういうことですか？

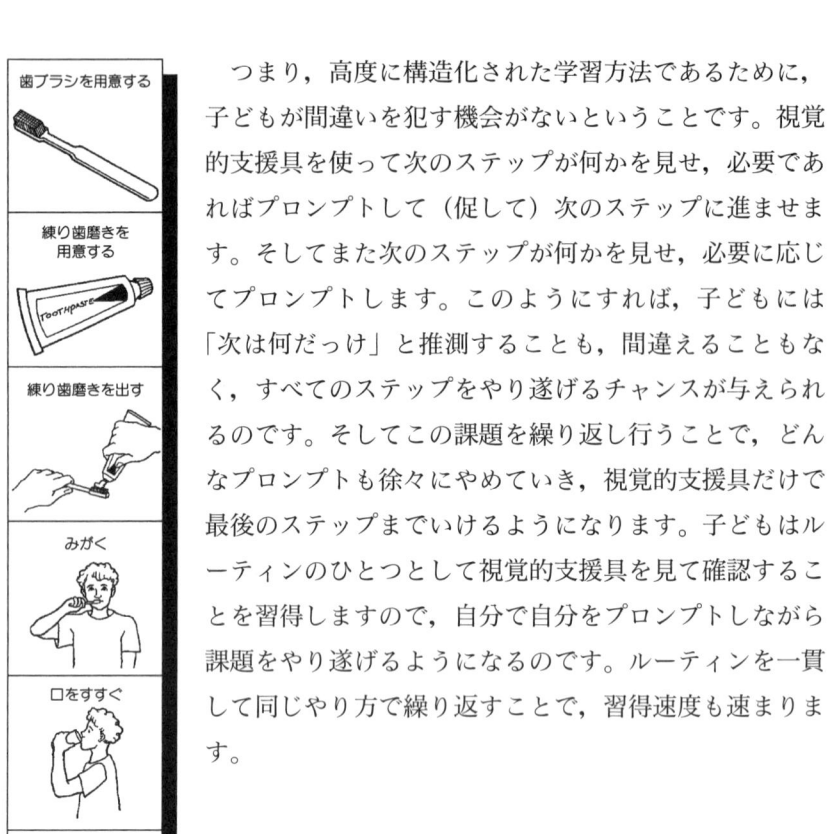

つまり，高度に構造化された学習方法であるために，子どもが間違いを犯す機会がないということです。視覚的支援具を使って次のステップが何かを見せ，必要であればプロンプトして（促して）次のステップに進ませます。そしてまた次のステップが何かを見せ，必要に応じてプロンプトします。このようにすれば，子どもには「次は何だっけ」と推測することも，間違えることもなく，すべてのステップをやり遂げるチャンスが与えられるのです。そしてこの課題を繰り返し行うことで，どんなプロンプトも徐々にやめていき，視覚的支援具だけで最後のステップまでいけるようになります。子どもはルーティンのひとつとして視覚的支援具を見て確認することを習得しますので，自分で自分をプロンプトしながら課題をやり遂げるようになるのです。ルーティンを一貫して同じやり方で繰り返すことで，習得速度も速まります。

もし子どもが視覚的支援具に依存する癖を身につけてしまったらどうなのでしょうか。これからもずっとレシピ本や手順書がないと課題をやり遂げられなくなるのでしょうか。それでは困りますよね？

手順を覚えるまで視覚的支援具を使う子どももいます。覚えてしまえば支援具はいらなくなります。一方で，課題を最後までやり遂げて目標を達成するためには，構造化のために支援具を一生必要とする子もいます。コックさんでも，覚えているレシピと，本が必要なレシピとがあるのと同じで，どちらでも目標は達成されるのです。

> 望ましい目標は次のどちらですか。少ない数の課題を，自力でやり遂げることですか，それとも数多くの課題を，手助けされながらやり遂げることですか。

重要なのは最終的な結果です。

見本と例

問題：ジャックは，毎日の身支度の部分部分は一人でできます。歯の磨き方は知っているのですが，歯を磨きに行くと，必ずしなければならないことの少なくとも何か一つは忘れてしまいます。途中のステップのどこかで止まってしまい，誰かがプロンプトしてくれるまで，その場でぼーっとしていることがよくあります。

解決策：すべてのステップを書いた表を作りましょう。表にある活動を順序通りに行って，最後までやるようジャックに教えます。

問題：スチューはキッチンで作業をするのが大好きです。自分の好きな何種類かのスナックの用意は，手伝えるようになってきました。いつ何をするかが覚えられれば，一人でスナックの用意ができるのではないかと先生たちは考えています。構造がある程度明確なら，成功するかもしれません。

解決策：ジャックとスチューが目的を達成するのに必要なステップを明示した手順書，またはレシピ本を作りましょう。そしてステップに従うことを教えましょう。

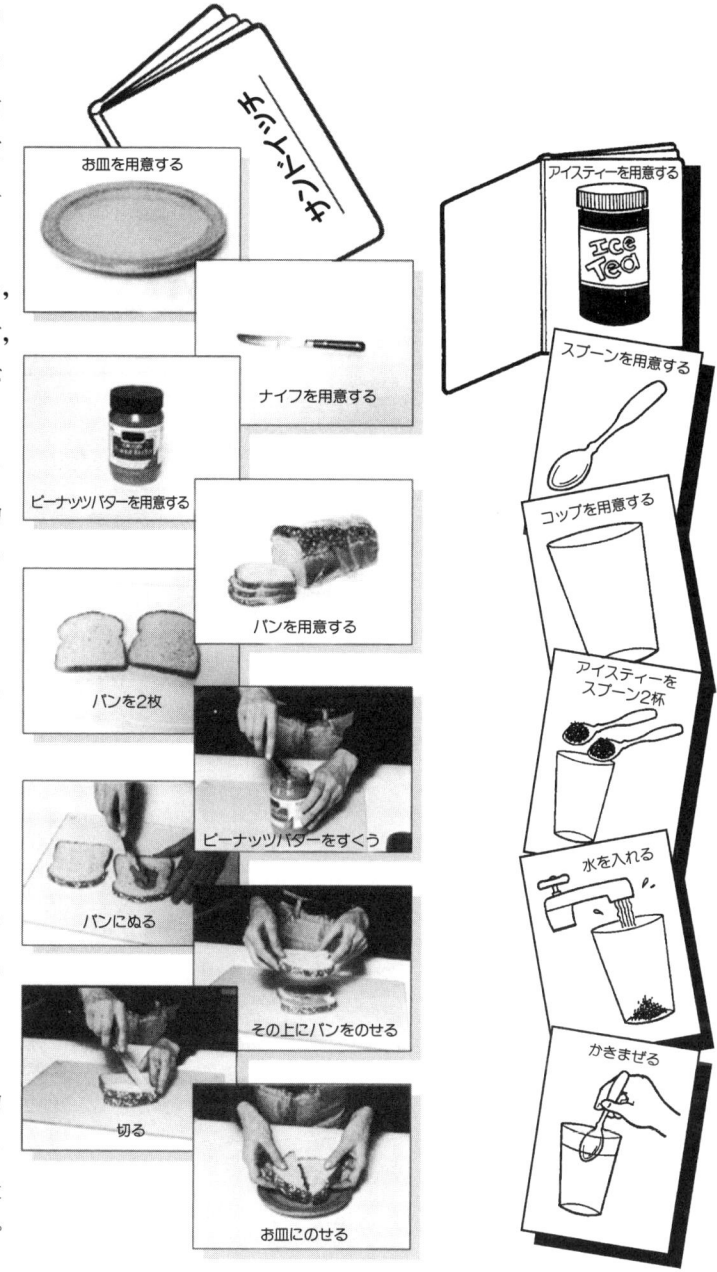

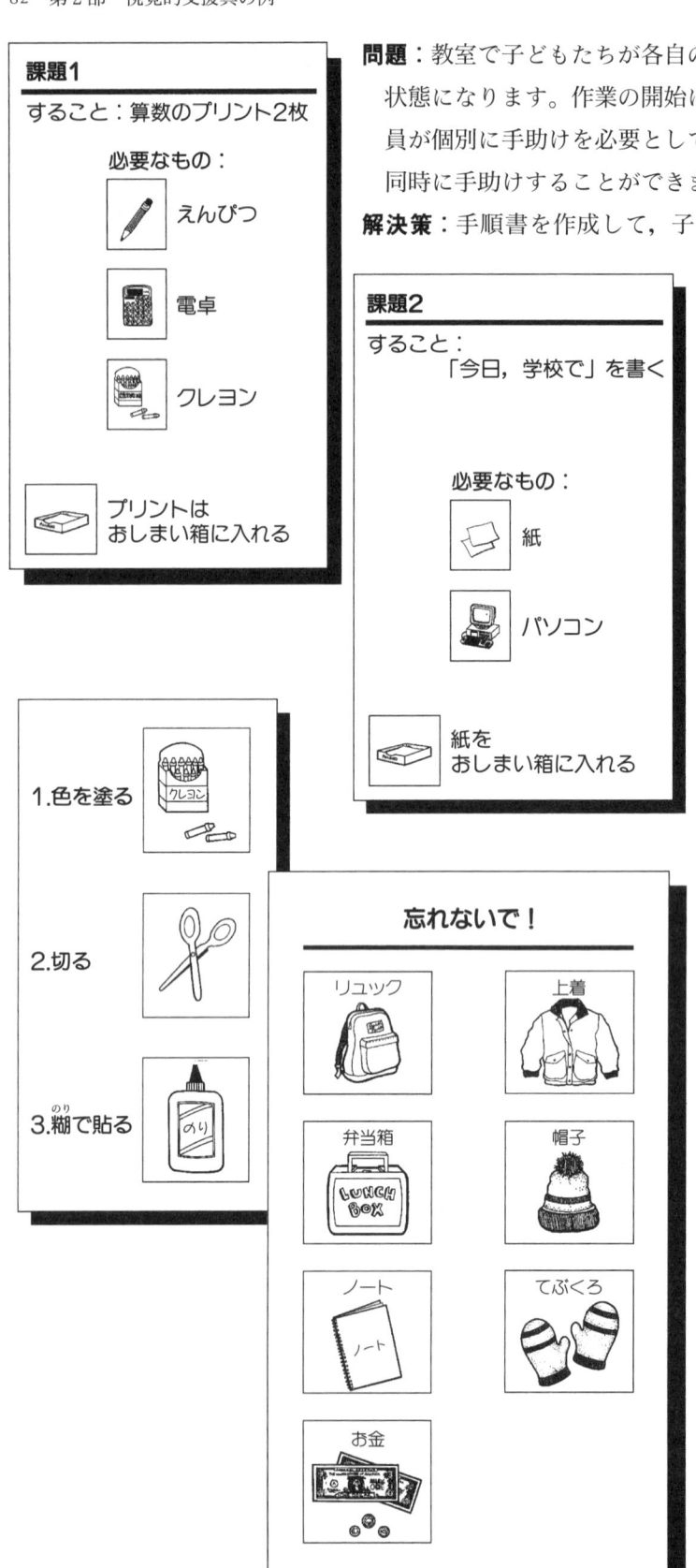

82　第2部　視覚的支援具の例

課題1

すること：算数のプリント2枚

必要なもの：
- えんぴつ
- 電卓
- クレヨン

プリントは
おしまい箱に入れる

課題2

すること：
「今日，学校で」を書く

必要なもの：
- 紙
- パソコン

紙を
おしまい箱に入れる

1. 色を塗る
2. 切る
3. 糊で貼る

忘れないで！

- リュック
- 上着
- 弁当箱
- 帽子
- ノート
- てぶくろ
- お金

問題：教室で子どもたちが各自の作業を始めると，かなりの混乱状態になります。作業の開始に必要なものを用意するのに，全員が個別に手助けを必要としている様子です。先生は，全員を同時に手助けすることができません。

解決策：手順書を作成して，子どもたちが自分で教材を集め，個々の課題を進められるよう指示を出しましょう。

問題：先生が，図画工作の課題や，ステップが複数ある活動を子どもたちに言い渡すと，何のステップをどの順番でするのかを忘れてしまう子どもが必ず複数います。紙を切る前に糊で貼ってしまうなど，何かしら間違えてしまい，作ろうとしたものとは全く違う，ベタベタの塊ができあがります。

解決策：プロンプト・カードを作り，子どもがステップの流れを確認できるようにしましょう。次に何をするのかは，プロンプト・カードを見ればわかる，と子どもに伝えましょう。

問題：ジェリーは，次の活動に移るときにはバタバタとして，何をしなければいけないのかを忘れてしまいます。学校に着くと，上着を掛ける，先生に連絡帳を渡す，などの登校後のルーティンを忘れて，大

好きなゲームのところへ飛んでいってしまいます。下校時には，自分の持ち物をまとめるなどの下校時のルーティンを忘れ，ドアから飛び出そうとします。朝の登校準備は大騒動です。何をするのかを思い出せなくて，ジェリーが走り回るというよりも，何をするかをジェリーに思い出させようとして，お母さんが追いかけ回しているのです。

問題：フィルも次の活動に移行する時間が苦手です。フィルの場合は，次に何をするのか思い出せず，ずっとその場に立ったままです。天井を見つめたり，扇風機やドアノブなど変わったものに気を取られたりします。ルーティン通りに行動するには，何度も指示を出し直してもらう必要があります。

解決策：ミニ手順書を作り，一日のうちで特に難しい移行の時間を支援しましょう。何をするのか思い出すためには，課題の「チェックリスト」を見るように伝えます。チェックリストは目につきやすい，便利な場所に貼ってください。

手順書とレシピ本の作り方

１．必要なものをリストアップする

調理の場合には，必要な材料と道具をすべて挙げます。調理以外であれば，課題をやり遂げるのに取りに行かなければならないものをすべて含めます。

２．課題をやり遂げるのに必要なステップを順に挙げる

課題が子どもにとって最も簡単で効果的なものになるように注意して，ステップの順序を考えます。例えば，グリルド・チーズサンドを作る場合，あなたはチーズをパンにはさんでからバターを塗りますか，それともバターを先に塗ってからチーズをはさみますか。パン２枚ともバターを塗ってからフライパンで焼きますか，それとも１枚だけ塗って焼き始め，２枚目はその後ですか。

何を先にすると，やりやすくなるかも考えましょう。上着を先に着るべきですか，それともカバンを先に持つべきですか。先に歯を磨きますか，それとも顔を先に洗いますか。ハサミで切るのが先ですか，それとも色を塗り，糊で貼るのが先ですか。

3．不可欠なステップを選ぶ

　子どもによって，ステップの細かさも違ってきます。少数の重要なステップだけが必要で，それ以外のステップは自分でわかるという子どももいます。自動的に自分でできてしまうのです。例えば，クッキーミックスを使ってクッキーを作る場合，箱に「クッキーミックスをボウルに入れる」と書いてあれば，大半の子どもは箱を開けてから粉をボウルに入れるというステップがわかりますが，そのステップも手順に入れる必要のある子どももいます。

4．必要なモノを子どもが集めるステップを，どこに入れたら最も効率的かを考える

　課題を始める前に道具や材料を集める方がよい子どももいれば，必要なモノは必要なときにそれぞれ取ってくる方がよい子どももいるでしょう。途中でハサミが必要になる課題の場合，ハサミは初めに用意しておき，使うときまで机の上に置いておくべきでしょうか，それとも使うときまで別の場所にあった方が課題に集中できるでしょうか。

5．表示手段を選ぶ

　文字も，文字を添えた絵も，写真も，またはこれらを組み合わせても，うまくいきます。絵や写真を使う場合には，そのアイテムの名前か，またはそのステップを終えるためにあなたが子どもに向かって言うことばを，そのまま書いておきましょう。

6．体裁と場所を選ぶ

　先生にとっては，教室の壁に貼る表を作るのが自然な成り行きかもしれませんが，それが最も効果的とは限りません。小さくて持ち運べたり，テーブルや机の上で使えたりするものの方が便利なこともよくあります。ポケットに入れて，必要なときに取り出して見る方が合う子どももいます。その他にも思い出すための支援具（リマインダー）は，それを使う場所に置いておくべきです。

手順書とレシピ本を使う練習

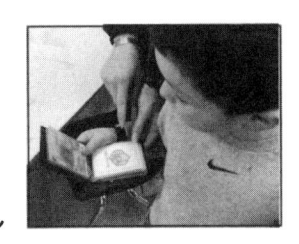

使うと決めた視覚的支援具は，子どもに渡しさえすればよいのでしょうか？　使い方を教えるよい方法があったら教えてください。

　視覚的支援具を子どもに渡すだけでは十分ではなく，効果的に使う方法を教えることが欠かせません。どうすればよいのかを子どもが理解してくれたら，先生の仕事はずっと楽になります。

　使い方を教える際は，意識して指示を出したり，プロンプトしたりすることが重要です。子どもが自力で使う練習をさせる際のアドバイスをいくつか紹介します。

1. 子どもの注意を視覚的支援具に向ける。
2. 音声言語によるプロンプトは制限し，ステップごとの決まり文句を言う。子どもがそれ以上の支援を必要としている場合は，決まり文句を繰り返し言う。
3. それ以上のプロンプトが必要であれば，ジェスチャー（視覚的支援具を指差す，使うモノを指差す）を使ったり，そのステップの動作をやって見せたり，身体的ガイダンス（子どもの手を取ってステップをやり遂げる手助けをする）を使ったりすべきである。
4. 話すことができる子どもの場合には，各ステップをことばで言わせるようにする。決まり文句を繰り返し言うことが，ルーティンの一部となり，役に立つ。ルーティンを導く決まり文句を子どもが言えるようになったり，考えられるようになったりすると，自分に話しかけ，自分をプロンプトして，自分で行動を指示するようになる。
5. 一つのステップが終わったら，子どもの注意を視覚的支援具にもどす。ページをめくったり，リストの次のステップの絵や写真を指差したりして，次のステップへの進み方を示す。
6. 子どもが課題に慣れてきたら，音声言語によるプロンプトもそれ以外のプロンプトも，徐々に減らしていく。子どもが課題を途中でやめたり，指示を必要とする様子であったりすれば，視覚的支援具に注意をもどして先に進ませる。

7．子どもが徐々に自力で課題をこなせるようになってくると，最初に必要と判断した練習ステップの一部は，自然にできるステップになっていく。その場合には，そのステップの絵や写真は視覚的支援具から外すのがよい。子どもが課題を習得してきたら，視覚的支援具に表示するステップの数を変えるとよい場合もある。

自立を目指すということは，視覚的支援具を使わなくなることを目指すべきということですか？

> 視覚的支援具は，目標を達成するための短期的な支援として利用することもできますし，特定の環境や特定のルーティンの達成を支援する長期的な手段として作成することもできます。

子どもが段々とスキルを身につけ始めると，視覚的支援具を完全になくしたがる先生もいます。視覚的支援具を使っていないときの方が高いレベルで行動していると考えて，視覚的支援具をなくすことを目標にするのです。でもここでは注意が必要です。最終的に視覚的支援がなくてもルーティンをこなせるようになる子どもも中にはいますが，視覚的支援を長期的に必要とする子どももいます。次のような子どもたちについて考えてみてください。

グループ１：ルーティンの中の各ステップを習得する際に，視覚的支援具を使用する子ども。ルーティンをマスターしたら，もう支援は必要なくなる。

グループ２：目の前の課題に集中する，規律ある行動を取る，何をするかを忘れないようにするために，視覚的支援具を利用する子ども。支援は常に役立つ。

グループ３：行動にムラがあったり，調子の良いときと悪いときがあったりする子ども（私たちは皆そうですよね）。「良いとき」には視覚的支援具を必要としていないように見えるが，支援具を使用し続けることでルーティンが一貫したものとなるので，調子の悪いときには，使いなれている支援具がルーティンをやり遂げるためにとても役立つ。

> 子どもが視覚的支援具に慣れてくると，支援具への反応の仕方が変わってくることもあります。最初の頃と使い方が変わったからといって，支援具がいらなくなったわけではありません。次のように考えてみてください。近所から交通標識がなくなったらどうなるでしょうか。ドライバーの運転の仕方は変わるのではないですか。

視覚的支援具は多くの場合，子どもがすべきことを成し遂げるために用いる長期的な手段です。課題を練習して習得した後の支援具は，使い始めたときと同じようには使われないかもしれませんが，その有用性がなくなってしまうわけではありません。子どもにとっては，まだ意味のあるものなのです。

やめた方がよいのは，視覚的支援具をどこかの引き出しにしまって，子どもの調子が悪そうなときにだけ取り出して使うことです。支援具は常に使えるように出しておいて，日常の教育環境に取り入れる必要があります。子どもの実行状況を観察していれば，おのずとどうすべきかわかるでしょう。

忘れてはいけないこと：重要な目標は，子どもが先生に依存しなくてもすむように，必要な情報を得て，次の行動を促されるように，レシピ本や手順書の使い方を教えることです。

音声言語によるプロンプトを制限した方がよいのはなぜですか？

指導者が音声言語によるプロンプトばかりしていると，指導者の出番を減らすことが難しくなるからです。多くの子どもは，指導者と自分とで交互に何かを進めていくやり方に依存するようになります。このプロセスは子どもの目には次のように映っています：指導者の順番になると，僕に何をすればよいか教えてくれる，僕の順番になると，僕が何かする，指導者の順番になると，僕に何をすればよいか教えてくれる，僕の順番になると，僕が何かする。その繰り返し。

また，自分が今しようとしていることについて，よく考えることがまだできない子どももいます。すべきことの手がかりを口頭で教えてもらうことに依存しているため，「今どのステップをしているんだっけ？」と考えることがなく，行動が思考や論理に基づくことなく，衝動的になるのです。この思考のプロセスを導いていくには，音声言語によるプロンプトよりも視覚的な手がかりを与える方が効果的です。

子どもにさせる課題の中には，視覚的に表現するのが難しそうなものもあります。複雑すぎて視覚的にはできないからです。

> 考えるべきこと：課題が複雑すぎて視覚的に表現することができない場合，それはすなわち課題が複雑すぎて教えられない，ということになるのでしょうか。

いい質問ですね。教えようとしている課題の中にステップがいくつあるのかを考え始めると，子どもに複雑なことを要求しようとしていることに気づきます。たった2つのステップでも難しい子どもなのに，ステップが10もある課題が習得できないといって，私たちがイライラしていたりするのです。問題が起こる原因のひとつは，教えようとしている課題が実際

どれほど複雑なのかに私たちが気づいていないことです。例えば，子どもに料理してもらう品目を考えるとき，子どもが好きな食べ物だからと，グリルドチーズサンドを思いつくこともあるでしょう。グリルドチーズサンドを作るには，ハムサンドよりもステップがいくつ多くなるか，考えてみてください。下校の準備など，活動の移行時には，優に10を超えるステップを終えなければならないのですから，途中でわからなくなる子どもがいても不思議ではありません。注意深く観察することで，計画を立てるのに必要な情報が得られます。とにかく最初は簡単なものにすることです。簡単なものから始めれば，学習速度が速まり，関係者全員が達成感を得ることができます。

新しい視覚的支援具の使い方指南

視覚的支援を使って新しい課題を教える場合，予め準備をしておくことには，時間をかけるだけの価値があります。課題の内容によって，先生用支援具，手順書，レシピ本を選ぶとよいでしょう。

> 考えてみてください：課題の流れを目に見える形にすることで，指導過程が簡素化されます。

ということは，やることを教える前に視覚的支援具の準備をしなければならないということですよね。子どもが課題に取り組むところを見ていない段階で，何を使うかがわかるのですか？

視覚的支援具をいつ準備するのかは難しい問題です。準備のよい人は，課題を子どもに教える前に支援具を作成しておくことを勧めるでしょう。予め準備しておけば，新しい課題を取り入れる際にそれほど混乱が起きません。ただ事前に準備することの問題点は，時間をかけて手の込んだ視覚的支援具を作ったのに，子どものニーズに合っていなかったと後から気づくことがあるという点です。

この問題にどう対処するかは，その子どもをどこまで理解しているかによります。以下の選択肢を考慮してみてください。

- 課題の「リハーサル」を子どもと一緒にやってみて，どの部分ができるかを観察する。
- 視覚的支援具の一部だけを，簡単な草案として予め用意する。それか

らリハーサルを行い，視覚的支援具を使うべきポイントを押さえているかどうかを確認する。後で変更しやすい仕様にしておいて，必要に応じて修正を加える。

- 教えるのと同時進行で支援具を作成する。カメラ，紙と鉛筆，小さなホワイトボードとマーカーなどを準備して，必要になったときに視覚的支援具を作って子どもに見せる。こうすると注目を得られるので，よく理解してもらえる。

最初にどの方法を使うにしても，視覚的支援具を使えば，新しいスキルを教えることが楽になるということだけは忘れないでください。

効果的に指示を出すためのアドバイス

視覚的支援具は，先生だけでなく，皆で使う

子どもが最もよい反応を示す相手は，たいてい本人がよく知っている人です。補助教師，ヘルパーさん，バスの運転手さん，給食係の人，補助スタッフ，臨時教師，その他子どもと関わりのある色々な人それぞれに，子どもは異なった反応をします。子どもの周囲にいる様々な人たちにも，視覚的支援具を使ってもらうには，どうしたらよいかを考えてみてください。

口に出すことばをそのまま支援具に書く

これによって簡潔で具体的なことば遣いをするようになり，また色々な人が同じことば遣いをするようにもなります。それは子どものためになることです。

簡潔な言い方でも文法・韻律は正確にする

ことばの理解は，韻律（ことばの流れ方）に左右されます。音声が正確でなければ，子どもの理解は向上しません。

柔軟なフォーマット（体裁）を選ぶ

教室で使う視覚的支援具は，子どものニーズの変化に合わせて修正や変更が必要になってくるでしょう。最も効果的な支援具は，子どもがその時点で必要としていることに合わせて，修正や変更を加えた支援具です。し

韻律（プロソディ）とは，音声のリズム，流れ，大きさ，高さなどの要素のことです。このような韻律の特徴は，話される言葉の非常に重要な部分であり，その理解を助けます。簡潔で具体的な言い方をしなさいということは，リズムや流れをなくしなさいという意味ではありません。

例えば「テーブルに着いて，座りなさい」は「もうすぐ算数を勉強するので，テーブルのところに行って，座って準備をしなさい」よりもずっと良い指示です。けれども，あなたのセリフを「テーブル，座って」のように短くすると，人々が一般にこの指示を与えるときの流れが失われてしまうのです。

容易に理解できる速度と流れで言うのであれば，一語で指示してもかまいません。「座って」をとても大きな声で速く言ってしまい，何か擬声語のように聞こえるのでは，認識されません。

声の大きさが理解の重要な側面であることを忘れずにいてください。常に叫ばれているような指示や，断固とした大声で出される指示には，普通の話し声で発せられた場合とは違う反応が返ってくるでしょう。あなたが関わっている子どもたちには，どちらの指示に反応してほしいですか？

っかりラミネート加工をして修正できない支援具よりも，簡単に修正や変更を加えられる「草案」状態のものの方がよいこともあります。

視覚的支援具はすぐに使えるようにしておく

探さなければいけなかったり，別の部屋にあったり，モノの山の下敷きになっていたのでは不便です。支援具の置き場所をきちんと決めている先生は，支援具をなくしてイライラすることはないでしょう。

視覚的支援具を使うようになったら，その後それをプログラムから外す判断は慎重に

視覚的支援具を使用して大成功を収めたのに，子どもの成長に伴ってそれを徐々に，または自分勝手な判断で使わなくなってしまう先生もいます。そして中には，子どもが以前の行動や能力発揮のパターンに逆もどりしてしまったという報告もあります。状況を分析すると，子どもが自力でスキルを習得するようになったので，先生は視覚的支援具をだんだん使わなくなったということがわかりました。子どもが当初と同じ使い方で支援具を必要としているようには見えないにしても，それを完全に取り去ってしまうと，改善した成果は維持できなかったのです。子どもの行動が以前の状態にもどったり，先生が徐々にことばによるプロンプトを増やしたりするようになっていました。

重要な点：指示を出すときに視覚的支援具を使うと……
- 子どもの注意を引き，これを維持するのに役立つ
- 課題を教えるプロセスが，一貫したルーティンになる
- 複数の教師・支援者が出す指示や使う手順を統一できる
- 子どもが一連のステップを速く学習できる
- 子どもの確実性・一貫性が向上する
- 子どもの自立感が高まる
- 子どもが課題を最後までやり遂げるのに役立つ
- 子どもが問題行動を克服するのに役立つ
- 子どもがあまり監督を必要とせずに，複雑な課題や長い課題に取り組めるようになる

忘れてはいけないこと：クラス運営のための視覚的支援具は，一年で段々

と変わっていくことに大半の先生は気づきます。修正しやすい形のものにしておくととても効果的です。

第4章
環境を整理するための視覚的手法

　物事を整理する方法は本当に人それぞれで，厳格な人から混沌とした人まで様々です。自分自身の生活を観察してみると，どんな人でも生活を秩序正しくする方法を色々と使っている部分と，ある程度の無秩序さを受け入れている部分の，両方があることに気づくのではないでしょうか。あなた自身のやり方について考えてみてください。キッチンのカウンターや机の上には，大事な「もの」が山積みになっていませんか。調理道具は，必要なときすぐに取り出せますか。数カ月前に届いた手紙を，すぐに探し出すことができますか。車のキーはどうですか。置き場所はいつも決まっていますか。あなたは毎日の生活や仕事を効率的にするために，どんな儀式的習慣やルールを取り入れていますか。

まるで自分のことを言われているようです。モノを積み重ねたり，なくしたりするのはいつものことですが，車のキーの置き場所は決めています。でも，それと子どもを教えるのとどんな関係があるのですか？

　教育する過程で，自己管理に役立つ方法や視覚的支援具を子どもに教える，または子ども自身に発見させることがあります。自閉症やその他の学習障害をもつ子どもには生まれもっての頑なさがあり，そのために環境に柔軟に対処できません。予測可能であることというニーズが彼らにはあるとわかれば，この頑なさをもっとよく理解することができます。この構造化のニーズを受け入れて，環境の側がある程度順応すれば，頑なさは減じ，子どもは楽に理解できて，リラックスして行動できるようになります。環境に秩序があることを理解すれば，もっと効率的に行動できるようになり

ます。彼らは構造や秩序を<u>好む</u>のです。

構造は与えてあげたいですが，私自身整理が下手で，場あたり的に対処するタイプなので難しいのです。そんな私にも望みはありますか？

　教室でも家庭でも，構造化できることはたくさんあります。この目標に向けて努力すれば，あなたにも子どもにも得るところは多いはずです。提出する用紙はこの箱に入れる，おもちゃは棚の決まった場所に置く，カップは棚の１段目に，お皿は棚の２段目に置く。環境を整理しやすくするために視覚的手がかりを使うことで，その整理法が誰にとっても明確になります。また視覚的支援具は，生じることが避けられない変化変更を教えるのにも役立ちます。

　学習上の困難さに直面している子どもには通常，構造が必要であり，また整理法を習得することが必要です。このことを支援すれば，子どもの能力発揮は全体的に大きく改善します。

標識を使って環境を構造化する

　世の中は視覚的な要素にあふれており，私たちが効率的に行動するための手がかりとなっています。トイレには標識がついていますし，出口もそうです。部屋やスクールバスには番号がついています。環境に既に存在しているこうした手がかりを教わることが，子どもたちには役に立ちます。また，家庭や学校でも視覚的な手がかりを増やし，子どもにより多くの情報を与えることができます。このように標識や目印をつけることで，それらを使わない場合よりも，自立度を高める機会を与えることができます。次にいくつかの手法を紹介します。使ってみてください。

> 子どもには，周囲の環境に既に存在する視覚的な手がかりから情報を得ることを教えておくことが大切です。

周囲の環境に既に当たり前に存在している標識や情報を子どもに教える

　標識は既に数多く存在していますが，子どもがそれらを認識できている，あるいは意味を理解しているとは限りません。また，その情報に従ってどう行動すべきかを子どもが理解しているとも限りません。周囲の環境に存在する支援をどう活用すべきかを，多くの子どもに具体的に教える必要が

あります。

子ども個人の空間や持ち物に標識をつける

最も一般的なのは，上着掛け，机，イス，メールボックス，ロッカー，弁当箱置き場に，子どもの名前を貼っておくことです。自分の弁当箱や上着，体操服など，個人の持ち物にすべて名前をつけておけば，子どもの役に立ちます。

モノの置き場所に標識を貼る

標識を貼れば，モノが棚のどこにあるのか，引き出しや保管庫に何があるのか，仕上げた課題はどこに置くのか，などがわかります。仕上げた課題は決められた箱に，図画工作の材料や道具は決められた容器に，おもちゃは棚の決められた場所に，という具合です。

周囲の環境に標識を貼る

標識を使って，その子どもの全プログラムの構成を明確にしましょう。活動にはすべて名前をつけ，教室の中でも外でも活動場所に標識を貼っておきます。例えば教室の中で，特定の活動を行うテーブルや場所には以下のように具体的な名前をつけましょう：

- 図画工作テーブル
- 円テーブル
- 作業テーブル
- 朝の会
- 図書コーナー
- 遊びのコーナー
- 余暇活動コーナー
- 休憩コーナー

周囲の環境にある視覚的な手がかりに気づき，これを効果的に利用することを教えることは，コミュニケーション指導において重要です。手がかりを認識して読み取れたとしても，伝わったメッセージに従って適切に行動できるとは限りません。それができてコミュニケーションと言えるのです。状況に関係なく手がかりを読み取るスキルは重要ではありません。手がかりを認識し，その情報に従い正しく行動することによって，手がかりの意味を理解したことを示す。そのことが重要なのです。

マッチング（見本合わせ）は，多くの発達カリキュラムで習得すべき重要なスキルに挙げられています。標識が貼ってある引き出しにモノをもどすこと，標識が貼ってある棚に道具をもどすことは，マッチング・スキルをうまく使うことです。標識という考え方を使うことで，このマッチングのスキルを有益に，また絵合わせゲームを使うよりも実用的に教えることができます。

名前と標識は，子どもの一日のスケジュール表に使われている活動名と同じにしましょう。このやり方は，一つの活動から次の活動への移行，一つの場所から次の場所への移動が苦手な子どもには特に役に立ちます。これらの整理法がどう役立つのか，いくつか例を紹介します。

見本と例

問題：教室が散らからないようにするのは簡単ではありません。モノをどこに置くかは，子どももスタッフも全員がばらばらです。ホッチキスはいつも見あたりません。子どもはしょっちゅう学用品をなくします。

解決策：すべてのモノに標識を貼りましょう。ホッチキスその他のアイテムの置き場所を決めましょう。置き場所にも標識を貼り，標識が貼ってある場所にアイテムをもどすことを子どもに教えます。標識とアイテムを合わせることと，片づけ方を教えます。子どもに何かを取ってきてもらうときには，標識を見て必要なモノを見つける方法を教えます。

　子ども一人ひとりに，学用品を入れるフタ付きの箱を用意します。フタの外側または内側に，箱に入っているモノの標識を貼ります。フタに貼った標識は，次のような役割を果たします：

- 子どもが持っているモノ，必要としているモノについて，コミュニケーションを取りやすくするプロンプトになる
- 箱に入っているモノを確認するためのチェックリストになる
- 何を箱に入れるかを思い出すためのリマインダーになる

問題：ジーンは家で自分のモノを片づけるのが苦手です。自分の部屋を片づけたり，洗濯物をしまうのを手伝ったりするなど，自分のモノの管理は自分でもっとできるのではないか，とお母さんは考えていますが，何かシステムが必要です。

解決策：ジーンに出し入れしてほしいモノの保管場所に標識を貼ります。おもちゃの棚や，衣類をしまうタンスや引き出しにです。箱，皿洗い用の桶，洗濯物入れなど，入れ物や容器を用意します。入れ物に標識を貼れば，どこに何を入れるのかをジーンは思い出せるでしょう。

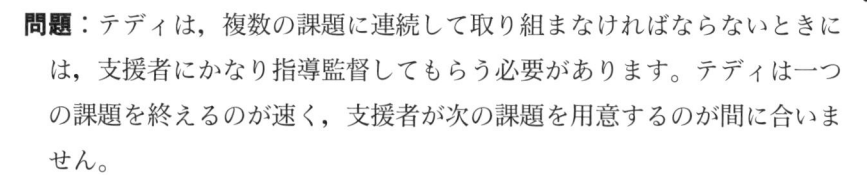

問題：テディは，複数の課題に連続して取り組まなければならないときには，支援者にかなり指導監督してもらう必要があります。テディは一つの課題を終えるのが速く，支援者が次の課題を用意するのが間に合いません。

解決策：自分が使うモノを自分で取り出したり，しまったりすることができるシステムを作りましょう。ミニ・スケジュール表を使って，テディがする課題のリストを作ります。課題の絵や標識をホルダーに入れます。課題ごとに箱やカゴを用意し，これらの箱にも同じ絵や標識を貼ります。さらに同じ絵や標識（3枚目）を，箱を置く棚にも貼ります。テディには，ミニ・スケジュール表を見て，何をするのか確認するよう教えます。一つの課題が終わったら，同じ絵や標識が貼ってある棚に箱をもどして，次の課題を自分一人で始めることができます。

忘れてはいけないこと：標識を貼っておくだけでは十分ではありません。たいていの子どもは，標識の使い方を教わる必要があります。視覚的手がかりを見つけて，その情報を利用するよう教えましょう。

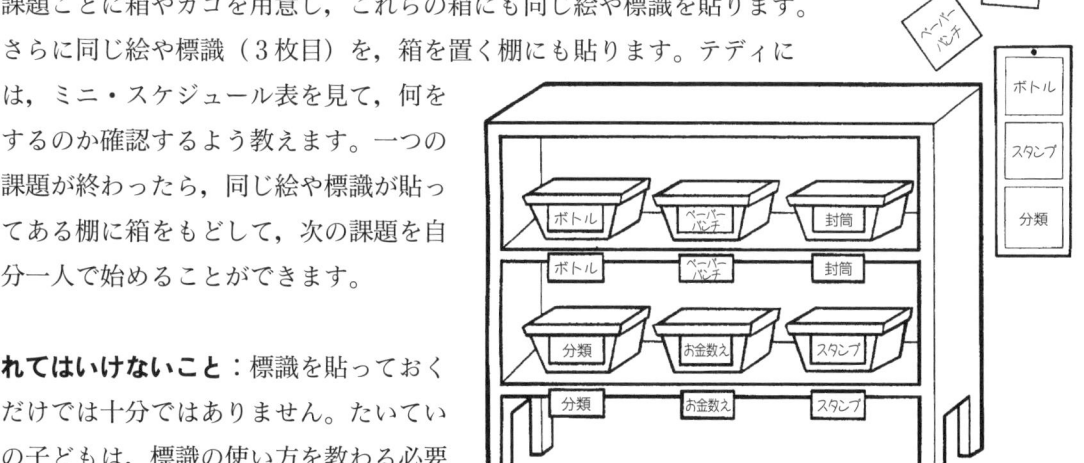

生活全般を整理する

生活を整理する方法は他にもたくさんあります。以下にいくつか紹介します。

標示
標示は，世間で適切な行動の仕方を示すために利用されているのと同じように，教育の現場でも，物事を穏やかに進ませるために利用できます。その第一歩は，既に存在する標示で，子どもにとって意味のありそうなものに注意を払うよう教えることです。そして次に，新しい標示を追加して，特定の場所や活動の指示を与えましょう。

リスト
買い物リストや，「すべきこと」のリストは誰でも作ったことがありますよね。

- ルーティンや活動を最後までやりきるために子どもが使うリストを作る
- 目的を達成するためのリストを子どもが自分で作れるように指導する。自分用のリストを作ることを教えれば，色々な出来事が起こるなかで整然とした思考を持つ，という長期的な目標に向けて前進することができる

> 子どもが自分用のリストを作る際には，子ども自身が書く必要はありません。字が書けない子どもの場合は，以下を試してみてください。
> - 誰かに口頭で伝え，書いてもらう
> - パソコンで文字をコピー・アンド・ペーストする
> - 画像をカット・アンド・ペーストする
> - 予め準備したリストに〇印をつける

いいアイデアですね。買い物リストやすべきことのリストのほかには，どんなリストがおすすめですか？

可能性は無限にありますが，いくつか紹介します。

明日学校に持っていくもの：昼食代金，雑誌
今日忘れずに家に持ち帰るもの：ノート，宿題，本，「私の宝物発表会」に持って来たもの
お店で買うもの：パン，ピーナッツバター，ペーパータオル

コインランドリーに持っていくもの：洗濯物，洗濯物カゴ，洗剤，柔軟剤，お金

プールに持っていくもの：水着，タオル，サンダル，水泳帽，シャンプー，利用者証

寝室の片づけですること：おもちゃを棚にしまう，寝床の用意をする，洗濯物をカゴに入れる

昼食の準備ですること：食卓の用意をする，サンドイッチを作る，飲み物を作る

今日すること：運転を頼む，支払いをすませる，買い物に行く

カードを送る相手：誕生日カードを，クリスマスカードを，バレンタインデーカードを

カレンダー

昔から使われている「歯みがき点検表」は，決して時代遅れではありません。毎日または定期的に何かをしなければならない場合，チェックしたり，×印をつけたりできる表があると，すべきことを忘れないですみます。この方法は，色々な日に色々違ったことをしなければいけないときには，さらに役立ちます。

メッセージを忘れずに伝える

メッセージは，メモしたり，目に見える形にしたりして残しておくと，忘れずに伝えることができます。電話を受けたのに，伝言をメモしなかったために伝え忘れてしまったことが，これまでに何度ありましたか。

子どもが，家と学校との間で，あるいはある教室から別の教室との間でメッセージを伝達しなければならないことがどれくらいあるか，考えてみてください。責任を持って情報を伝えることを子どもに教えることは重要です。「今日，学校で」〔訳注：p.104参照〕もそのひとつの形態です（次の第5章「複数の環境間のコミュニケーションの仲介」を参照）。ある人から別の人へ，ある環境から別の環境へ情報を伝えるために，メモを効果的に作成・利用する方法を学ぶことで，子どもはより大きな責任を果たし，自立できるようになります。

覚え書き

絶対に忘れてはいけないことがあって，ポケットにメモを入れておいた

り，洗面所の鏡やドアノブ，車のハンドルに付箋紙を貼っておいたりしたことはありませんか。昔からよく使われている方法は，ポケットにメモを入れておくことではないでしょうか。子どもにもそんなちょっとしたリマインダー（忘れないための支援具）が役に立つはずです。色々と工夫しましょう！

忘れてはいけないこと：整理術を教える際の鍵は，子どもが視覚的支援具を使用して，自力で，常に安定して行動できるようにすることです。既にこうした視覚的支援具をいくつかは使っているかもしれませんが，子どもの生活圏内には，整理のための視覚的支援具を作成する機会がまだまだたくさんあるのではないでしょうか。整理支援具は，子どものためというよりも，指導者である大人のために作られることの方が多いのです。自分で整理支援具を作るように具体的な指導を子どもにすることはあまりありません。自分自身のために構造を明確にする方法を教えることは，生涯の宝になりうるスキルです。

重要な点：視覚的支援具で環境を整理すると……
- 環境が整然とし，子どもは安定感を得られる
- 環境の構造が明確になり，予測可能になる
- 子どもが自力で行動できるようになる
- 子どもが自分の行動や持ち物に責任を持てるようになる
- 子どもの信頼性が高まる
- 自分の必要とするものを全員が思い出しやすく，見つけやすくなる

第5章
複数の環境間の
コミュニケーションの仲介

　中等度から重度のコミュニケーション障害をもつ子どもの家族，教師，友人の最大の望みのひとつは，子どもについて，そして子どもが人生で経験していることについて理解を深めることです。人間関係はこうした情報の上に築かれていくのです。

　学校から帰ってきた子どもに「今日学校どうだった？」と聞いたとき，たったひと言ではなく，家の外で過ごした子どもの様子が色々とわかるような返事を返してもらえる親御さんは幸運です。たいていの親御さんがもっと聞きたいと思っているのでしょうし，コミュニケーション障害をもつ子どもの親であれば，その思いはさらに強いはずです。コミュニケーションが難しい子どもほど，家の外で，あるいは学校の外でどうしているのか，謎は深まります。

　先生も同じジレンマに直面します。教室の外でどんなことを経験したのかを子どもから聞きだすためには，相当の努力を強いられることがよくあります。意味のあるコミュニケーションを教えるためには，学校の外での様子を理解することが欠かせません。子どもが別の環境に行くたびに，コミュニケーションの空白時間が広がってしまいます。

どうすればよいですか？　子どもの家族とコミュニケーションを取るには，かなりの時間と労力が必要です。努力はしていますが，完全に成功しているとは思えません。

　空白を埋めるために，先生や保護者が情報交換の方法を考え出そうと苦心していますが，ニーズの一部にしか応えられないものがほとんどです。第一に，手紙や電話で細大漏らさず定期的に伝え合うとすれば，時間もか

かるし不便です。そして第二に，これが最も重要なことですが，自分の経験や情報の伝達に子ども本人が関与していない方法がほとんどなのです。

もっといいアイデアはありますか？

自分の情報をもっと伝えることを子どもに教えましょう。そのために考え出されたのが**視覚的連絡票**（ビジュアル・ブリッジ）です。視覚的連絡票は，文字，絵，写真，具体物，その他の視覚的な手がかりを組み合わせて作ったコミュニケーション支援具です。これらの要素を組み合わせて，子どもが経験したことを伝えるのです。これは，子どもが自力では十分にコミュニケーションが取れない場合に，2つ以上の生活環境の間での情報交換を支援する連絡橋の役を果たします。こうした支援なしでは表現できないレベルのことが，支援さえあれば表現できるようになります。これは能力や年齢に関係なく使えるもので，つまるところ自分に関してもっと多くの情報を伝えることを教えるための支援具です。視覚的連絡票が他の視覚的支援具と異なるのは，直近の情報が伝わる点，具体的な活動に関するものである点です。毎日その日の最も重要な情報を伝える支援具を作ってもいいし，ある一つの出来事について詳しい情報を伝える支援具を作ることもできます。

視覚的連絡票を使う目的は何ですか？

この視覚的支援具を使う目的は大きく分けて3つあります。

目的1：家庭と学校その他の重要な生活環境との間でコミュニケーションを仲介する
子どもは，自分に関する情報を人に伝える責任が与えられ，情報を共有すること，伝えること，情報を求めること，自分に与えられた責任を忘れないことなどについて，多くのことを学びます。自分から積極的に人とやりとりすることを学ぶのです。

目的2：機能的な言語，コミュニケーション，読み書き，学力の発達を刺激し促す
情報を目に見える形にして，一つの生活環境から次の生活環境への移行

を助けます。視覚的支援具の選択と作成には，子どもにできるだけ参加してもらう必要があります。参加することが習得過程の一部なのです。参加の仕方と視覚的連絡票の形態とは，その時点で持っているスキルと，達成したい目的によって決まります。視覚的連絡票は，ことばを話せる子どもにも話せない子どもにも作ることができます。

目的3：自分が経験したことについてコミュニケーションを取ったり，会話をしたりする機会を増やす

　視覚的連絡票を作成し，使用する過程は，それ自体が重要な情報を振り返る機会となります。また以下のことについての機会でもあります。

> 視覚的連絡票を作成し使用することは，子どもにとって，自分の体験に関係する語彙やことば遣いを，話されたことばと書かれたことばの両方で練習する機会となります。

- 情報を伝える練習をする
- ことば数を増やす
- 体験したことを詳しく人に伝える

　この活動では，子どもが自分の体験をコミュニケーションできるようになることを重視しているので，子どもは高い関心を持てるし，また多くのことを学べるのです。

　視覚的連絡票は，子どもとそのコミュニケーション相手の両方が，子どもの経験したことについて会話する際の支援具です。両者は，視覚的なシンボルから手がかりを得るので，どんな質問をすればよいのか，何を伝えればよいのかがわかるのです。

　視覚的連絡票を作ること自体を，学校や家庭でのルーティンに取り入れることができます。子どもの理解能力と表現能力に応じて実行すれば，それがコミュニケーションを伸ばす貴重なチャンスになっていくのです。成功の最大の鍵は，子どもがどれだけ関与するかです。子どもが深く関与すればするほど，この活動から得られるものも大きくなります。

視覚的連絡票

　視覚的連絡票は，家庭と学校という子どもにとって最も重要な2つの生活環境の間のコミュニケーションを効果的に支援します。別の環境間のコミュニケーションにも，同じ考え方を取り入れることができます。

今日，学校で

　これは，その日に子どもがしたことを人に説明するのを手助けする活動です。一日の活動を要約したり，特定の活動だけを取り上げたりします。その日に何があったのかを振り返り，その情報を目に見える形にして，家に持ち帰ってもらうというものです。自力では思い出せない場合には，スケジュール表を見て，それを手がかりにして「今日，学校で」を作成することもできます。体裁は，子どもの教育レベルによって様々です。作成活動のレベルも様々で，例えば次のようなものがあります。

- スケジュール表の絵を1枚の紙に並べたものに印をつける
- 活動名をスケジュール表から写す
- 遠足に行ったときに食べたものの包装紙や広告写真を集める
- 情報を伝える絵や写真やモノのコピーをとる
- 穴埋め形式の文章をコピーして使う
- 文章を一から書く

目的は，家に持ち帰るものを準備する際に，子ども自身に積極的に参加してもらうということです。一日の出来事を振り返ることで，記憶と思考を整理し，その情報を次の生活環境に持って行って伝える準備がしやすくなります。情報が目に見える形になっていると，子どもとその相手は情報を共有しやすくなります。<u>その結果，やりとりが持続し，共有される情報の量が増えます。</u>

昨夜，家で

　この方法は，「宿題」をするのが好きな子どもに特に向いています。「今日，学校で」と同じことを，方向を逆にして行います。目的は，目に見える形にして情報を共有し，子どもが校外で体験したことを伝えやすくすることです。先生の質問に対する子どもの答えが先生に理解できない状態では，言語スキルを教えるのは本当に難しいことです。この支援具を使うと，コミュニケーションを教えるために利用できる情報を先生がたくさん入手することができます。この場合もやはり，最大の効果をあげるためには，子どもが参加することが重要です。用紙を何らかの形で用意して学校に持って行くことに，子どもが責任を担うことが大切です。これによって，子どもは意味のある会話に自発的に参加しやすくなります。

```
名前 _____ 日付 _____
            昨夜，家で
───────────────────────────────
夕食は  ホットドッグとゼリー  でした。
テレビで      アニメ       を見ました。
おじいちゃんとおばあちゃん が一緒でした。
         レゴ        で遊びました。
        Kマート       に行きました。
        9：00        に寝ました。
```

視覚的連絡票の作成

　視覚的連絡票を作ることは，様々なスキルを教える機会ともなります。子どもが理解でき，参加できるタイプの活動にしましょう。これから紹介するどのタイプも，また複数のタイプを組み合わせても，効果的な視覚的連絡票になります。

構造化された絵カード・コミュニケーション
　一日のスケジュール表に使用している絵や，特定の活動を表す絵を使って，子どもが組み合わせたり，印をつけたりなどして，伝えるべき情報を示します。子どもが参加する部分としては，次のようなものがあります。

- 一日のスケジュール表のコピーをとる
- その日のスケジュールを参照しながら，スケジュール絵カード一覧表のうちで当てはまる活動の絵に印をつける
- スケジュール一覧表のうちで該当する絵，ラベル，お菓子の包み紙，その他子どもにわかるものなら何でも切って貼る
- ラベル，食べ物やビデオの箱，その他重要なアイテムのコピーをとる
- 覚えておくべきものを写真に撮る

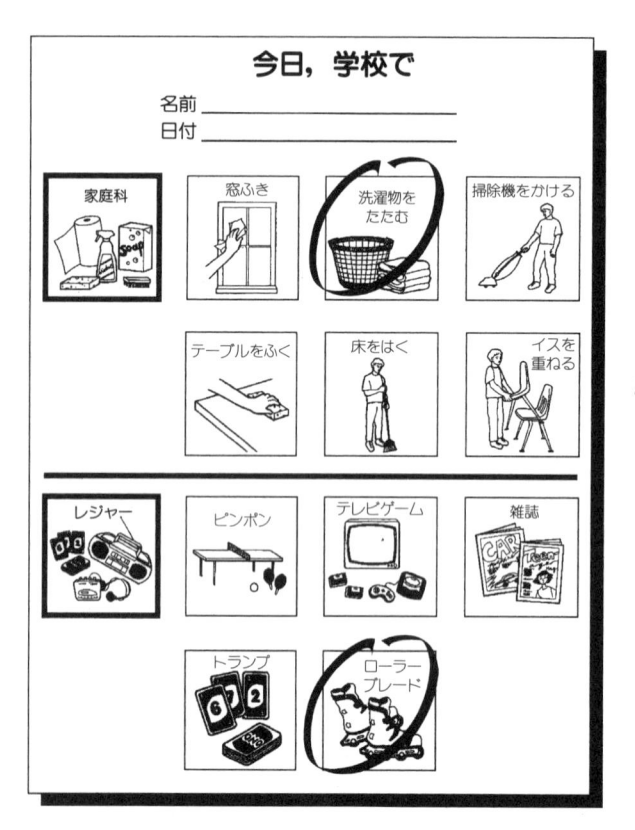

　こうした活動なら，字を書くのが困難な子どもでも大丈夫です。

個人的経験の口述筆記

　口述筆記ストーリーは，体験した出来事を伝えたり，重要な情報を伝達したりすることを促すものです。子どもが考えたことを口で伝え，先生が書き留めます。それほど一般的な方法ではありませんが，文字にしたことばに絵などを添えるという工夫もできます。スケジュール表の絵を使ったり，簡単なイラストを描いたりしてみてください。芸術家でなくても，子どもが理解できる程度の絵は描けます。絵を付け加えることで，ことばを思い出したり，理解したりすることを大いに助けます。「読むことに苦労する」経験を，双方向のコミュニケーションという活動に変えることができます。文字を正確に読めない子どもでも，絵の部分を見ることで，かなりことばが出るようになることがあります。

今日は2月28日（火）です。
　お昼ごはんをつくりました。
スープをつくりました。
　クラッカーを食べました。
　ボビーとティナがお皿を洗いました。
みんなで『ウィークリー・リーダー』を読みました。
　トミーはぬり絵をしました。
　ショーンは音楽をききました。
　ジョンはパズルをしました。
　　楽しい一日でした。

金曜日は農場に行きます。

お昼に500円必要です。

ホットドッグを食べ炭酸ジュースを飲みます。

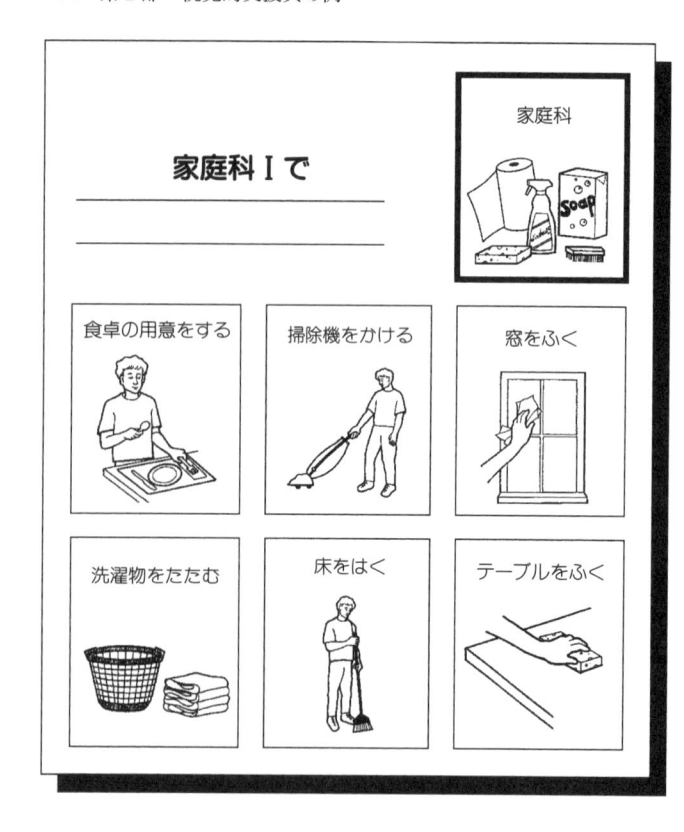

構造化された書字コミュニケーション

　これは，読み書きのスキルが身につき始めてはいるものの，意味のあることばを，まだ自発的に書くことはできないという子どもにピッタリの方法です。

　次のような種類があります。

- スケジュール表の絵から，文字の部分を子どもが書き写す
- 重要な情報を伝える単語や簡単な文を子どもが書き写す
- スケジュール表の文字部分や，その他重要なことばのカードファイルを作り，その中から子どもが選んで書き写す
- ラベル，パッケージ，メニューなどから文字を書き写す

　書くという行為は，紙と鉛筆や，パソコンでできます。子ども自身が経験することに関連したことばに的を絞ると，理解がよくなります。

個人的経験の筆記

　個人的経験の言語化のひとつのバージョンであるこの活動では，人に伝えたい情報を，子どもが口述するのではなく，自分が書くか，キーボード入力します。これは，書字言語を作り出すことが子どもにできなければ成功しません。もうひとつの方法として，子どもがまず口述し，それを誰かに筆記してもらい，そしてそれを書き写すというやり方もあります。またもうひとつ，穴埋め形式の文章にして，空欄を子どもが埋めるというやり方もあります。その子ども専用の辞書や単語帳を作り，書こうとする努力を支援してみましょう。文字に絵や写真を加えると，やる気が出て，明確にコミュニケーションできる場合もあります。

見本と例

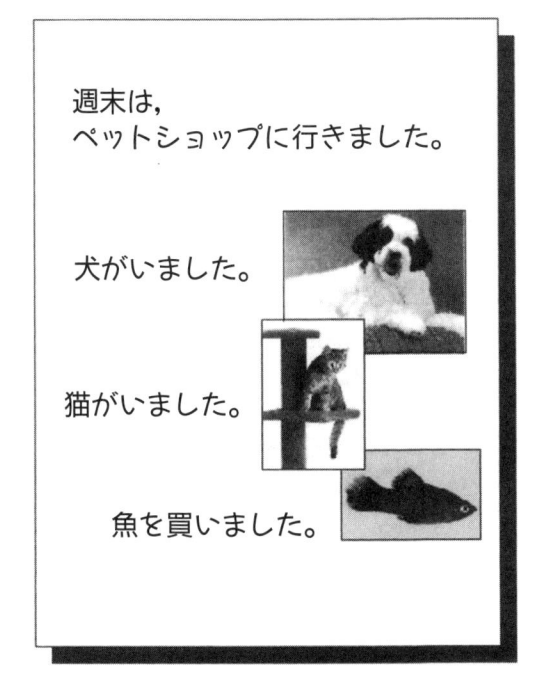

　週末は，
　ペットショップに行きました。

　犬がいました。

　猫がいました。

　魚を買いました。

忘れてはいけないこと：これは，数ある視覚的連絡票の作り方の中で，実際に驚くべき成果が見られた方法です。読み書きがあまりできなかった多くの子どもたちが，実用的で機能的な読み書きのスキルを身につけるうえで，構造が助けになりました。成功の秘訣は，このやり方が簡単な構造化であることです。自発的に多くのことばを書くことを子どもに求めるものではありません。スケジュール表など教室にある視覚的支援具によって子どもは支援されます。ですから，表現言語が限られている子どもや，言語の学習スタイルがゲシュタルト的な子どもには特に効果的です。

　視覚的連絡票は，子どもの読み書きレベルに合わせて作ることができます。この活動は，子ども自身が日々体験することに深く関わっているため，多くの子どもの機能的識字能力と読解力とが向上します。

今日，学校で

K mart に行きました。

🥨 を買いました。

名前 _____ 日付 _____

| ウェンディーズ | マクドナルド | ケンタッキーフライドチキン | ピザハット |

_____ に行きました。

| ピザ | チキン | ハンバーガー | フライドポテト |

_____ を食べました。

| スプライト | 牛乳 | 水 | コーラ |

_____ を飲みました。

名前 _____ 日付 _____

料理 をしました。

ピザ をつくりました。

- おいしかったです。
- まずかったです。
- 😊 今日はいい一日でした
- ☹️ 今日はよくない一日でした

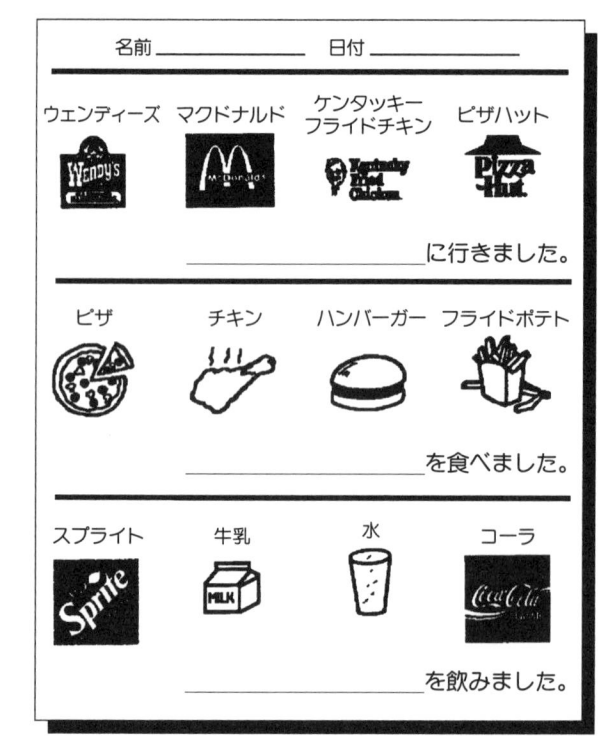

名前 _____
日付 _____
私の係仕事は _____ でした。

- 植物に水をやる
- 床をはく
- 食卓の用意をする
- イスを重ねる
- カメにエサをやる
- 職員室に行く
- 牛乳係
- カレンダー係

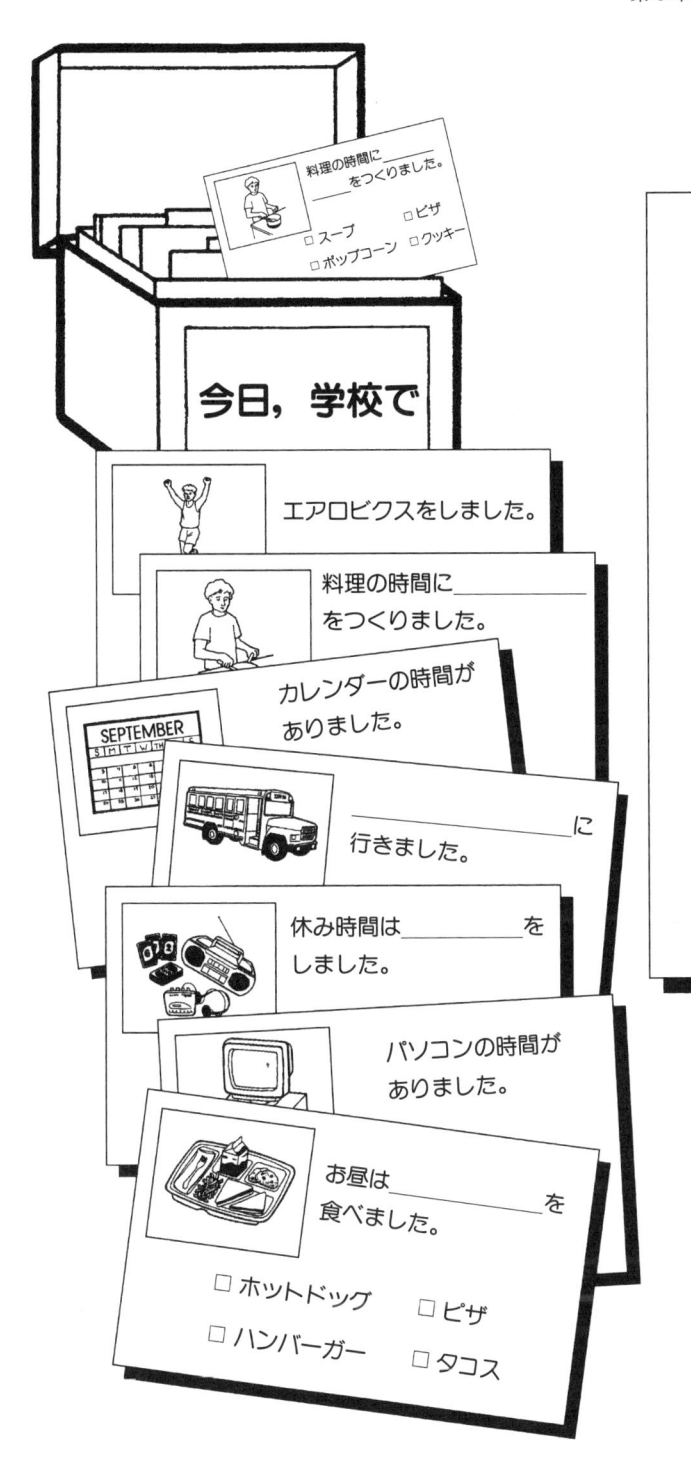

第 5 章　複数の環境間のコミュニケーションの仲介　111

料理の時間に＿＿＿＿をつくりました。
□ スープ　　□ ピザ
□ ポップコーン　□ クッキー

今日，学校で

エアロビクスをしました。

料理の時間に＿＿＿＿
をつくりました。

カレンダーの時間が
ありました。

＿＿＿＿に
行きました。

休み時間は＿＿＿＿を
しました。

パソコンの時間が
ありました。

お昼は＿＿＿＿を
食べました。
□ ホットドッグ　　□ ピザ
□ ハンバーガー　　□ タコス

今日は散歩に行きました。
近所を1周しました。

家を見ました。
車庫を見ました。
鳥を見ました。

リスを見ました。
黒い犬を見ました。

外で遊びました。
すべり台で遊びました。

学校・家庭間コミュニケーションのための助言

1．子どもにわかりやすい視覚的シンボルを使う

　目的は，やりとりを支援することであり，文字で具体的な指示を出すことではありません。難しくて子どもに理解できないような形態のものを作れば，自発的に使ってはもらえません。やりとりに誤解が生じ，自然な流れのやりとりになりません。視覚的連絡票は，コミュニケーションを促進・改善する支援具であり，やりとりをせずに済ますためのものではありません。これによって子どもの文字の認識が向上する場合もありますが，それは第一の目的ではありません。

> 学校と家庭との間のコミュニケーションは，親と先生との間の走り書きメモのやりとりになってしまいがちですが，これを子どもが責任をもって進める活動にしましょう。子どもに自分の毎日についての重要な情報を運び，伝えることを教えます。それが機能的なコミュニケーションの練習になるのです。

2．コミュニケーションの支援具から情報を得ようとする人のすべてが理解できるような，文字や，絵と文字との組み合わせ，あるいはその他のシンボルを使う

　コミュニケーションの支援具が複数の環境を行き来する場合，その意味を関係者全員が明確に理解できなければなりません。絵には文字を添え，誤解が生じないようにしましょう。

> 子どもにもわかりやすい，目に見える形態のものを使うことで，情報を自発的に伝えてくれるようになります。

3．支援具準備の段階で，子どもにもできるだけ参加してもらう

　子どもは，準備に積極的に関与すればするほど，その支援具を自分のものと受け止め，多くを身につけます。こうした情報のやりとりに必要とされる多くのスキルは，その他の目標にも関わります（何を共有するかを決める，口述する，話し合う，キーボード入力する，書く，コピー機を使う，紙を切る，糊で貼る，など）。複数の環境で情報を共有するときには，子どもを中心にして進めるべきで，親と教師との間での複雑なコミュニケーション手段になってしまってはいけません。目的は，子どもが必要とする情報，子どもが伝えたいと思う情報の伝達を助けるために視覚的な支援をするということです。

4．この活動をどの時間帯でするかについては柔軟に考える

　「今日したこと」の振り返りを朝一番にやっても意味がありません。家庭に伝えたいことは，下校直前に用意すると，一日の活動を振り返って整

理するのにちょうどよいのですが，十分な時間を取らないと，下校時間が迫るなかで大急ぎですませる意味のない儀式になりかねません。「今日，学校で」は，特別な活動があったら，その直後に作成するのもひとつの手です。こうすることで，忘れる前にその場その場で記入し，連絡票を何度か見直したうえで，家に持ち帰らせることができます。

　こうした活動は，子どものニーズに合わせて，短期記憶や長期記憶に関する指導目標を達成するために，毎日のスケジュールに当然のこととして取り込むことができます。

5．適度にルーティンに変化を持たせる

　「今日，学校で」と「昨夜，家で」をルーティンにしてしまえば，情報を共有する機会を子どもが予期するようになります。ルーティンの予測可能性が，共有する情報をより完全なものにする助けとなるのです。その一方で，あまりに機械的なルーティンだと，思慮に欠ける単なる儀式的行為となってしまい，この活動の本来の目的から外れてしまいます。過ぎたるは及ばざるがごとしです。活動のタイプや支援具の体裁に変化を持たせると，皆の関心が長続きします。よく練られたプログラムであれば，自立的な行動を促すルーティンと，新しいスキルの取り入れを促すような変化とを両立させることができます。

6．この支援具を使って拡大コミュニケーションを教える

　これらの活動が目指すのは，コミュニケーションであり，完璧な言語構造ではありません。拡大言語スキルを教える絶好の機会ではありますが，言語構造に焦点を置きすぎると，自発性の発達を阻害しかねません。微妙なバランスが必要とされます。会話を始める，交互に会話するなどの実用的な目標を目指す方が大切かもしれません。

7．マルチメディアを積極的に利用する

　写真，カタログの掲載写真，包装紙のラベル，その他にも視覚的なものをたくさん活用して，視覚的支援を充実させましょう。またこうした写真などを探して支援具を作成する際には，子どもにも参加してもらいましょう。そのまま使ってもよいし，コピー機で拡大／縮小コピーを試してもよいでしょう。子どもがコピーや絵などを見て理解できるのであれば，可能性が広がります。こうしたものを使うと，周囲の環境から適切なものを見

つけて，人に情報を伝える支援具として使うことを，子ども自身が意識するようになります。

子どもに理解しやすい体裁にしましょう。このことは，文字を使わないということではありません。子どもが字を全く，またはあまり読めないという場合でも，視覚的支援具には文字も使いましょう。文字と絵を組み合わせることで，すぐにわかってもらいながら，新しいスキルを教えることができます。

科学技術の進歩のおかげで，家庭と学校のコミュニケーション手段の選択肢がとても増えています。次のような装置を考えてみてください。

- 写真を撮るためのデジタル・カメラ
- ビデオ・カメラや，動画が撮れるデジタル・カメラ
- 写真や動画をアップロードして，メールで送受信できるコンピューター
- あるいは，これらすべての機能を持つ携帯電話やスマートフォン

> 忘れてはいけないこと：視覚的連絡票の効果を最大限引き出すためには，家庭と学校の両者が目的を理解することが欠かせません。支援具によって刺激されるコミュニケーションに子どもが参加するためには，必要な時間を惜しまないことが重要です。視覚的連絡票の作成には時間がかかります。視覚的連絡票によって引き出されるコミュニケーションに参加するにも時間がかかります。それでも子どものコミュニケーションがもたらす成果は，この活動に費やす時間と労力をはるかに上回る可能性があります。

私たちの科学技術の選択肢が進歩し続けているので，複数の環境間で伝達事項をやりとりする強力な手段が手に入るようになっています。これらの高度科学技術の選択肢は，年齢，スキル・レベル，装置の手入れをする能力などの理由から，多くの子どもにとっては明らかに適切ではありません。けれども，科学技術の恩恵をもっと受けられる子どもたちの場合，すべての選択肢を考慮することが大切です。

家庭・学校間のコミュニケーションに視覚的手段を用いる目的は，子どもがもっと多くの情報を伝達でき，コミュニケーションのやりとりを改善できるように支援することだということは忘れないでください。科学技術的支援具の使用は，この目的に確実に向かうようにしましょう。この目的は，レクリエーションのためにゲームをしたり，音楽を聴いたりするのとは全く異なるものです。

重要な点：複数の生活環境間のコミュニケーションを仲介するための視覚的支援具によって……
- 自分に関する情報を共有することに子どもが責任を持つようになる
- 先生と親との間で必要なコミュニケーションの量を減らせる
- より多くの情報を効果的に伝えることを子どもに教える

- 子どもがより多くの情報をより多くの人と共有できるようになる
- 個人間のやりとりがやりやすくなる
- コミュニケーションの相手が，共有されるメッセージをよく理解できるようになる
- コミュニケーションが見返りの大きい楽しいものになる

第 3 部

様々な生活環境でのコミュニケーション

第6章
家庭における
コミュニケーションの改善

　この本で紹介する方法は，学校でのトレーニングが主ですが，学校でのコミュニケーション・トレーニングの最終的な目的が，学校外での生活環境でうまく生活できるためのスキルを教えたり，方法を発見したりすることにある，ということを忘れてはいけません。教育現場で支えとなる視覚的支援具は，子どもの家庭生活でも支えとなるのです。

それは，家庭と学校が協力して，完璧に同じことをすべきだということですか？

　視覚的支援具を使ったコミュニケーション支援は，1つの生活環境に限られることではありません。総論的には同じでも，家庭と学校では各論的には違ってきます。家庭と学校でできる限り「一貫性」を持たせることを強調してはいますが，この2つの生活環境には大きな違いがあります。学校では，人間は皆同じではないという事実を無視して人工的に構造化することがありますが，家庭では，学校では味わえないような自由と自己主導性を経験できます。家庭も学校も，その生活環境独自の条件やニーズに基づいてルーティンを作っていく点では同じです。そう考えると，<u>一貫性とは，修正不能の硬直性ではなく，スタイルの類似性のことなのです。</u>

家庭ではすべてを目に見える形にすべきだ，ということですか？

　「壊れていないものを直すな」という賢者のことばがあります。家庭でのルーティンやコミュニケーションで問題なく使えている部分を変える必要はありません。「もっと洗練された」ものにするだけのために，あるい

は別の場所で使われているものに合わせるだけのために，十分に機能している視覚的支援具をわざわざ変更すべき理由などありません。目的が十分達成され，皆が理解できているのであれば，他にうまくいっていないことを改善したり，特別な理由があって修正する必要があることを修正したりすることに，時間とエネルギーを費やしましょう。

以下のような状況について考えてみてください。

　アンディと父親には，「就寝準備」という素敵なルーティンがあります。二人のコミュニケーションのやりとりとルーティンを，二人ともよく理解しています。楽しい活動であり，うまく行われています。何も問題ないので，変える必要はありません。ただ，就寝時刻に父親が家にいないときに問題が起こるのです。アンディのルーティンは，父親がいないと実行できないのです。問題はその点にあり，父親がいなくても，何らかの視覚的支援具でアンディが対処できるような介入を行う余地があります。なぜ問題が起きるのでしょうか。アンディは父親がいないと寝ようとしないのでしょうか。アンディがうまくできないステップは毎回違うのでしょうか。支援は，父親の不在中に発生する問題を解決することに的を絞るべきです。視覚的支援具を使えば，アンディに必要な情報を伝えたり，次にすることは何かを教えたりすることができます。父親との普段のルーティンを変更する必要はなく，父親の留守中にアンディを支援する具体的な方法を考え出せばよいのです。

ある家族とやってみたことがあります。家で使うポスターや絵を作ったのですが，長続きしませんでした。家が学校みたいになってしまい，嫌になったと母親は言っていました。

　コミュニケーションの視覚的支援具は，美意識の面，機能の面で家庭が求めるものに見合っていなければなりません。理由は何であれ，家族が気持ちよく使えるものでなければ，成功の可能性はゼロになってしまいます。使ってもらえないか，目的を達成できないかのどちらかです。他の場所では成功したものでも，家庭生活にうまく取り入れてもらうには修正が必要な場合もあるでしょう。一つ例を紹介します。

> 家庭での視覚的支援法の使い方を，母親は編み出そうとしていました。そしてお手洗いに行きたいということを示すために，娘のサマンサは絵カードを持ってくるべきだ，と母は決めました。さらに話を聞くと，サマンサは家では既に自立してお手洗いに行っていることがわかりました。<u>本当の問題</u>は，地域社会ではお手洗いについてのコミュニケーションに問題があるということだったのです。二人に本当に必要だったのは，家庭外でのお手洗いの合図を考案することだったのです。家庭でのやり方には全く問題なかったので，それを変える必要はありませんでした。

以下のような状況について考えてみてください。

　ジェリーの母親は学校のスタッフと協力し、食べ物の選択肢についてコミュニケーションを取るための写真をキッチンに用意しました。母親は最初とても熱心で、キッチン中に写真を貼り、ジェリーもそれを喜んでいました。ところが後になって聞いてみると、母親は写真をすべてはがし、使うのをやめてしまったことがわかりました。「キッチン中が写真だらけ」なのが嫌になったのだそうです。ジェリーのコミュニケーションに役立つことよりも、片づいたキッチンであってほしいという気持ちの方が強かったわけです。残念ながら、母親には写真をはがす以外に道はありませんでした。

　現在のやり方を修正するには、ジェリーのニーズも母親の美的センスも考えなければいけません。両方とも満足させる方法を考え出すことは可能です。例えば、写真をまとめて箱やアルバムに入れたり、食器棚の戸ではなく冷蔵庫のドアに貼ったりするのもよいでしょう。

また別の状況についても考えてみてください。

　お風呂のルーティンをチャドが自力で行えるようになってほしくて、母親は先生に相談しました。そして二人で協力し、ポスターを貼る 60 cm×90 cm のボードを用意しました。一人で入浴することの課題分析を行ってポスターを作ったのです。チャドはポスターを読んで理解することができたので、家ではすぐにスキルを習得してくれるだろうと予想していましたが、問題は普通の家庭の浴室のどこにこの大きなボードを掛ける場所があるのか、ということでした。残念ながら、支援具の使いづらさからこの案は没になりました。

　前向きな努力は結局実りませんでしたが、いくつか変更を加えるだけで結果は大きく変わっていたかもしれません。力作の視覚的支援具が失敗に終わると、気力を失ってしまいがちですが、すべきこと、すべきでないことをいくつか覚えておくだけで、成功率は高まります。

家庭で役立つ簡単なアイデア

　本書で紹介している視覚的支援によって、家庭でのコミュニケーションを様々な面で支援することができます。色々なアイデアを一度に聞くと、

圧倒されてしまって，一体どこから始めればよいのかわからないかもしれませんので，家庭で使える最善の方法を少しずつ紹介します。まずは手始めの準備からです。

冷蔵庫を「コミュニケーション・センター」にする。文具店やクラフト用品店で，以下の品を買ってきましょう。

- マグネット

または

- マグネット・シート（裏が粘着面になっていて離型紙で保護されているもの）

または

- 透明アクリル製の写真立て（裏が磁石になっているもの）

または

- マグネット・クリップまたはマグネット・フック

マグネットを使うと，驚くほど色々なものを貼ることができます。お子さんに情報を与える視覚的支援具は，冷蔵庫に貼っておきましょう。

家族の「情報センター」を作る。たくさん書き込めるカレンダーを見つけてください。机サイズのカレンダーは，設置場所さえあれば，非常に使いやすいです。家族全員の情報を記入しましょう。例えば以下のような情報です。

- 各自の行き先
- 帰宅が遅くなる日
- 外泊する日
- 定期的なイベントの日
- 特別なイベントの日
- お客さんの来る日

ポケットサイズのアルバムを買う。外出用には，バッグやポケットに入る小さいサイズのものが最適です。出かけるときに子どもに情報を与えるのに使えそうな絵や写真を集めることから始めてみてください。例えば以

下のような情報です。

- 行き先
- 選択肢
- 従うべきルール
- 変更や移動の助けとなるもの

使えそうな絵や写真を集め始める。いつか使えそうな絵や写真を保存しておくホルダーを用意しましょう。すごくいいものが見つかるのは，あまり必要としていないときだったりします。雑誌や広告チラシの中の写真，お気に入りのレストランのメニュー，お店のクーポンなどです。あまりたくさん集めすぎずに，適度な量があればよいのです。また無料で手に入るものを探すようにしましょう。例えば，メニューを持って帰れるレストランもたくさんあります。そういうメニューがあれば，あらかじめ家で子どもと一緒に見て，注文したいものを考えてから食べに行くことができます。

カメラを買う。カメラと写真撮影については，第9章の説明を参考にしてください。大切なのは，子どもに何の写真なのかがわかることと，意味のある写真であることです。しばらくは車内にカメラを用意しておきましょう。子どもにとって大事な場所に行ったときには，写真を撮ってファイルに入れておきましょう。あまり夢中になって街中を撮影して回って疲れてしまわないように。用事のついでに何枚か撮っておけばよいのです。

写真は，これからの予定を子どもに伝えるときに使います。会う機会の多いおじいちゃん，おばあちゃん，友達，近所の人の写真を撮っておき，予定について話すときに使いましょう。例えば，おじいちゃんとおばあちゃんが夕食を食べに来る日には，二人の写真を使って，そのことを説明しましょう。それから二人の写真をマグネットで冷蔵庫に貼っておき，その時間まで前もって何度も写真を見せながら説明します。

身の回りにある家庭用品を活用する。既に家の中にあるもので，コミュニケーションの支援になりそうなものを探してみてください。時計，キッチンタイマー，テレビ番組表，カレンダー，商品パッケージのラベルなどです。もう既に使っているものもきっとあるでしょう。「視覚的」という点に注意してみると，今までは思いつかなかったような使い方があるかも

しれません。

　子どもが自分の居場所を整理するのを助ける。お子さんの居場所を片づけましょう。すべてのモノに決まった置き場所を作り，箱やケースを使って整理・分類しましょう。また置き場所や引き出しにはラベルを貼ります。

　家族の居場所も整理する。自分のモノと人のモノとを区別できるように手助けすると，問題が発生する余地を大幅に減らすことができます。

　子どもに活動の機会を与える。お子さんが自分で視覚的支援具を見つけ，取り出し，しまい，持ち歩けるようにしましょう。壁に掛ける，カレンダーやリストに×印をつける，クーポンを切り取る，などをやってもらいましょう。

　子どもに持っていてもらうモノを見つける。活動や場所が変わることは，多くの場合子どもには難しいことです。行き先に関連するもので，視覚的で携行可能なモノを与えることが，移動の助けになります。例えば，お店で使うクーポン券，ショッピングモールに持って行く買い物リスト，クリーニング屋さんに持って行く服などです。

　視覚的支援具の置き場所は決めておく。アルバムを買って写真を入れておいても，使いたいときに見つからなければ，せっかくの努力が台無しです。冷蔵庫，玄関ドアの横，バッグの中，車のグローブボックスの中，または写真に写ったモノを実際に使う部屋などが場所としてお勧めです。

　視覚的支援具は子どもの手の届きやすいところに置いておく。子どもの手が届かない冷蔵庫の上などに置いておいたのでは目的は達成できません。子どもが視覚的支援具に愛着を持つ可能性は十分にありますし，写真を剥がして持ち歩くことが習慣になったという報告も聞くことがあります。大事なのは，視覚的支援具にはコミュニケーションの道具としての価値があることを強調することです。

　視覚的支援具は，それが必要になる場所に置いておく。支援具で，食べ物に関するものはキッチンに置いておくのがいいし，お風呂で使うものは

風呂場に，寝室で使うものは寝室に置いておくのがいいでしょう。寝室からキッチンまで写真を取りに走り，また寝室に走ってもどるのは面倒です。また同じものを作って複数の場所に置いておくとよい場合もあるでしょう。

　最初は一枚から。最初は絵でも，写真でも，ラベルでも，標識でも，一枚あればよいのです。何を目ざすのか，ある程度の考えは持っておくとよいですが，簡単なところから出発しましょう。この本に盛られた提案の数々には，子どもに役立ちそうに思われる支援具がいくつもあったかもしれません。それでも一つのことから始めましょう。一度に一つずつ試して行きましょう。6カ月，1年後には，家でのコミュニケーションに役立つ支援具がいくつもできているでしょう。それくらい長い目で見て計画を立ててください。ゆっくりと，ただしゆっくりすぎて全く前進しないということのないように。

　視覚的支援具を活用する。集めることに満足してしまって，使わないという人も中にはいます。視覚的支援具を作っても，使わなければ何の価値もありません。支援具は段々と集めて使っていくことが大切です。どれが最も効果的なのかがわかり，効果のないものを集めることに時間をかけすぎないようにできるからです。

　視覚的支援具の使い方を子どもに教える。支援具は持っているだけではダメです。子どもとコミュニケーションを取るときには必ず使い，その価値をわかってもらうことが不可欠です。

　子どもに責任を持たせる。視覚的支援具の作成・使用には，お子さんにもできるだけ参加してもらいましょう。責任を持って何かを取りに行き，そして片づけることを教えてください。考え方を理解した子どもが，こんな支援具が必要だと教えてくれることも珍しくありません。耳を傾ければ，何が欲しいのか，何が必要なのかを教えてくれます。

忘れてはいけないこと：視覚的支援は，特別なニーズのある子どもだけでなく，家族全員のコミュニケーションを改善してくれます。家族全体を巻き込んだ計画を立て，視覚的支援についての考え方を理解したうえで，家族に合った視覚的支援具を創造的に工夫しましょう。

家庭ですべきこと

コミュニケーションに支援が必要なあらゆる場面で，視覚的支援具は利用できます。支援具を使って家庭生活を豊かなものにする方法はいくつもあります。以下を参考にして，建設的な取り組みをしてください。

考え方

すべきこと：家庭と学校は違うということを認識しましょう。ニーズも異なれば，その環境で要求されることも異なります。

すべきこと：コミュニケーションのニーズと目標は，家庭と学校とでは異なる場合があることを念頭に置きましょう。

すべきこと：家庭には，十分うまくやれていて変える必要のない習慣ややりとりがたくさんあることを念頭に置きましょう。

すべきこと：家庭では適切にやりとりできるのに，家庭外では同じスキルが使えなかったり，同じような状況に対処できなかったりする場合もあることを認識しましょう。逆に家庭外ではうまく対処できるのに，家ではできないこともあります。

すべきこと：問題の解決策は，一つの劇的な大変化ではなく，たくさんの小さな変化という形で現れることもあることを念頭に置きましょう。

すべきこと：視覚的支援は「完治させる治療法」ではなく，ニーズに合わせて作成・活用して初めて役立つ支援具の色々であることを念頭に置きましょう。

すべきこと：コミュニケーションのやりとりは「効率的」でなければならないことを認識しましょう。複雑な方法と簡単な方法のどちらかを選ぶことができるなら，たいていの人は最も簡単に好結果の出る方法を選ぶでしょう。

すべきこと：コミュニケーション支援は，できるだけ誰にでも理解できる形態にしましょう。そうすれば，家族，近所の人，ヘルパーさん，親戚の人なども使う気になってくれます。

計画立案

すべきこと：家庭用の視覚的支援具の作成計画には時間がかかるのですが，投資した時間は，子どもが活動に関与するというよい変化の形で報われることを認識しましょう。

すべきこと：視覚的支援具の使い方を，家庭で練習（または再練習）する必要がある場合もあることを念頭に置いておきましょう。学校その他の環境で支援具をうまく使えていても，そのスキルを家庭でも使えるようになる（般化させる）には，さらに支援が必要です。同じまたは同じような支援具が学校のルーティンに取り入れられていても，家庭ではまた話は別です。

すべきこと：視覚的支援具の作成は一度に一種類だけにしましょう。

すべきこと：視覚的支援具の作成は継続的な作業であることを念頭に置きましょう。生活の変化に伴って，変更，追加，削除，修正を継続的に行うべきです。ニーズの変化に合わせて変更しないと，支援具の効果が十分に発揮されません。

すべきこと：必ずしも時間をかけて計画しなければならないわけではないことを念頭に置きましょう。突発的なニーズには，簡単で素早い解決策を考えてください。

> 「行動を『コントロール』することに費やしていたエネルギーのすべては，視覚的支援を実行するために使えるのだとわかりました。何はともあれ，視覚的支援法に注いだエネルギーには，有用な結果がついてきたのです！」
> ——ワークショップに参加した親の言葉からの引用

協力関係

すべきこと：教師と親は協力して，視覚的支援具のアイデアを出し合いましょう。視覚的支援具は一人ひとりに応じたものにすべきです。どんなものが役立ちそうかを人に考えてもらうよりも，自分で作った方がニーズに合った結果を出せます。家庭で使う支援具と学校で使う支援具は同一のものである必要はなく，また実際そうはならないでしょうが，互いに調整することは有益です。

すべきこと：協力関係にある人たち全員が，ニーズやその解決策について全く同じ考えである必要はないということを認識しましょう。

すべきこと：家庭で使う視覚的支援具の計画・準備には，できるだけ子ども本人にも参加してもらいましょう。子どもの意見に新しい発見があるかもしれません。

すべきこと：視覚的支援具の作成・活用には，家族にも参加してもらいましょう。目的を理解すれば，もっと積極的に使ってくれるはずです。

視覚的コミュニケーションを家族のものにする

すべきこと：多くの視覚的支援具が，家族全員に役立つことを念頭に置いておきましょう。例えば，カレンダーには家族全員の予定を書き込み，家のルールは子ども全員が見てわかるようにしておきましょう。

すべきこと：ラベル貼りや色分けなどの整理術を，家族全員で使うことを考えてみてください。コミュニケーションの視覚的支援を，一人の子どものためだけに使う「特別な作業」と考えるのではなく，家族全員の生活に取り入れてみてください。特別なニーズのある子どもへの支援の仕方を，「全家族のやり方」の一部として組み込む形にすると，支援の効果はいっそう高まるでしょう。

すべきこと：ヘルパーさん，近所の人，家のお客さんなど，家族以外の人との関係を支えるために，視覚的支援具を使う機会を探しましょう。何をする支援具なのか，子どもをどのように支援するものなのかを説明してあげてください。それがわかれば，積極的に協力してもらえる可能性は高まります。

体裁

すべきこと：家庭では，どんな体裁の支援具が最も効果的なのかを把握しましょう。たいていの家庭では，壁に巨大なポスター用ボードを掛けておくよりも，マグネットで冷蔵庫に貼っておく方が好まれるようです。

すべきこと：効果のないものには修正を加えましょう。最初から完璧にうまくいくとは限りません。使い始めてみると，こうした方が便利，こうした方が効果的，とアイデアが浮かんできます。

すべきこと：視覚的支援具には，それを使うときにかけることばやすることをそのまま書いておき，誰もが理解できるようにしましょう。

すべきこと：既に家の中にある視覚的支援具も忘れずに使いましょう。特別に新たに作るものばかりでなくてよいのです。テレビ番組表，食べ物の包装紙やパッケージ，ダイレクトメールで送られてきたクーポン，家庭用品も，適切に使えば立派な視覚的支援具としてコミュニケーションを支援するものとなります。

すべきこと：常に簡便さを心がけましょう。その方が長く続けられ，成功する可能性が高まります。

> 親御さんへ
>
> 　特別なニーズのある子どもと暮らすことは，それがない子どもを育てる場合と同じ部分もあれば違う部分もあります。子育ては，学び，受け入れるという営みです。2歳児に使った方法が，5歳，9歳，16歳まで通用するということはありません。子どものニーズは成長と共に変わるのです。ニーズが変わると，子育ての方法も修正することになります。この意味では，どの年齢の子どもにも，あいかわらず難しさを親は感じるものです。
>
> 　親は段々と疲れてきます。家庭や家族の安定を維持するには，持てる以上のエネルギーが必要とされることもしばしばです。視覚的支援を行うことで，家族全員が楽になることが期待できます。そうなるためには，視覚的支援を変化発展させ続けること，つまり問題が生じる度に修正・改善することが必要です。
>
> 　視覚的支援は，手の込んだ支援具を用意するだけではない，ということを忘れないでください。チラシのクーポンを子どもに渡すといった簡単なことでも，状況を理解するための情報をたくさん伝えることができます。「視覚的」ということを心がけるようになると，ちょっと役に立ちそうなものが身の回りにたくさんあることに気づくはずです。手の込んだ支援具を作らなければならない，と自分に心理的な負担を負わせると，問題解決どころか苦しみが増すだけです。そうではなくて，いくつかの問題状況に対処しようと少しだけ努力する方が，かけた時間に見合った結果が出るかもしれません。「小さなことをたくさん」が大切です。しかし，「始めるのは一つから」です。どれくらいが適正量なのかを教えてくれる公式はありません。その答えがわかるのはあなただけなのです。
>
> 　成功を祈ります！

重要な点：視覚的支援具は家庭では以下の点で優れています。
- 情報を与える
- 環境の構造を明確にして整理する
- 行動をコントロールする
- コミュニケーションと自立行動を支援することで，家族がさらに楽し

めるようになる

第7章
地域社会でのコミュニケーション

　現在，特別なニーズのある子どもが，地域社会すなわち「実社会」で，できるだけ自立して行動できるよう教育しようという流れが強まっています。この教育方針には，乗り越えたり，くぐったり，迂回したり，突き抜けたりしなければならない新たな障壁が数多く立ちはだかります。地域社会に積極的に参加するために使える効果的・効率的なコミュニケーション法を開発することは，おそらく子どもの機能的で「包括的な」コミュニケーション能力の発達を助ける際に最も難しい課題のひとつでしょう。

　社会参加のためにどのようなコミュニケーション法を教えるべきかについての考え方は，驚くほど多様です。完璧を求めるものから実用性を重視するものまで様々です。ただし，主義に関係なく考慮しなければならない点がいくつかあります。

　第1の現実：学校や家庭でどんなにうまくいっているやり方でも，あまりよく知らない環境で，あまりよく知らない人たちが相手の場合には全く通用しないということもあります。

　第2の現実：地域社会の人々は，コミュニケーションを取る能力にも，コミュニケーションの途絶に対する許容力にも，大きな個人差があります。子どもがどんなスキルを持っていようと，その個人差に対処することは容易ではありません。

　第3の現実：地域社会は予測困難で構造不明確な世界であり，よく計画された教育現場や，ルーティンのしっかりした家庭とは正反対です。情報を共有すること，指示を受け取ること，目的の達成方法を考えることなども，やり方は人により様々で，コミュニケーション障害のない人でも困ることが度々です。コミュニケーション障害のある人は，乗り越えられるとは思えないような障壁にぶつかっていることでしょう。

> 地域社会でうまくコミュニケーションを取るには，手がかりや情報を理解する，情報を伝える，要求するなどができる必要があります。環境が理解できるようになることは，表現することと同じくらい重要です。

> ここでいう「地域社会」とは，子どもが家庭や学校以外に訪れる環境を意味します。例えば，近所，店，レストラン，誰かの家，教会，病院，旅行先など，子どもが訪れる可能性のある様々な場所です。

教師や親が目標としていることは，理想主義的なものから悲観主義的なものまで様々で，スペクトラムを形成しています。大人が地域社会で子どもに期待する行動は，子どもの真の能力に見合ったものではないかもしれません。あるいはまた，子どもを保護しすぎて，ある程度のトレーニングと目的に適った支援具があれば達成できるのではないかと思われるような，自立の機会を逃してしまっている場合もあります。逆に，子どもに合わせて環境調整することに大いに努力し，事態に改善が見られると，そのうちどこまでが自分たちの側の調整や適応の結果なのか理解しそこなうことがあります。そうすると，他の環境でも子どもはうまくやるだろうという，誤った期待を抱いてしまう可能性もあります。地域社会で人と接する準備を子どもにさせるには，非常に現実的なアプローチが必要なのです。

　この章の狙いは，子どもの学校外・家庭外での生活で，視覚的なコミュニケーション支援を用いることを考える際の枠組みを提供することです。拡大コミュニケーションについて詳しく述べることが目的ではありませんし，コミュニケーションのトレーニングに関する思想的な疑問にすべて答えるものではありません。趣旨は，視覚的支援についての説明を，子どもにとって重要なもうひとつ別の環境にまで広げようということです。子どもの社会参加について考えるときには，本書でこれまでに触れた，以下の基本的な考え方を念頭に置いてください。

- 視覚的支援具は，理解，整理，表現というコミュニケーションの環のすべての要素を支援する
- 視覚的支援は，あらゆる人の環境の一部であり，私たちの誰もがそれを使っている
- 大きなニーズについての答えは，たくさんの小さな答えという形で現れることがある
- 本書で紹介されているアイデアは，どれも，地域社会でのニーズに合わせて修正できる

社会参加の目標を定める

　現在の社会および教育は，障害のある人の社会参加を促進する方向に向かっているので，このセクションでは，地域社会で自立して，あるいは見守られながら生活する潜在的能力のある人たちについて述べます。地域社会での子どもの目標をどの程度達成できるかは，多くの場合コミュニケーション能力によって決まりますが，重度のコミュニケーション障害をもつ人でも多くが，ある程度のトレーニングと支援があれば，地域でとてもうまくやっていけるようになります。

子どもが地域社会で生活するための準備をどのように行うかについては，色々と異なる考え方があるようですね。

　その通りです。地域社会は，特別なニーズのある人の便宜を大いに図るべきだという考え方もありますし，これとは反対に，特別なニーズのある人は代償スキルを習得して，地域社会に効果的に参加できるようになるべきだという考え方もあります。こうした様々な考え方と社会が格闘している間にも，これから生きていくことになる環境で適切に行動できるよう子どもに準備させるという配慮をしながら，私たちは子どもたちを教育しなければなりません。そのために，いくつか質問をする必要があります。

どんな質問ですか？

　たくさんありますが，特に考慮すべき重要なものを以下に挙げます。

質問１：その子どもについての家族の目標は何か？
　これは非常に重要な質問です。これに答えなければ，その子の教育に費やす時間が，的外れなものになってしまいます。その子はどこに住むことになるのか？　どこで働くことになるのか？　どんな人と一緒に過ごすことになるのか？　どこへ行くことになるのか？　どんなことに責任を持つことになるのか？　こうした質問の答えが，個々の子どもに合ったスキルを考えるときの基盤となるのです。子どもの年齢，能力レベル，家族の意

思，住んでいる地域によって，考え方は実に様々です。<u>忘れてはならないことは，家族の考え方，子どもの年齢，持っているスキル，持っていないスキルといったものが時とともに変わるにつれて，これらの質問の答えも変化することがあるということです。</u>

質問2：地域社会における子どもの現時点での可能性，考えられる将来的な可能性は何か？

　青年期あるいは成人期までに，地域社会で自立できるようになるのか？　または多少の支援があればやっていけるようになるのか？　一生にわたって支援や見守りが必要となるのか？　適切な社会的行動が取れ，世間の慣習は理解しているが，特定のコミュニケーション能力を欠いているだけなのか？　コミュニケーションは適切に取れるが，目的を達成するのに必要な手順をこなすのに支援が必要なのか？　コミュニケーションが途切れるのは，教えなければならない様々な行動やスキルのほんの一部に問題があるためなのか？　まず，地域で生きる子どものために，あなたの長期的な第一目標を定めましょう。その目標は，複雑で洗練されたコミュニケーションを取ることなのか，それとも自立することなのか？　地域社会に参加するということは，大人が果たす課題や責任をすべて一人でできることなのか，それとも特定の活動や慣習に参加できるようになることなのか？　どの程度の許容性を持った地域なのか？　行く先々の人たちは，その子どものことをどの程度知っているのか？　近所のお店に定期的にお菓子を買いに行くのと，ショッピング・モールに挑戦するのとでは大違いです。

うわぁ！　考えなければいけないことが，たくさんあるのですね。

　そうです。ただ，子どものニーズを，長期的な視点で包括的に考えることが大切です。そうでなければ，子どもが本当に必要とすることに的を絞ることができずに，膨大な時間を費やしてスキルを教えることになってしまいます。それよりも恐ろしいのは，社会に参加し，満足度の高い人生を送るための支援をせずに，子どもを社会に送り込んでしまうことです。障害をもたない子どもは，学校でスキルを学び，そして特別なトレーニングを受けることなく，それを他の生活場面にも般化させていきます。自閉症その他の中等度から重度のコミュニケーション障害をもつ子どもには，多くの場合，特定のニーズに合わせたトレーニングと支援とが必要です。も

ちろん，これは教育のあらゆる場面で行いたいことなのですが，地域社会との関わりは状況が少し異なるのです。

地域社会でのコミュニケーションが，学校や家庭でのそれとは異なるのはなぜですか？

地域社会は，家庭や学校ほど柔軟でも寛大でもありません。社会では複雑なことが要求されるうえに，柔軟性と許容性に欠けることが多いため，越えなければならない壁は非常に高くなります。社会で要求されることを変えることはあまりできませんが，視覚的支援具を使って生活習慣の一部をこなす方法はいくつもあります。それは誰にとっても難しいということはよくあります。だからこそ企業は，「利用者本位」のシステムや手順を熱心に考え出してきたのです。私たちが関わっている子どもたちは，習得することに長い時間を必要とするので，時間を有効に活用するためには，子どもたちのニーズに的を絞る必要があります。

わかりました。でもここで視覚的支援がどう関わってくるのですか？

思い出してほしいことがあります。ここでお話ししていることは，子どもが理解し，自分の考えを整理し，自分の意図を人に伝える能力についてであるということです。地域社会に既に存在する視覚的支援を利用することで，理解力を高めることができます。それは，他の子どもたちなら，特別なトレーニングを受けなくても，自然とできることかもしれませんが，私たちが話題にしている子どもたちの多くは，入手可能な情報や支援を最大限利用する方法を，具体的に教わる必要があります。それぞれの生活環境を整理するには，既に周囲に存在している通常の支援も，各自の特定のニーズに合わせて作成する支援も，色々な方法で役立てることができます。

> 機能的な読字とか機能的な学業という話になると，「止まれ」「進め」「注意」といった「古典的定番」を挙げる教師がいます。このような手がかりを，あなたはもう長いこと使っていないのではないでしょうか。ではあなたが現在よく使う視覚的情報は何か，考えてみてください。例えば「レジ稼働中」「セール」「値札」「メニュー」「レジ」などでしょうか。小奇麗にまとまったセットを選ぶのではなく，本当に役に立つスキルを教えることを忘れないでください。

ことばを話せる子どもはどうですか？　彼らには視覚的支援は必要ないですよね？

ことばを話せるかどうかは関係ありません。視覚的支援は，ことばが話せる人にも話せない人にも「理解」に役立ちます。さらに，ことばを話せる子どもの場合には，自分の意見を言う際に視覚的支援が役立つことがよ

くあります。近くのレストランに出かける場合を考えてみましょう。

- **発音の不明瞭な子ども**：その子をよく知る人にとっては問題ない場合でも，知らない人には，子どもが言っていることがわからないかもしれない
- **注文するのが困難な子ども**：何が欲しかったのか思い出せない。または何かを注文し忘れる
- **注文の際に，お店の人の質問にどう答えればよいのか思い出せなかったり，理解できなかったりする子ども**：子どもがハンバーガーを注文するときに，「ビッグ・バーガーにしますか，スモール・バーガーにしますか」と聞かれても，何と答えればよいかわからない
- **お金を扱えない子ども**：持っているお金で足りるのか，レジの人にいくら渡せばよいのかがわからない

　上記のような子どもであれば誰でも，視覚的支援具の恩恵を受けることができます。視覚的支援具には多くの機能があることを，既に説明しました。支援具を使うことで，課題を容易かつ効率的に達成するために必要な構造が明確になるのです。支援具がコミュニケーションの第一の手段になるわけではないにしても，子どもが考えを整理したり，簡潔にしたり，人とコミュニケーションを取れる状態にしたり，その状況に必要とされる決断を下したりするのを支援することができます。

考えれば考えるほど，複雑であることがわかってきました。地域社会で使う視覚的支援具はどう作ればよいのでしょうか？　場所が変わると何もかもが変わります。環境がもっと限定されていればできるようなコントロールが，場所が変わっていくとできないですよね。

　そこが難しいところで，だからこそアセスメントが重要になってくるのです。子ども一人ひとりのニーズに左右されることがとても多いからです。現実の世界の要素をすべて把握することはできませんが，子どもに効率的なルーティンや代償スキルを教えることはできます。一生使える視覚的支援具もあるでしょうし，トレーニング用の支援具として一定期間使い，子どものニーズが変わったら使用をやめる視覚的支援具もあるでしょう。

どんなタイプの視覚的支援がうまくいくのでしょうか？

　私たちが知っていることは，まだ氷山のほんの一角にすぎませんが，この本で紹介しているものはどれでも取り入れることができます。まず，既に存在する支援具の使い方を教えるべきです。子どもが情報を解釈する方法を知っていれば，標識，メニュー，モノ，その他にもいろんなものが，役に立ちます。そしてその後は，自分で工夫して色々と作りましょう。長期的な目標が自立であることを忘れないでください。

うわぁ！　教えることはあまりにも多いですね！

　教育界では現在，特別なニーズのある子どもたちを，トップダウンの学習方式を用いて教えています。この方式から言えることは，標準的な発達を基準にして，スキル獲得のためのトレーニングをしても，子どもの学習速度を考えると，おそらく最後のスキルまでたどり着かないだろうということです。特別なニーズのない子どもたちが習得するステップやスキルのすべてを，特別なニーズのある子どもたちが習得することはおそらくできないでしょう。しかし最終目標を見据えれば，習得に費やす時間をもっと効率的に使えるでしょう。そしてその目標を達成するのに必要な特定のスキルを，教えることができるのです。こうした方針は，特別支援教育の計画において現在中心的な考え方である，結果に基づく教育とも整合性があります。

> 通常の教育プログラムでは，広く使える汎用スキルを教えれば，子どもはそれを自分の生活環境に般化させるものだと想定しています。私たちが関わっている子どもの場合，それはできないことかもしれません。ここでの基本的な考え方は，目標としたいことに具体的に的を絞ることです。それによって，その目標達成に必要なスキルを教え，支援してあげることが確実にできるのです。

わかりました。では何から始めたらよいでしょうか？

　「地域社会でのコミュニケーション」をアセスメントすることで，子どものスキルはどれくらいかということと，その生活環境ではどんなことが要求されるかということを，ある程度確認できるでしょう。そしてそれによって方向性を見極めることができます。その後で，以下のことを行ってください。

- 子どもは何ができるようになりたいと思っているのかを知る。このことから，どこから始めればよいのかがわかる

- 子どもが現時点で参加している活動，または参加したいと思っている活動に的を絞る
- その種の活動で，同年代の子どもなら発揮すると思われる能力レベルを特定する。これにより，判断のための諸条件を設定することができる

　この地域社会アセスメントの目的は，本書の主題に沿いつつ，地域社会で生活する際に必要なコミュニケーションの要素を特定することです。コミュニケーションを意識して考えてみると，ほとんどの課題や行為にコミュニケーションの要素があることに気づくでしょう。その場面で求められるコミュニケーションに的を絞ることで，視覚的支援具を使って，子どもが大きな成功を収められるよう，手助けできる機会がたくさん見えてくるはずです。

地域社会参加のアセスメント

　地域社会をトレーニングの場に加える教育プログラムの数は増え続けています。子どもがどのように対処するかを想像してみるよりも，実際に地域社会で人とやりとりするところを観察する方が，多くの情報が得られます。また実際に地域社会でトレーニングを行えば，シミュレーションよりも良い結果が得られます。

観察を行えば確かに豊富な情報が得られますが，以下の5つの主要な質問をアセスメントに組み込むべきです。

1. 子どもは現在，自分の能力を効果的に発揮しているか？　達成しようとしていることを，明確に意図して，しかも特別な困難さを感じずに達成できているか？　環境から求められていることを理解しているということが，子どもの行動から見てとれるか？
2. 子どもは現在，自分の能力を効率的に発揮しているか？　イライラや混乱をできるだけ覚えることなく，課題を容易に仕上げているか？
3. 子どもが現在，目標達成のために使っている方法は，使いやすいも

　自閉症スペクトラムの人たちは上手に般化ができません。それは，情報，知識，ルーティンを一つの環境から別の環境に移動させるスキルがないという意味です。例えば，学校で昼食を手に入れるための行列で待つことを学んだとしても，たぶんファストフード店では注文するための行列に並ぶことはできないのです。
　この理由から，コミュニティ活動についてのアセスメントは，一人ひとりに応じて，そして一つ一つの場所や出来事に応じて行う必要があります。その子どもがある一つの環境で上手にルーティン活動に参加できるからといって，別の環境では特別な配慮は何もいらないと想定するわけにはいかないのです。

のか？ 関係者全員が各自理解すべきことを理解しているか？
4．現在のやり方は，地域社会にとって適切か？ それは地域社会に関与を促し，また容易に関与できるものか？ それは公共の場でよく課される時間的制約を考慮したものか？
5．そのトレーニングは，目標をなるべく一人で達成することを目指しているか？

アセスメントの対象となる具体的な地域社会活動を特定したら，「地域社会におけるコミュニケーション」と題したアセスメント指針が観察を導いてくれます。つまり，環境をアセスメントし，その環境に参加するのに必要な具体的なコミュニケーション・スキルを特定し，その活動における子どもの能力発揮を評定します。指針の質問に対する答えから，次の3点を決定するための枠組みが得られます。

1．教えるべきスキル
2．環境に既に存在し，子どもが利用できる支援
3．視覚的支援具によって自立度が高まると思われる場面

地域社会におけるコミュニケーション （1/4）

氏名_____　日付_____
生年月日／年齢_____　評定者名_____

状　況

子どもが参加する活動は何か？
- ☐ 食事　　☐ 買い物　　☐ その他：_____
- ☐ おつかい　☐ 予約を入れること　_____
- ☐ 作業　　☐ レクリエーション　_____

子どもに付き添いはいるか？

子どもがいる環境はなじみのある所か，なじみのない所か？

達成すべき目標：
- ☐ 食べる
- ☐ 作業する
- ☐ 余暇活動に参加する
- ☐ 買い物をする
- ☐ 返却する（ビンのリサイクル，買った物の返品など）
- ☐ 情報の提供を依頼する
- ☐ 特定の用事をすませる（銀行に預金，請求書の支払い，診察予約など）
- ☐ その他：_____

目標の達成に必要なスキル

地域社会におけるコミュニケーション （2/4）

環　境

行き先のタイプ：
- ☐ 小規模の店舗
- ☐ オフィスビル
- ☐ 大きな建物（ショッピングモールなど）
- ☐ 教会
- ☐ 診察室
- ☐ 娯楽施設
- ☐ その他：_____

特別なニーズ：
- ☐ 行きたい場所を見つける
- ☐ 入口・出口がわかる
- ☐ その他：_____
- ☐ 何かを選ぶ
- ☐ ルール・手順に従う
- ☐ トイレを見つける

通らなければならない関門：
- ☐ 特別な場所へ続くドア
- ☐ 標識・矢印に従う
- ☐ 列に並ぶ

場所を見つける：　☐ エレベーター　☐ エスカレーター　☐ 部屋の番号
　　　　　　　　　☐ 通路　☐ 特定のカウンター
　　　　　　　　　☐ その他：_____

この環境でうまく行動するために必要なルールまたはルーティン

この環境に既に存在している手助け・支援は何か？

この環境に既に存在しているプロンプトまたは支援者は誰か？
　　人：　　　　　☐ 秘書　　　☐ 特別なヘルパー　☐ 受付／レジ係
　　　　　　　　　☐ サービスカウンター　☐ 警備員
　　書かれたもの：　☐ 指示書　　☐ ビル・店内の案内板　☐ 標識

(2)

地域社会におけるコミュニケーション　（3/4）

コミュニケーション

その状況で必要とされる特別なコミュニケーション：

理解：

　　音声言語コミュニケーション：
　　　　☐ 名前・番号・順番を聞き取る
　　　　☐ 要求・質問を理解する
　　　　☐ 与えられた情報・説明を理解したり，他者の会話を理解したりする

　　非音声言語コミュニケーション：
　　　　☐ ジェスチャー
　　　　☐ 身体言語
　　　　☐ 表情

　　読む，解釈する：
　　　　☐ 標識
　　　　☐ メニュー
　　　　☐ 住所・部屋番号
　　　　☐ 表・リスト・名札
　　　　☐ 手順についての指示書
　　　　☐ 機械を操作するための指示書
　　　　☐ 特定のアイテム・商品・ブランドを見分ける
　　　　☐ ラベル・サイズ・タイプ・色・味を認識する
　　　　☐ 価格がわかる
　　　　☐ 誰に頼めばよいのかがわかる（レジ係，販売員，警備員など）
　　　　☐ お釣りの出ない自動販売機や特定の硬貨しか使えない自動販売機を区別する
　　　　☐ 買い物リスト

表現：

　　表現コミュニケーション：
　　　　☐ 要求する／異議を唱える
　　　　☐ 情報を与える／質問に答える
　　　　☐ 社交的な会話

　　書く：
　　　　☐ 名前を書く（署名する）
　　　　☐ 用紙に記入する
　　　　☐ 当てはまる欄にチェックマークをつける，スコアをつける

(3)

地域社会におけるコミュニケーション （4/4）

子ども

地域社会の特定の場所において，現在子どもが発揮している能力のレベルは？

一般に同年齢の子どもたちは，その環境にどのように対処しているか？ 子どもたちの参加レベルは？

その子は，利用できる支援や援助をどのように活用できるか？

コミュニケーションが途切れるのはどういう場合か？

コミュニケーションが途切れた場合，現在はどのような状態になるか？

現在持っているスキルに追加して習得すべきスキルは何か？

環境側からの支援で，子どもが利用の仕方を習得しなければならないものは何か？

目標を達成するために，子どもが準備し，整理するためには，どのような視覚的支援具を作ることができるか？

子どもが目的を達成し，以下のような状態になるように手助けするためには，どのようなトレーニングや支援が考えられるか？
- ☐ 今よりも効果的な状態
- ☐ 今よりも効率的な状態
- ☐ 地域社会において今よりも適切な状態
- ☐ 今よりも自立した状態

卒業時に子どもに期待できる参加レベルはどの程度か？
- ☐ 自立
- ☐ 支援を受けながら自立
- ☐ 部分的な参加
- ☐ 常に支援が必要

地域社会で成功するために

視覚的支援具は，子どもが地域社会を訪れ，その場に参加するのを支援してくれます。視覚的支援が十分に行われている学校や家庭では，子どもの能力発揮が良好なのと同様に，地域社会でも視覚的支援の効果が期待できます。

> 地域社会とのやりとりは家の外で行われるとは限りません。以下のような活動を考えてみましょう。
> - ピザを注文する
> - ピザが届いたときにドアフォンに応答する
> - 受診の予約をとる
> - 配送の手配をする
> - 配送業者が到着したときに応対する
> - 職場に電話して，今日は病気なので休みたいと伝える
> - 友人を映画に誘う
> - 映画の上映時刻を調べる

> 電話を使うスキルとインターネットを使うスキルは，地域社会への参加の重要な要件になるでしょう。

この本で紹介されているアイデアの中で，子どもが地域社会に参加するためのコミュニケーション方法として最適なのはどれですか？

正解は1つではありませんし，単純な定石もありません。答えはおそらく，たくさんのちょっとしたことの積み重ねでしょう。子どもが訪れる様々な場所で，当の本人のニーズをアセスメントすることで，答えが得られます。アセスメントの際に「すべきこと」をいくつか紹介します。

すべきこと：その環境で活動するのに必要なスキルのアセスメントを徹底的に行う

徹底した課題分析を行うと，たいてい驚くような結果が出ます。買い物をする，銀行に行くといった簡単なやりとりにも，私たちが気づかないほど多くのステップが必要であり，多くのコミュニケーション要素が含まれています。

すべきこと：成功に不可欠なスキルに的を絞る

子どもが適切に対処できている部分を特定してください。地域社会で許容される行動の幅は決して狭くはありません。完璧を目指す必要はなく，成功すればよいのだということを忘れないでください。

すべきこと：目標達成のために習得する必要のあるルーティンを教えることに的を絞る

最新の学習理論では，別々に教えた複数のスキルを子どもが1つにまとめて使えるようになるのを期待するのではなく，ルーティン全体をまとめて教えるよう勧めています。ルーティン全体に関わった方が，文脈

に埋め込まれている手がかりが得られ，受けられる支援も増えることになります。

すべきこと：周囲に元々ある支援から情報を得ることを子どもに教える

周囲には標識，モノ，メニューなど，使い方さえ知っていれば役に立つ視覚的支援具が色々とあります。メニューを読んで情報を得る，クーポンの写真と棚にある商品を対応させる，選択肢を吟味する，取ろうとする行動に関係のある標識や注意書きを見つけて読み，その通りに行動する，などです。既に存在している情報を適切に利用していない子どもも多いのです。見る，ジェスチャーを使う，指で差すことで相手にも同じモノに注意を向けてもらうことは，より多くの情報を得るためのスキルのひとつです。

すべきこと：コミュニケーションを補強するために，周囲にあるものを指差すなどのやり方を教える

相手にも注意を向けてほしいモノに向けてジェスチャーしたり，指差したりすると，伝えようとしていることを相手が速く理解してくれます。注文する際にメニューにあるものを指差したり，頼みたいことがある際に標識を指差したりするなどです。一緒に注意を向けたいモノに注目することにより，伝えたいことを効果的に伝えることを教えれば，相手も同じやり方を使うよう促すことにもなり，やりとりの効率が高まります。

すべきこと：できるだけ簡単なものにする

ポケットや財布から取り出せる簡単な手がかりカードでも，もっと大きくてかさばるものを使ったときと同じ結果が得られますか。情報を記憶することに時間を費やすよりも，あらかじめ用紙に記入しておいたり，複写できる見本を用意しておいたりする方が簡単ですか。場所ごとに，あるいはやりとりごとに，別々の支援具を使い分けると，すべてを大量の支援具の中に入れ込むよりも，やりとりが簡単になるかもしれません。

すべきこと：相互のコミュニケーションを支援するものとして，拡大コミュニケーションの使い方を教えることを検討する

視覚的支援具は，適切に用意すれば，子どもと地域社会の双方が理解し，表現しあうのを支援することができます。相手にも支援具の使用を

> ルーティンのこなし方や周囲の物事の取り扱い方を分析するとき，私たちはたいてい，すべてが予想通りに運ぶ「通常の」ルーティンに着目します。その通常の，あるいは予想されているルーティンが，何らかの点で変わってしまった場合に，問題解決のために子どもが知っておくべきことをしっかり検討しておきましょう。予想通りに物事が運ばないときにはどうするかを学ぶことは，自立度をいっそう高めるために重要なことです。

促すように，支援具の持ち方や置き方を子どもに教えることもできます。

すべきこと：自分が何を要求されているのかを子どもはなかなか理解できないのかもしれない，ということを忘れてはならない

　溝を埋めるために視覚的支援具の使い方を確立しましょう。見ればすぐに理解できる簡単な支援具であれば，多くの場合，相手は自然に支援具を指差して，コミュニケーションを助けてくれます。

すべきこと：支援具は使いやすい大きさにする

　持ち運びしやすいのは，ポケットやハンドバッグ，財布の中に納まるものです。便利なサイズを目指すのですが，文字や絵記号などは，すぐにわかるような大きさが必要です。

すべきこと：支援具は，誰にでも理解できるシンボルを使う

　シンボルが何を表しているのかが，子どものことをよく知らない人にもすぐにわかることが大切です。絵や写真には文字を添えておくと，意図が伝わりやすくなります。

すべきこと：子どものニーズや欲求が容易に予測できることもあるということを認識する

　視覚的支援具は，予測できるニーズや欲求に合わせて簡素化しましょう。お気に入りのファストフード店でいつも同じものを注文するのであれば，支援具は注文するもの以外には必要ないかもしれません。いつも同じ手順に従ったり，毎回同じ支援を必要としたりする場合には，そのニーズに応じた支援具であればよいのです。必要以上に複雑にしてはいけません。あらゆる可能性に対処しようとすれば，コミュニケーションが複雑になりすぎます。

すべきこと：地域社会に入っていく前に準備しておく

　あらかじめ準備しておくことで，現地で費やす時間を節約できるかもしれません。メニューにあらかじめ目を通しておく，注文の準備をしておく，お金は支払いやすくして持たせておく，買い物リストを作っておくなどすれば，地域社会での活動が教育と成功の良い機会になります。コミュニケーション・ニーズについて具体的に考え，それに備えましょう。

> ブライアンは地元の食料品店で働くことになりました。彼の自立計画には，家から2ブロックほど歩いてバスに乗り，店に行くことが含まれていました。一定の手順を練習すると，ブライアンはすぐに習得しました。不運にも，ある日，違うバス停でうっかり降りてしまったときに，問題が発生しました。バスを降りた時点で，「次のステップ」がなかったのです。地域社会への参加の様子を評価するときには，起こりうる問題と解決策を必ず検討しておきましょう。

> ことばを話せる子どもであっても，思考を整理したり，コミュニケーションの途絶を修復するためには，支援が必要となる場合があることを忘れないように。

> 視覚的支援具は，子どもと地域社会の人々の両方の役に立つということを忘れないように。

すべきこと：視覚的支援具を有効に使えるように，その取り扱い方を教える

支援具の置き場所，支援具の持ち方について考えてみてください。人とコミュニケーションを取るために支援具を使うときには，正確な場所を正確に指差すよう教えましょう。また相手にはっきりと見えるような持ち方も教えてください。そして相手が注目してくれているかどうかを判断できるようにならなければなりません。

すべきこと：自分の支援具に責任を持つことを教える

地域社会へ出かけるときには，視覚的支援具を忘れずに持って行く，やりとりの適切な場面で支援具を使う，次に使うときのためにしまっておく——支援具を管理することも大事な習慣のひとつです。

すべきこと：相手側の時間の制約に配慮する

お昼の忙しい時間帯にファストフード店に行くのであれば，注文に時間をかけるのは適切ではありません。子どもは，相手に不適切な要求をすることなく，目的を達成しなければなりません。手の込んだことをしたいときには，時間の制約がないときを選びましょう。

すべきこと：子どもが伝えようとしていることを解読する相手側の能力にも気を配る

地域社会のすべての人が，同じ理解力やコミュニケーション能力を持っているわけではありません。子どもはあなたのことは理解できるかもしれませんが，地域の人々のことを理解できるとは限りません。子どもが話すことや伝えようとすることをあなたは理解できても，地域の人はそうではないかもしれません。コミュニケーションが途切れると，気まずく感じる人もいます。そのような状況は避けるようにしましょう。コミュニケーションが途切れたときには別の方法を使うように教えておくと，やりとりはもっとうまくいきます。また誰もが理解できるコミュニケーション方法を心がけることで，やりとりはずいぶんうまくいきます。

すべきこと：やりとりをできるだけ簡単にして，コミュニケーションの成功率を高める

家や学校では複雑なスキルをこなせていても，地域社会では要求され

> 最近の洋服は，ポケットがないものや，あっても小さすぎて使いにくいものが多くなっています。ウェストポーチを使ってみてください。男の子にも女の子にも便利です。これを使えば，子どもたちに自分自身の視覚的支援具，携帯電話，その他の装置に責任を持たせることができます。携帯電話を身につけるために，ベルトに着けるクリップやケースがよく使われています。子どもにモノの管理ができるなら，これらは素晴らしい選択肢となります。その子どもにとって最も効率的なものを使うことを心がけましょう。

> 子どものトレーニングとして，地域社会に出る機会を多く設けている教育現場もあります。そのような機会に恵まれているかどうかは別として，子どもが社会でどの程度活動できるかを知っておくと，この分野で使えるスキルを教えるときの目標を立てるのに役立ちます。

> 正しい支援があれば，自閉症，アスペルガー症候群，その他の学習障害やコミュニケーション障害の人たちは，地域社会で自立してうまく生きていけるようになります。

ることが違ってきます。子どもの支援具はあまり複雑で凝ったものにしない方が使いやすいということもあります。

すべきこと：子どもができるだけ普通に見えるような方法にする

科学技術はどんどん使いやすくなってきていますが，ブリーフケースほどもある大きさのパソコンをコンビニエンス・ストアに持ち込むのは，財布の中に入るカードを使うほど便利でも効果的でもありません。

すべきこと：子どもの好みを考慮する

本人が気に入るもの，使いやすいと思うものの方が，成功率は高まります。視覚的支援具のサイズや形は，子どものニーズや好みに応じて無限の可能性があります。

すべきこと：自立を目指す

人の助けがあればかなり複雑なやりとりができても，人がいなければできないという場合，それはその子にとって難しすぎるのです。子どもが自力でできる簡単なものにもどしましょう。

上記のアドバイスは，すべてを網羅しているわけではなく，幅広く色々なことを考慮に入れてもらうためのものです。子どもが環境に自力で対処できるかどうか，十分な能力がありそうかどうか，欲求不満を募らせるかどうかなどは，小さな事柄で決まる場合がしばしばです。見た目の知能に騙されず，コミュニケーションがどこで途切れたのかを見極めましょう。大学生のレベルでパソコンを操ることのできる子どもが，コンビニでお菓子を買うことに苦労しても，驚いてはいけません。同様に，コミュニケーション能力が比較的限られていても，予想以上に地域社会でのやりとりをうまくこなせる子どももいます。「コミュニケーション」ということばの定義に幅を持たせることで，別の環境に効果的に参加するために必要な様々なスキルに着目することができるようになります。

第4部

視覚的支援具の作成と活用

第 8 章
視覚的支援具の作成

教育の世界にいる人なら誰もが、教材を「切り貼り」するテクニックを駆使しているのではないでしょうか。視覚的支援具の作成も、これとよく似ています。

視覚的支援具は通常のコミュニケーション・ボードとどう違うのですか？　私が関わっている子どもにもコミュニケーション・ボードを使っている子どもがいますが、それと同じことではないのですか？

本書で説明しようとしているのは、そうした子どもたちのために作られたのと同じタイプのコミュニケーション・ボードではありません。「コミュニケーション・ボード」ということばを使うこと自体、誤解を生む危険があります。

身体的な障害のある人たちのためのコミュニケーション・ボードは、そうではない人たちのニーズや目的とは違った数々の制限や目的をもって作られています。共通点は、どちらもコミュニケーションを仲介する手段として、何らかの視覚的なシンボルを用いているという点です。それ以外の点では、共通点よりも相違点の方がずっと多いのです（次ページからの表「拡大コミュニケーション」を参照）。

これまで視覚的支援として最もよく行われてきたのは、重度の身体障害があって話すことのできない人たちのための拡大コミュニケーション・ボードを作ることでした。コミュニケーション・ボードはそうした人たちが意思を伝えるための手段として開発されたのです。時と共に、身体的な不自由はないものの、話すことができなかったり、明瞭に話すことができなかったりする子どもたちも、意思を伝えるためにコミュニケーション・ボードを使うようになりました。拡大コミュニケーションの利用は増え続け、ますます多くの子どもたちが、様々な目的で使うようになってきています。ただしその最も重要なことが、子どもたちの「表現」コミュニケーションの支援であることは今も変わりません。

従来のコミュニケーション・ボードとそれ以外の視覚的コミュニケーション支援具は違うものではありますが、互いに相容れないというわけではありません。違いを知ることで、利用法や、便利な機能を拡張することができるかもしれません。視覚的コミュニケーション支援具を使う際の課題は、便利な利用法を創造的に発見することなのです。

拡大コミュニケーション

従来のコミュニケーション・ボード	視覚的コミュニケーション支援具
目標 子どもが他者に自己を「表現する」ことを助ける 例えば， ・要求する，あるいは選択をする ・質問をする，あるいは質問に答える ・考えていることを他者に伝える	**目標** 子どもがもっとよく「理解する」ことを助ける 例えば， ・子どもの注意をひく ・自分に言われていることの理解を助ける ・他者のことばの理解をよくする ・情報を与える ・選択の機会を与える ・コミュニケーション情報を処理し，整理することを助ける ・コミュニケーションの意図を強める ・他者とのやりとりを増やす ・新しいスキルを教える ・自己調整力を育む ・効果的な表現コミュニケーションを発達させる ・新しいルーティンを教える ・自立度を高める支援をする ・ルールを伝達する ・自立的な能力をもっと発揮できるようにする ・子どもたちに指示を与えるため，スキルを訓練するため，行動連鎖を教えるための合図あるいはプロンプトとして使う
誰がそれを使うか 主たる障害 ・身体障害 ・ことばを話せない ・語彙が少ない，あるいは発音が不明瞭 ・ことばでの表現コミュニケーションはできるが実効性がない	**誰がそれを使うか** 主たる障害 ・注意を向けたり，維持したりすることが困難 ・コミュニケーション理解の障害 ・記銘あるいは想起が困難 ・考えの整理が困難 ・表現のための適切なことばが思い出せない ・課題を完了するための一連のステップを踏むことができない ・要求やニーズ，あるいは情報を効果的に表現することが困難 ・そして他にもたくさん……

従来のコミュニケーション・ボード	視覚的コミュニケーション支援具
どのように使われるか • 普通はその子ども専用に作るボードあるいはシステム • 他者に意思を伝えるために，コミュニケーション障害のある本人が使う	**どのように使われるか** • 子ども<u>に</u>伝えるために，コミュニケーションの相手が使う • やりとりを支援するために，子どもとコミュニケーションの相手が共に使う • ルールを明示するためや，自力で行動できるよう支援するために，環境の中に設置する • 一個人のため，あるいはクラスやグループ全体のために作ることもある
物理的特徴 • しばしばハイテクである • ローテクのこともある • 動作に制約が大きい子どものため，限られたスペースに多くのシンボルを置く必要がある • 目標は，できるだけ小さなスペースに子どものコミュニケーション行動のレパートリーをすべて含めることである	**物理的特徴** • 通常はローテク • ハイテクのこともある • 携帯しやすいものにする必要があるかもしれない • ページをめくることや，道具を持って別の場所に移動することができるため，スペースの制約はない • 機能や活動ごとに支援具を用意すると，いっそう効率的・効果的になることが多い

従来のコミュニケーション・ボード	視覚的コミュニケーション支援具
使用する場所 • シンボルを限られた範囲内または子どもに近い場所に置かなければならない場合もある • 移動できる子どもの場合，子どもが常に持ち運べる携帯性が必要	**使用する場所** • 様々な場所に持って行ける携帯性が必要なものが多い • 壁，机，ドアなどに貼ったままにしておける • 使用する環境内に計画的に配置すると最も効果的 • 活動の中心位置にあることが必要 • 利用者全員が手に取りやすい場所にあることが必要
特別な体裁 • 子どもの運動能力が限られている場合もあるため，動かす，ページをめくる，体を使って選ぶなどが必要な支援具は，他者の補助に依存する • 移動できる子どもの場合は通常，ポケットに入る大きさにするか，同程度の携帯性のあるものになる • 抽象的なシンボルが使えるだけの理解力があることが前提	**特別な体裁** • 使いやすいよう，様々なタイプの標識，図表，冊子，ホルダーの形にすることができる • ページをめくる，選択肢から選ぶ，選んだものをホルダーに入れる，何かを取り出す，裏返すなどの身体動作を利用することができる • 大きさはニーズによる。小さな紙片から大型のポスター，掲示板まで様々 • シンボルは，子どもが理解でき，利用するあらゆる人にも理解できるような，具体的で誰もが知っているものを使うとよい • 最も効果的なツールは，行為やモノを表す絵と文字の両方を使ったもの
言語構造 • 言語構造を習得して（名詞，動詞などを組み合わせて），文章を組み立てられるようになることを目標とする場合が多い • シンボルはことばと同じ順に並べ，子どもが名詞，動詞，その他の語を選んで文章を作れるようにする場合が多い	**言語構造** • 特定の言語構造の習得よりも，意思を伝えることを重視する • 一つの大きな概念や考えに対して一つのシンボルを用いるとよい • 効果的なコミュニケーションを取ることを主目的として，限られた言語構造を使うことを支援する • 完全な文章を作って使えるようになることは重視しない • 意思を伝え，返事を受け取るのに必要となるステップ数は少なくして，コミュニケーションの意図が失われないようにする

従来のコミュニケーション・ボード	視覚的コミュニケーション支援具
コミュニケーションの相手 • 地域社会に広く関わることはないため，主に身近な人に限られる • やりとりの速度は重要だが，子どもの特別なニーズを周囲が受け入れる場合が多い	**コミュニケーションの相手** • 職員，他の子ども，家族，地域社会全般を含め，聞き手は広範囲にわたる • コミュニケーションの自然な流れを維持するには，やりとりの速度が重要
音声出力 • 電子音声が出ないコミュニケーション・ボードもある • 電子機器は音声が出る • 注意を引くために音声は重要である • 関心ややりとりを途切れさせないための重要な要素のひとつと考えられることが多い • 古いバージョンの音声出力によることばはロボットのようであったり，聴き取りにくかったりした • 最近のデジタル・バージョンは音質が良い	**音声出力** • 視覚的コミュニケーション支援具は，一般に電子音声が出ない • コミュニケーションの相手が，視覚的支援具を使いながら何か言う場合がある • 子どもに関心を持たせるためや，斬新な製品として，音声が出る支援具も登場している
使い方 • 通常は，相手がことばを話し，子どもはボードを使って答えたり，コメントしたり，質問したりする • オーバーレイ（コミュニケーション・ボードの上にかぶせるシンボル表）は，コミュニケーションの相手が取り換える必要がある	**使い方** やりとりの中で • 子どもと相手の両方が表現と理解の支援具として使用する • 子どもの注意を引くためには，相手側が支援具を指差したり，手に持ったり，動かしたりすべき • 視覚的支援具を見せて，短くことばで質問や指示をする 自主管理について • 必要なときに支援具を使う，上手に取り扱う，置き場所を守る，手順に従うという責任を子どもは引き受けなければならない 使い方の指導について • スキルを教え，行動を修正する • 情報を与える

教師用視覚的支援具

　従来のコミュニケーション・ボードとその他の視覚的支援具の大きな違いのひとつは、それが誰のものかという点です。多くの場合、視覚的支援具の方は教師（あるいはコミュニケーションの相手）のもの、つまり「教師用視覚的コミュニケーション支援具」なのです。

教師用コミュニケーション支援具とはどんなものですか？

　大半の人は、拡大コミュニケーションの第一の目的は、子どもが他者に対してコミュニケーションを取るのを支援することだと考えているでしょう。確かにそれも視覚的支援具を使う理由のひとつです。

　「教師用視覚的コミュニケーション支援具」と呼ぶからには、着眼点が異なります。すなわち子どもに対してコミュニケーションを取る教師のための道具ということになります。教師の声の延長線上にある支援具というふうに考えてください。子どもに指示を出したり、質問をしたり、その他のコミュニケーションのやりとりの際に、耳と目とに同時に情報を入力することを目指します。

　本書で紹介している視覚的支援具の大半は、教師用コミュニケーション支援具として使うことができます。教師用支援具は、コミュニケーションを色々な形で支援します。

1．教師が、話しながら視覚的なものを指差して、ことばと視覚の同時コミュニケーションの手本になります。
2．教師用支援具は、子どもがことばを話そうが話すまいが、子どもに対するコミュニケーションを支援します。主に子どもが注意を向け、理解しやすくするために使います。
3．支援具を使うと、教師が発することばを減らすことができ、それによって多くの子どもの理解がよくなります。
4．視覚的支援具を使う際には、事前にある程度の計画を立てる必要があります。利点は、スタッフが伝えようとしていることが具体的になるということと、やりとりに関わるすべての人が同じやり方でで

きるようになるということです。
5．子どもへの期待，手順，ルーティンに関して，教師が一貫性を持てるようになります。
6．子どもの注意力が増します。一つのことに注意を向けるようになり，理解力や記憶力が向上します。また最後までやり遂げるようになります。
7．支援具をコミュニケーション支援に用いると，場所，状況，相手に関係なく，子どもの行動が改善します。

教師用視覚的支援具を使うのは教師だけですか？

　教科書の「教師用指導書」と同じような考え方で，子どもに指示を出したり，やりとりをしたりする立場にある人も，教師用支援具を使うことができます。たいていの教育プログラムでは，様々な人（補助教師，セラピスト，事務員，給食調理員，校長など）がスタッフとして働いており，子どもに指示を出したり，コミュニケーションを取ったりしています。教師が様々な教師用支援具を作成する際には，子どもの生活の中でコミュニケーションの相手になる人たちも，同じ効果的な支援具を使って，子どもとのやりとりを向上させることが大切です。それをどう実現するかは，状況に合わせて細かい調整をすることで，明らかになるでしょう。教師と常に一緒に教室で働く補助教師であれば，教師と同じ支援具を共同で使えば十分かもしれませんが，同じ教室内でも別々に行動したり，あるいは別の教室にいたりすることが多い場合には，コピーするなどして自分専用の支援具を持つ必要があるでしょう。色々なクラスの子どもたちが集まって食事をするランチルームで，子どもの様子を見守る給食調理員であれば，自分の仕事の内容に合わせたページを作っておくとよいかもしれません。クラスごとに，子どもごとに支援具が異なる場合でも，互いに調整し，ある程度の共通性・連続性のある体裁にすることが大切です。

忘れてはいけないこと：教師用支援具は，様々な能力レベルの子どもに使えます。高いスキルを持つ子どもは，視覚的支援具を使って集中力を高めたり，考えを整理したりすることができます。コミュニケーション障害の重い子どもであれば，ことばのやりとりだけの時よりもよく反応してくれます。ことばを話せるかどうかは関係ありません。子どもがどの

ような形態の表現コミュニケーションを取るかも関係ありません。教師用支援具は，子どもと他者とのコミュニケーションを仲介するためのものですが，その第一の目的は，子どもに向けてコミュニケーションを取ることなのです。

教師用視覚的支援具は，他にどんな人が利用できますか？

特別なニーズのある子どもたちを普通学級に，という昨今の流れの中で，こうした子どもたちが，大集団の中で自力で行動できるよう支援するための工夫が必要になってきています。特別なニーズのある子どもだけに焦点を合わせるのではなく，クラス全員も視覚的に支援して，クラス全体を向上させましょう。

見本と例

問題：先生は，一日を通して色々な環境で，子どもたちに語りかけ，指示を出さなければなりません。当然，使いたい支援具が別の教室にあるとか，机の上の書類の山に埋もれてしまう，ということが避けられません。

解決策1：視覚的支援具のコピーを作り，それを使いそうな場所にはすべて置いておきましょう。トイレの中とバスを降りるときとで同じコミュニケーション・ブックのページを使うのであれば，それを2部用意し，トイレに1部，もう1部はバスに乗る際に手に取れる所に置いてください。

解決策2：「教師用バインダー」を作りましょう。これは教師が使うページと支援具をすべて1カ所にまとめておくためのバインダーで，大きさや形は自由ですが，多くの人が使いやすいと言っているのは，大判の3穴リングバインダーです。大きいので紛失しにくいわけです。すべてが1冊のバインダーに入っているので，教室中の色々な場所や学校内外の色々な場所に容易に持ち運ぶことができます。大切なのは，先生のためのコミュニケーション支援具として，常に手の届く所に置いておくよう習慣づけることです。

この「教師用バインダー」に入れておくとよいものとしては，毎日のスケジュール表，規則のリスト，指示書，特定の行事や活動でコミュニケーションを強化する支援具，子どもに対してよく使うコメント，質問，

> 教師は，よそで見つけたアイデアを工夫して取り入れるのがとても得意です。そしてそれはしばしば，興味深くて独創的な結果をもたらすのです。ただ残念なのは，それを取り入れる過程で，対象とする子どもを限定してしまうことです。

訂正などがあります。

問題：この子どもが暮らすグループホームでは，監督スタッフが交替勤務をしています。スタッフ全員が同時にその場にいることはなく，プログラムを調整する機会がほとんどないため，子どもたちへの接し方や，与える指示には大きなバラツキがあります。

解決策：スタッフ用のコミュニケーション支援具を作りましょう。使い方が誰にでもわかるような支援具を作り，人によって違いが出ないようにします。新しいスタッフが入ったときや，臨時のスタッフが入る場合には，それが特に大切です。

重要な点：教師用視覚的支援具は，子どもに向けてのコミュニケーションを向上させるために使うものです。教師の表現コミュニケーション，子どもの理解コミュニケーションの一端を担います。子どもに向けてのコミュニケーションを以下のように改善することができます：

- 効果があがる
- 効率がよくなる
- 一貫性が増す
- 信頼性が増す
- 楽しさが増す

視覚的支援具の作り方

　視覚的支援具を作る過程は作る人によって大きく異なり，また工夫を必要とします。各人の取り組み方や整理の仕方，芸術的な表現方法によって異なります。市販のものが使えれば便利ですが，視覚的支援具はたいてい，一人ひとりに，そして一つ一つの状況に，ある程度合わせる必要があります。特定の人や場所に合わせて作ることが，最も重要な成功要素のひとつなのです。

　この章の目的は，視覚的支援具を作るための「コツ」を紹介することです。次ページ以降の「コミュニケーション支援具立案の手引き」を使えば，計画を考えやすくなるでしょう。この章の残りでは，具体的なやり方について説明します。

　視覚的支援具の作成は，他の人たちと協力して進めましょう。子どもの教育プログラムに関わる教師とその他の人たちが，協力関係を築くにはうってつけの機会になります。子どもの一日の行動をよく知っている人と一緒に，「コミュニケーション支援具立案の手引き」の問に答えていくことで，それぞれの観察結果を確認し合ったり，検討中の視覚的支援具の明確性や妥当性を点検したりすることができます。

　子どもの教育プログラムの一環として視覚的支援具を使うことが決まると，多くの人がアイデアをいくつも試してみたくなるようです。できるだけ早く作って，早く使ってみたいと思うのでしょう。しかし，これは長期的なプロジェクトなのですから，あせらないことが賢明です。視覚的コミュニケーション支援の考え方を取り入れて，アイデアを22種類も思いつき，写真のコピーを4000枚も作ってしまうなどは愚の骨頂です。うまくいくとは思えません。一つのアイデア，一つの支援具から始めましょう。それが成功の秘訣です。「成功への道は一歩から始まる」というある賢者のことばを覚えておいてください。

　急ぎすぎないように。計画段階が一番重要です。ひとたび出来上がれば，支援具は毎日あなたの時間とエネルギーを大いに節約してくれるということを忘れないように。これにより最初の努力が報われるのです。計画段階を飛ばしてしまうと，多大な努力をしたのに，最良の場合でも，本来ならできたはずのものよりもはるかに効果の劣るものになり，最悪の場合には，目的を全く達成できないものになってしまいます。

　「行動を『コントロール』することに費やしていたエネルギーのすべては，視覚的支援を実行するために使えるのだとわかりました。何はともあれ，視覚的支援法に投入したエネルギーには，有用な結果がついてきたのです！」——ワークショップに参加した親の言葉からの引用

コミュニケーション支援具立案の手引き　(1/6)

子どもの氏名＿＿＿＿＿＿＿＿＿＿＿＿＿＿　日付＿＿＿＿＿＿＿＿＿＿＿＿＿＿＿

生年月日／年齢＿＿＿＿＿＿＿＿＿＿＿＿　記入者＿＿＿＿＿＿＿＿＿＿＿＿＿＿

状況の評価

環　境

場所：

その場にいる人：

責任者：

行われる活動：

　　予想されるルーティンは：

　　予想される子どもの参加は：

　　予想される子どもの行動は：

コミュニケーション支援具立案の手引き （2/6）

現在の状況：

　　　子どもの実際の行動または参加の様子は：

　　　状況はどのように管理されているか：

　　　現在の指導や関わりはどのようなものか：

　　　現在行われているコミュニケーション支援は：

必要とされる変化：

　　　環境面の変化：

　　　子どもの行動面の変化：

コミュニケーションのニーズ：

　　　どんな環境支援なら役に立つか：

　　　どんなコミュニケーションのやりとりに支援が必要か：

　　　どんな状況や行動が改善すればよいか：

子ども

現在子どもは環境にどう対処しているか：

子どもは特定の課題やルーティンにどう対処しているか：

コミュニケーション支援具立案の手引き （3/6）

現在行われている支援：

  支援は目指す目的を達成しているか：

  支援によって子どもの自立が最大限に実現されているか：

もたらすべき変化・達成すべき目標：

  どんな行動を変えようとしてきたか：

  どんなスキルを教えようとしてきたか：

どんなコミュニケーション・ニーズが観察されているか：

視覚的支援でニーズや目標をどう支援できるか：

どのような視覚的支援具があれば子どもの能力発揮を向上させられるか：

視覚的支援具を使用する人：

- ☐ ひとりか複数か
- ☐ 年齢
- ☐ 全体的なコミュニケーション・レベル
- ☐ 視覚的認識レベル
  - ☐ モノ
  - ☐ 写真
  - ☐ 写実的な絵
  - ☐ 抽象的な絵
  - ☐ 標識／ロゴ，ラベル，包装紙
  - ☐ 文字

コミュニケーション支援具立案の手引き （4/6）

視覚的支援具の立案

支援具の所有者：
- ☐ 教師
- ☐ 子ども
- ☐ 教師・子ども共用
- ☐ クラス全体

視覚的支援具の使用場所：
- ☐ 特定の場所で
- ☐ 複数個所で
- ☐ ある場所から別の場所への移動中に

支援具の使用時間：
- ☐ 一日を通して必要に応じて
- ☐ 特定の状況または活動で
    - ☐ 学校
    - ☐ 家庭
    - ☐ 地域社会

使い方：
- ☐ 指示を与える
- ☐ 情報を与える
- ☐ 質問する
- ☐ 自立行動を促す
- ☐ 特定のニーズに対応する
- ☐ 特定の問題に対処する
- ☐ 他者とのコミュニケーションを仲介する
- ☐ 他の環境でのコミュニケーションを仲介する
- ☐ 新しいスキルや課題を教える

使用するシンボルのタイプ：
- ☐ 文字
- ☐ 絵
    - ☐ 線画
    - ☐ 詳細な絵
    - ☐ 白黒
    - ☐ カラー
    - ☐ 大きさ＿＿＿＿＿＿
- ☐ 写真
    - ☐ 大きさ＿＿＿＿＿＿
- ☐ ラベル，包装紙，標識，ロゴ
- ☐ 雑誌やクーポンなどの切り抜き
- ☐ モノ
- ☐ 上記の組み合わせ

コミュニケーション支援具立案の手引き （5/6）

視覚的支援具の外観：
- ☐ 大きさ
- ☐ 形
- ☐ 色

視覚的支援具の形態：
- ☐ カード
- ☐ 図表
- ☐ 電子機器
- ☐ 紙
- ☐ ブック

使う人：
- ☐ 理解のために使用する人は誰か
- ☐ 表現支援のために使用する人は誰か

視覚的支援具を使いながら言うことば：
- ☐ 決まったセリフまたはことば遣いは何か＿＿＿＿＿＿＿＿＿＿＿＿＿＿＿＿＿
- ☐ 何と言うかが使う人全員にわかるようなラベルをどうつけるか

視覚的支援具の扱い方：
- ☐ 子どもを支援具のところに連れて行く
- ☐ ページをめくる
- ☐ 支援具を子どものところへ持って行く
- ☐ 目印にするものを特定の場所に置く
- ☐ 支援具を指差す
- ☐ ×印をつける
- ☐ 支援具を手渡す
- ☐ 覆い隠す

視覚的支援具を別の場所に移動させるか：
- ☐ 常に1カ所に置いておく
- ☐ 色々な場所に移動させる

視覚的支援具を移動させる人：
- ☐ 教師
- ☐ 子ども

コミュニケーション支援具立案の手引き （6/6）

視覚的支援具の保管場所：
- ☐ 壁に掛ける
- ☐ ドアに貼る
- ☐ ボードや棚に貼る
- ☐ テーブルや机に置く
- ☐ 入れ物に入れる
- ☐ ポケットに入れる
- ☐ コミュニケーション・ブックに，コミュニケーションの場所に，ホルダーに
- ☐ 特定の部屋や場所（トイレやキッチンなど）に
- ☐ その他＿＿＿＿＿＿＿＿＿＿＿＿＿＿＿＿

固定する道具は必要か：
- ☐ マグネット
- ☐ マジックテープ
- ☐ フック
- ☐ 金属製リング
- ☐ 画びょう
- ☐ ヒモまたはコード

使用頻度：
- ☐ 一回
- ☐ 特別なイベントのとき
- ☐ 定期的な活動のとき
- ☐ 常時

作成に使える時間：
- ☐ 急場しのぎ
- ☐ 今日必要
- ☐ 近々
- ☐ 時間をかけて立案する必要あり

使　用

視覚的支援具をいつ，どのように子どもに使い始めるか：

予想される子どもの反応：

必要性が予想される手本またはプロンプト：

許容範囲内または合格圏内と考えられる子どもの行動：

効果的なコミュニケーションのための
シンボルの選択

紹介されたコミュニケーション支援具には，色々なシンボルが使われていますが，どれを使うとよいですか？

　可能性はたくさんあります。大切なのは，子どもがすぐに理解できるものを選ぶことです。使い方に独自のルールを設ける人もいますが，まず不要な規制は取り除きましょう。

神話その1―シンボルはすべて同じ形態でなければならない

　いったん白黒の線画を選んだら，すべてを同じ形態にしなければいけない，写真を選んだら，すべてを写真にしなければいけない，と考える人もいますが，それは違います。それどころか，色々なシンボルを混ぜた方が面白くてわかりやすいツールになるのです。

神話その2―徐々に抽象的なものも使えるようになる必要がある

　これも間違いです。子どもの理解能力の限界に挑戦するような支援具を作っても，得るものは何もありません。そのようなスキルを教えることが目的ではありません。

神話その3―絵・写真は幼い子どもだけのものだ

　これは全く真実ではありません。年齢にふさわしく見える視覚的支援具を作ることは重要ですが，それは絵・写真の排除を意味するものではありません。

　シンボルの複雑さは様々です。現物と写真は一般的に具体性が高いと考えられます。他方，標識，ロゴ，図，文字は，抽象度が高くなります。子どもにとってどの形態がわかりやすいかは，様々なものを見せて，子どもの反応を観察してから判断すべきです。

　コミュニケーション支援具を作成する際は，様々なスタイルの絵や写真を使うと効果が高まります。色々な種類が混ざっていると，さっと目を通しただけで，シンボルを認識しやすくなります。統一する必要はないのです。

　あなたは絵や写真をどのように解釈していますか？形を分析して，そこから意味をくみ取るのに言語を使っていますか？　言語を使わずに絵や写真を解釈するとしたら，あなたならどのようにしますか？

　複数の子どもに使う支援具を作る際は，全員が理解できるようなシンボルを使った支援具にしましょう。絵や写真に文字を組み合わせると，たいていの子どもがわかります。

168　第4部　視覚的支援具の作成と活用

> 考えてみると興味深いこと：
> 『ブレイン・ルール』という本は，最も上手な学び方についての研究結果を明らかにしています。（これは誰にでもあてはまることです。自閉症や特別な学習上のニーズに限るというものではありません）。以下がこの研究の述べていることです。
> 　私たちは書かれたり話されたりしたことばを通じてではなく，絵・写真（画像）を通じて最も上手に学び，記憶する（Medina, 2008）。

> 周囲の環境の中にあるシンボルで，それぞれの子どもがどれを認識し，どれを認識していないかを知ったら，驚くかもしれませんよ。

> 視覚的シンボルを選ぶ作業を子どもの活動にしてしまいましょう。写真，絵，商品のラベルの他にも，チラシやパンフレット，試供品，宝物を入れるポリ袋も使えます。これら視覚的なモノのすべてが，コミュニケーションを刺激します。それこそが最終的な目的なのです。

> 読解力に困難が見られるのと同様に，絵や写真から意味をくみ取ることができない子どももいます。文字の代わりに絵を見せたからといって，魔法のように理解してもらえるとは限りません。写真から3D画像，棒線画，ことばや概念を抽象的に表すシンボルまで，抽象度の異なる様々な画像集が市販されています。印刷されているシンボルは教師にとっては使いやすいですが，選んだものが対象の子どもにとって抽象的すぎれば，視覚的支援具を作成する最大の目的を達成できません。視覚的シンボルが抽象的であればあるほど，見て，解釈し，意味をくみ取り，行動する能力が子どもにあるものと想定していることになります。

色々なフォーマットを使うとよいというのは，そういうことですか？

　そうです。シンボルのどの部分に子どもが反応しているのかはわからないので，ある程度の変化を持たせて，認識しやすいようにしておくとよいようです。そして大きさ，形，色の要素をうまく利用して，見た目に変化を持たせてください。また写真，ラベル，線画，文字など，様々な媒体を使えば，1種類しか使わない場合とは違った結果が得られます。

どんな視覚的支援具を使うかは，どのようにして決めるのですか？

　単純で明瞭な視覚的支援具を目指しましょう。子どもの反応を確認するため，いくつかの選択肢を試す必要があるかもしれません。それはかまわないのです。迷うなら，より単純な形態のものを使ってください。

> 特定の視覚的支援具で伝えたいメッセージを，子どもが正確に解釈していることを確認してください。
> 　ある教師が，この絵を使って，「静かにしなさい」と子どもたちに伝えました。ショーンは反応しなかったので，この絵は何と「言っているのか」と教師は彼に質問しました。ショーンは，「鼻をほじりなさい」と答えました。

静かにしなさい

忘れてはいけないこと：子どもにすぐにわかる形態を選ぶことで，視覚的支援具がすぐに効果を発揮します。

重要な点：視覚的形態の選択は，視覚的支援具を作る際の重要な要素のひとつです。難しすぎて子どもには理解できないような形態を選んでいては，目的を達成できません。

子どもにわかりやすい形態を選べば，視覚的支援具のコミュニケーション効果をさらに大きくすることができます。

うまくいく視覚的支援具作りのヒント

「コミュニケーション支援具立案の手引き」を使って視覚的支援具で支援する分野が特定できたら，次はあなたの芸術的才能を活用する時です。「芸術的」ということばに気後れしないでください。効果的な視覚的支援具が凝ったものである必要はなく，通常はシンプル・イズ・ベターです。あなたの努力を実らせるためのヒントをいくつか紹介します。

> 視覚的形態：最も容易なものから最も難しいものへ
> - 実物
> - 写真
> - 写実的な線画
> - 抽象的な線画
> - 文字

すべきこと：支援具は目的を意識して作る

何時間もかけてかわいい支援具を作ったのに，コミュニケーションの向上には役に立たなかった，なんてこともあります。まず対処したい具体的な問題，状況，ニーズを特定してから，それに応える支援具を作ることが重要です。

視覚的支援具は飾りたてた掲示板とは違います。コミュニケーションを支援すべく工夫した教室というのは，多くの場合，飾りたてたボードは減らすか完全に取り払って，その場所はコミュニケーションに使う支援具のために使用しています。

すべきこと：支援具を作る前に，使い方についてじっくり考える

その支援具は誰が使うのか？　どこで使うのか？　支援具が話題に上るのはどんなときか？　どこに保管するのか？　どのような使い方をするのか？　使いながら何と言い，何をするのか？　「コミュニケーション支援具立案の手引き」を使って，こうした質問に一つ一つ答えていくとよいでしょう。

> 覚えておくべき重要ポイント：
> - 視覚的支援具は子どもたちが容易に区別できるように，それぞれ異なるものにする必要があります。
> - 視覚的に多様なものにするために，大きさ，形，色をよく考えて使いましょう。
> - すべての視覚的支援具が似たように見える必要はありませんし，同じタイプの視覚的シンボル方式を使う必要もありません。

すべきこと：写真や絵と文字とを組み合わせることを考えてみる

　字の読める子どもだと，その学年の読解力レベルの文章だけを見せておけばよい，と考えがちです。でも，瞬時にわかってもらうために，広告業界が，どれだけ画像やロゴ，シンプルな文に頼っているか考えてみてください。視覚的支援具も同様に，できるだけ楽にわかってもらえるように作るべきです。視覚的支援具が目的を達成するための手段であることを忘れないでください。突っ込んだ読解指導が目的ではないのです。支援具を読んだり解釈したりするのに時間を取られてしまったら，達成したい目的を達成できなくなってしまいます。字が読める子どもは，写真や絵と文字の両方が使われていると，さらに自信を持って行動してくれます。瞬時にわかってもらうこと，それが目的です。

　「字が読めない」と考えられている子どもでも，大半が実はある程度は読めています。大好きなファストフードのお店のロゴを認識したり，スーパーで好きなシリアルやソフトドリンクを選んだりと，何らかの形の記号や文字から意味をくみ取っているのです。従来の読解指導法では対象とは考えられなかった子どもも，視覚的支援具の一部として使われている文字に触れることで，機能的な読解スキルをある程度は身につけることが報告されています。文脈がとても明確な状況でことばを学ぶため，とてもよく理解できるのです。

すべきこと：視覚的支援具は簡単明瞭なものにする

　目標は，単純ながらも目的を達成できる表示にすることです。

絵：
- 支援具を使う人なら誰でもすぐにわかるようにする
- メッセージが効率的に伝わるよう，1つの概念を1つの絵で表す（大半の視覚的支援具は，具体的な言語構造を教えるのではなく，効率的なコミュニケーションを強化するために作ります）

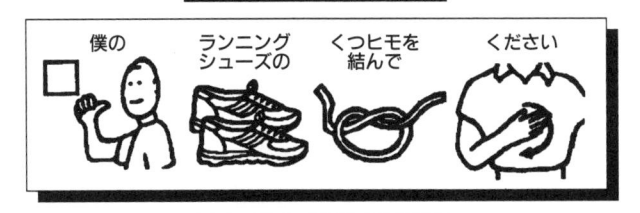

文字：
- 元々文字が書いてある絵や写真の場合には，その絵や写真を使うときに言うことばに合わせて文字を書き変える
- 口で言うことばと全く同じものを文字にする
- 完全な文である必要はない
- 単語ひとつで十分な場合もある
- 情報量が十分であることを確認する
- 書かれていることの意味と支援具の目的を，視覚的支援具を使う人全員が，はっきりと理解できる程度に十分な文字量であること

体裁：
- ある程度の色を使うとわかりやすくなるかどうか考えてみる
- 色で絵をかわいくしようとしてやりすぎないよう注意する

すべきこと：視覚的支援具の大きさは，工夫と観察によって決める

　今使っている支援具に，子どもがどのように反応しているかを観察してみてください。大きさを決めるときは，以下の点を考慮に入れます：

- 場所
- 支援具の使い方
- 子どもの年齢
- 子どものスキルのレベル
- 子どもが特によく反応するもの
- 小さい支援具は持ち運びに便利
- 3穴リングバインダーに綴じた支援具は，小さいカードや紙切れと違ってなくしにくい
- 大きなサイズの絵の方がわかりやすい子どももいる
- 地域社会で使用する支援具の大きさは，他の人にとってわかりやすく，しかも不便なものでなく，変に人目を引くことのない大きさであること

すべきこと：細部が決められない場合は，まず適当な「試作品」を作って使ってみる

　時間をかけて準備したものが失敗に終わると本当にがっかりします。子どもが初めて見たものにどう対処するか，どの程度理解するかを予想するのは難しい場合があります。一番よいのは，絵や写真なのか，それとも文字なのか？　子どもに一番わかりやすいのはどんなシンボルなのか？　どれくらいの大きさにすべきなのか？　適当な「試作品」を作って，どんな支援具がその状況に一番合っているのかを知るために，様子を見てみることをお勧めします。その結果を見て，もっと耐久性のあるものにしたり，ラミネートしたり，もっと小奇麗なものにしたりすればよいのです。

> 工作の時間に使う支援具を作ろうとしていた先生は，大型の掲示版を引っ張り出してきて，壁に掛けるタイプの支援具を作りました。早速使ってみると，教室の真ん中にある工作用テーブルから壁の掲示板に貼った表を見るのは不便であることがすぐにわかりました。掲示版はテーブルの上で使うには大きすぎます。先生は考え直して，テーブルの上に置ける小さいカードにしました。

すべきこと：視覚的支援具を作るときは，一度に一つにする

　絵のコピーをいきなり何百枚もとって，机の上に山積みして途方に暮れる。これではやる気がなくなりますよね。視覚的支援具の趣旨がわかると，教室で役立ちそうな支援具がいくつも思い浮かぶでしょうが，まずは計画を立てて，それから一つずつ作っていってください。

すべきこと：優先順位をつける

最も差し迫ったニーズに最も役立つ視覚的支援具は何かを特定し，そこから始めましょう。多くの人が最初にしているのが，クラスをまとめるための一日のスケジュール表を作ることです。クラス運営用のツールを他にも作る際には，このスケジュール表と関連性を持たせます。もう一つ，最初に作るとよいのが，特定の問題行動に対処するための支援具です。問題行動に対処する際には，クラス運営の支援具や情報提供の支援具を同時に活用して，支援することが必要な場合もあります。

すべきこと：すべての視覚的支援具を同じように作る必要はない，ということを認識する

一つの支援具を作るのにどれくらいの時間をかけられますか？ その支援具を使う頻度はどれくらいですか？ 綿密な計画と周到な準備を必要とする支援具もあれば，1分で作れて差し当たりのニーズに応えてくれるという，簡単ながら緊急事態に役立つ支援具もあります。いつもだったら凝った支援具を必要とするような能力レベルの子どもでも，インスタントカメラで撮った写真一枚で危機を乗り切ることができる場合もあります。字の読めない子どもであれば，棒線画に一言二言添えただけで急場をしのげることもあるでしょう。

すべきこと：支援具作成に子どもにも参加してもらうことを考えてみる

子どもの理解力次第では，コミュニケーション支援具の作成に参加することが，または見るだけでも，子どものためになるかもしれません。支援具を完成させてから子どもに見せるのではなく，子どもの目の前で，注意を引き，手伝ってもらいながら，支援具を組み立てましょう。

- 写真を撮ったり，ページに貼ったりするところを見せる
- メニュー掲示版に貼る写真を包装紙から切り取るところを見せる（または切り取るのを手伝ってもらう）
- 本を見て，使う写真を選ぶ際に，子どもに選ぶのを手伝ってもらう
- 文字だけがよいか，文字と絵や写真を組み合わせた方がよいか，子どもに聞いてみる
- 写真に添える文字を何にすべきか子どもに聞いてみる
- 支援具に追加したい項目があるかどうか，思い出させてほしいことが

あるかどうか，子どもに聞いてみる
- 支援具をどこに置いたら取りに行きやすいか，子どもに聞いてみる

　視覚的支援具の作成や立案の段階に参加してもらうと，支援具の便利さを子どもが理解し，支援具に自ら関わろうという気持ちになってくれます。

すべきこと：視覚的支援具は少しずつ作っていく

　支援具は，「完成した状態で」使用しなければいけない，などと思わないでください。一度にたくさんの情報を受け取る子どもも大変ですし，少しずつやっていった方が効果的です。例えば，クラスの規則のリストを作るときには，ルール1つから始めるとよいでしょう。そして次の日，または次の週に2つ目のルールを加えるというように，徐々に追加していきましょう。食べたいおやつ，休憩時間にしたい遊びを選ぶための選択用掲示版を作る時には，まずは選択肢の数を2つか3つだけにして，その後も1つずつ増やしていくとよいでしょう。掲示版に選択肢を足していくときには，子どもに見ていてもらいましょう。一日のスケジュール表を作る際には，一日のうちの一部分だけから始める人もいます。そして無理なく行動できるように，少しずつ足していって完成させるというのもよいでしょう。

　「なにがなんでも完成させなければ」という強迫観念が，とかく教師にはありますが，それは視覚的支援具の作成については不要です。最善の視覚的支援具とは，常に変化し続ける支援具です。子どもの成長とニーズの変化に伴って，どんどん増えていく支援具もありますし，手順書のように，子どもが自力でこなせる課題が増えるに従って減らしていける支援具もあります。教室用の支援具は，状況の変化に合わせて修正する必要があります。再評価や修正ができないように作られてしまった支援具は，ほとんど役に立ちません。

すべきでないこと：試してみてすぐに効果が出ないと，やる気をなくしてしまう

　多くの視覚的支援具は，使った途端に子どもに理解され，子どもの能力発揮が向上します。これは本当に嬉しいものです。でもすぐには効果の見られない子どもや状況もあります。そのようなときには，支援具を

> 教室で使われてきた視覚的支援具にショーンが反応しないので，先生はがっかりしていましたが，ある日ショーンのお母さんから報告がありました。前の日の夜，車で買い物に向かう途中で，「左折禁止」の標識にショーンが気づき，「車から出ちゃだめだよ」と言ったそうです。教室から出てはいけないことをショーンに伝えるために，教室のドアに「禁止」の標識を先生は貼っていたのです。この「視覚的支援具」をショーンが理解し始めていることを先生は確信しました。

投げ捨てたい衝動にかられるでしょうが，その衝動には打ち勝ってください。そのような場合には……

- 使用した支援具の「形態」を再評価してみてください。使われているシンボルを，その子どもは容易に理解できますか？
- 支援具を使う過程では，「教える」ことも必要であることを忘れないでください。子どもがスキルを習得するには，もっと体系だった教え方が必要なのです。

重要な点：
- 視覚的支援具の作り方は一つだけではない
- 子ども一人ひとりのニーズに効果的に応える支援具を作るには，創意工夫が必要
- 視覚的支援具は大きさも形も様々
- 視覚的支援具の形態は，前例にとらわれることなく柔軟に
- 視覚的支援具の作成には時間がかかる
- 視覚的支援具の作成にかける時間は，コミュニケーションや活動参加といった行動の改善という形で何倍にもなって報われる

第9章
視覚的支援具と科学技術

　良い知らせがあります。科学技術が大いに進歩し，たくさんの新製品が開発されたので，視覚的支援法を開発し活用することが昔よりもはるかに容易になりました。実際，この分野は爆発的な進歩を遂げており，本書が出版される頃には，さらに新製品が登場して，この分野の可能性はさらに拡大伸張していることでしょう。

　利用可能な技術や手段の変化は，視覚的支援具の種類や使用方法を拡張するための，新たな素晴らしい機会を生み出しました。これらの新しい選択肢のおかげで，あらゆる学びを視覚的支援で強化する方法がどんどん増えているのです。

　この章では，最重要の支援具のいくつかを重点的に取り上げます。これらは効果的な指導と習得の成果を最大限に高める点で，今後さらに重要となると考えられる支援具です。

> 私は，コミュニケーションを支援するための視覚的支援法の開発と実用を促す製品と技術のあれこれについて，最新の情報を提供するためのホームページを開設しています。この急激に変貌を遂げていく可能性とチャンスの数々についていくために，www.UseVisualStrategies.com に登録し，私のニューズレターや関連資料などを入手されることをお勧めします。巻末の付録には，他の有用なホームページのリストも載せました。

材　料

　視覚的支援具を作るには材料が必要となりますが，ほとんどの人々が既に所有しているものでたいてい間に合います。加えて，あなたが他の活動に使っている材料で，視覚的支援具を作るために簡単に転用できるものもあるでしょう。仕事をやりやすくするために，持っていると便利な事務用品や絵・写真の類もあります。高価で購入できないようなものはありません。

カメラ

たった1つだけ装置を使ってもよいと言われれば，私ならカメラをとるでしょう。個人用の視覚的支援具を作るために，自分で写真撮影することは，非常に効果的な選択肢です。デジタル・カメラが普及した現在，古いフィルム式カメラは時代遅れになってしまいました。幸いにも，デジタル機器が簡単に利用できるようになり，高価ではなくなって庶民も手にすることができるようになりました。

私たちの目的に十分に適うカメラについては，メーカーと製品の選択肢はたくさんあります。ただ，スプーンやクッキー，小さな玩具のような小物体の写真を，きれいに撮ることができるカメラを必ず選んでください。カメラについているズーム機能はこの点で便利です。カメラの中には，大きなものの写真はうまく撮れても，小さなものにはうまく調整がきかないものもあります。

カメラで確認すべきもう一つの特徴は，コンピューターやプリンターへの接続の仕方です。「使い勝手のよい」ものもあれば，そうではないものもあります。あなたのコンピューターで簡単に扱え，あなた自身の科学技術ニーズを最もよく満たしてくれるものを選びましょう。

プリンター

技術革新の一環として，プリンターも大幅に変化しました。値段は低下しているのに，品質は向上しています。以下のことを考慮しましょう。

- **あなたのコンピューター用のカラー・プリンター**
  高品質のカラー・プリンターがとても安くなりました。視覚的支援具の作成を計画しているのであれば，カラー・プリンターはあなたの装置の重要構成部分となります。ひとつ警告があります。最安値のプリンターは一番お買い得ではないかもしれません。インク・カートリッジの値段を必ず調べましょう。銘柄による差がとても大きいのです。ですから，1つのカートリッジで何ページ印刷できるのかを，忘れずに確認してください。このような「目に見えない」条件のいくつかは，あなたが賢明な買い物をするうえで助けになるでしょう（予算にインク代を含めることも忘れずに）。

一部のプリンターは特別な写真用紙で印刷する仕様になっています。通

デジタル・カメラの最も素晴らしい特徴のひとつは，コンピューターに写真を簡単に保存できることです。ひとたび写真をコンピューターに保存すれば，それを視覚的支援具を作るために使えますし，プリントして使うことも色々できます。デジタル的に写真を管理することは容易にできますので，視覚的支援具の作成に必要な時間を大幅に節約できます。もしあなたが科学技術には疎くても，この作業を効率的にこなす方法を学ぶことに今から時間を投資すれば，間違いなく元が取れます。

あなたの携帯電話には，おそらくカメラ機能が付いているでしょう。以前は携帯電話カメラの画質はあまり良くありませんでしたが，今ではもう問題ありません。多くの携帯電話カメラの画質は，視覚的支援具作成のためには十分です。カメラ機能付き電話の一番よいところは，ほとんどの人々が常時それを携帯しているということです。色々な目的で使うために，積極的に写真を撮ることがとても容易にできるようになりました。カメラ付き電話のもうひとつの利点は，ほとんどに写真をメールで送信したりインターネットにアップロードしたりする機能がある点です。このおかげで，簡単に利用できる体裁で写真を利用できるようになりました。

常のコピー用紙に印刷するカラー・プリンターもあります。通常のコピー用紙に印刷すれば十分です。プリンターを選ぶときに，この点を必ず確認しましょう。特別な写真用紙は，あなたの目的のためには不要で，高くつく選択肢になりかねません。

写真を印刷する

カラー・プリンターがあれば，自分で撮った写真を印刷するのは簡単です。カラー・プリンターを持っていなかったり，大量の写真が必要だったりするなら，印刷業者を利用するという選択肢も簡単に使えます。

- 地元の印刷業者
  写真のプリントをしてくれる店が地域にたくさんあります。プリントしてもらうためにカメラを持ち込んでもよいですし，多くの店が，電子メールで写真を送るという選択肢も用意しています。その後，受け取りに行くか，郵送してもらうかします。
- オンラインの印刷業者
  オンラインで使える会社が増えています。ファイルを電子メールで送信すると，郵便局経由で写真を返送してくれます。

このような印刷業者を利用する利点は，料金がかなり安価になってきたということです。大量の印刷をしたい場合には，特に費用対効果の点で有利です。欠点は，時間的に遅れが出ることです（訳注：「デジカメプリント」でインターネット検索をするといろんな業者が見つかります）。

絵・写真の収集手段

自分で写真を撮影するというのは，選択肢のひとつです。他にも，素晴らしい絵や写真を確保できる手段はたくさんあります。いくつか挙げましょう。

- 雑誌や新聞の広告
- 店のクーポン券
- 包装紙
- 品物が入っていた容器の絵・写真
- 自分で絵を描く

> これらの業者による印刷という選択肢は，写真の印刷にのみ使えることを忘れないようにしてください。あなたが自分のコンピューター上で独自に作成した視覚的支援具やページには使えないのです。

> 利用可能な絵・写真や参照先を見るために，以下のホームページをご覧ください。
> www.UseVisualStrategies.com
> www.AutismFamilyOnline.com

- 必要とする絵・写真をインターネットで検索しましょう。グーグルの「画像検索」が一例です。あなたが絵や写真を必要としている項目に対して，何千もの選択肢が見つかるでしょう
- 写真や絵のプログラムが入ったCDがたくさん利用できます。何千もの絵・写真から選べるのです。www.UseVisualStrategies.com にある絵・写真の選択肢を見てください
- 多くのホームページから教育関連の画像作品をダウンロードできます

他の有用な道具

いくつか特別な道具や材料を集めておくと役に立ちます。必要なときに簡単に材料が取り出せるように，「視覚的支援具の道具箱」を作りましょう。以下にいくつか人気のあるものを挙げます。

> ラミネートをする材料は重さや厚さに違いがあります。重い／硬いラミネーションの方が，視覚的支援具としての効果は大のようです。少々重みのあるラミネーション用フィルムを探しましょう。これらは非常に頑丈なので人気のある重さです。

- ラミネーターと材料
- クリアポケット
- ポケットサイズの写真アルバム
- マグネットあるいはマグネット・テープ
- 3穴リング式のバインダーあるいはノート
- 例の素晴らしい黄色の付箋紙
- マジックテープタイプの布と面ファスナー
- 絵あるいはカードの束をまとめる金属製リング
- 壁・ドア・キャビネットに視覚的支援具を吊るしておくためのフック
- 絵・写真を整理するための小引き出し付きの保存箱
- 視覚的支援具を持ち運ぶための大きなポケットの付いたエプロン
- 子どもたちに見てもらいたいものを目立たせるために，注意を引く手段として使う小型の懐中電灯
- 視覚的支援具を整理するための色々なサイズのファイル・ボックスや保存容器

> 視覚的支援具を作るために必要な材料は，その予備を保管しておくと，大いに時間を節約できます。フックやマグネットが必要になるたびに店に駆け込むようでは，すぐに熱意が冷めてしまうでしょう。視覚的支援具使用の最重要な側面のひとつは「その瞬間をつかむこと」なのです。これは子どもが必要とする支援を迅速に提供することを意味しています。あるニーズを発見してから，それを支援するまでの時間差が長ければ，効果は低下してしまいます。

さらなる技術

視覚的支援は紙に印刷できるものとは限りません。iPhone（アイフォン），iPad（アイパッド），iPod（アイポッド）やアンドロイド端末などの電子機器の選択肢が急速に拡大していて，コミュニケーションと学びの機会を提供してくれるその可能性にワクワクします。新世代の電子機器は，旧世代のそれよりもずっと安価になってい

ます。同じ機能をすべて提供してはいないものの，多くの目的を達成するために十分使えるのです。

　新しい電子機器は，プログラムの作成も操作も非常に容易です。加えて，何千とはいかないまでも，何百ものApps（アプリケーション・ソフトウェア）が作成されていて，簡単にダウンロードでき，学びの機会を無限に与えてくれます。多くのアプリケーション・ソフトは無料であり，有料のものは非常に安価なものから高価なものまで様々です。費用の安さ，使用法の簡単さ，アプリケーション・ソフトの選択肢の豊富さが相まって，コミュニケーション障害や学習障害を抱える子どもたちの支援に，これらの道具をどう活用するかについて，熱狂的とも言える取り組みを関係者はしています。

　これらのスマートフォンやタブレット端末などの新しい電子機器は，他の視覚的支援具と同種の支援をするためにうまく使えます。一枚の紙でできた視覚的支援具でも実施できる支援は，電子機器でも実施できるのです。例えば，

- カレンダー
- スケジュール
- 選択肢を与える
- 漸進的な指導
- 会話を始めるきっかけ
- 個人的体験を伝達する写真
- 語彙を教える
- 情報を提供する
- 場面の切り替えや移動を促す
- ルーティンを教える
- 娯楽を提供する
- その他多数……

アプリケーション

　これらの装置で一番重要な点は，利用できるアプリケーションです。アプリケーションとは様々な機能を実現してくれるプログラムです。今までにあまりに多くのアプリケーションが利用可能となったので，少々用心する必要があります。多くのアプリケーションは優れていますが，それ以外

> **警告**：名称や説明文に「自閉症」という語を入れておけば，販売数を伸ばせると考えているアプリケーション開発者も存在しています。だまされないでください。自閉症用と記載されているからといって，その製品が，あなたの支援している子どもの特定のニーズを満たすとは限りません。

はクズです。どれがよいのか，その判別が難しいことが問題です。

　様々なアプリケーションについて，意見や評価を載せたインターネットのレビュー・ホームページがたくさんあります。アプリケーションに時間とお金を使う前に，既に試してみた人の評価や推薦を必ず読みましょう。親は，セラピストや教師から的確な評価や推薦を聞くことができるかもしれません。

> 電子機器を使うことから得られる余得のひとつは，多くの子どもが機器を「かっこいい」と思うことです。視覚的支援を使うと，他の子どもたちとは「違って変だ」と思って，その使用に抵抗を示す子どもたち（典型的にはティーンエイジャー）がいるという話を聞くことがあります。そういう子どもに携帯電話やスマートフォン，その他の電子機器を与えると，状況は一変します。その子どもにとって何が適切であるかを評価する際には，これらの電子機器の社会的側面（つまり他の人がどう思うか）を考慮することも重要です。

> 最近のラジオ番組で，若い人々が電子機器で遊ぶことの社会的側面を論じていました。電子機器にのめり込むと，その人は社会的に孤立した状況に陥るということを取り上げていました。この議論は，定型発達の子どもたちの話でした。ここに重大な疑問がわきます。「科学技術的玩具に夢中になった自閉症スペクトラムの人では，対人的相互作用はどうなるのでしょう？」

ここにアプリケーションについての評価や推薦を挙げます。

- 娯楽は重要な目的のひとつです。多くのアプリケーションがこの目的を達成しています。静かにしたり，待ったり，リラックスしたりする必要があるときに，子どもたちの注意を引いてくれます。この種のアプリケーションは，子どもたちが機器の操作法を学ぶうえで大いに助けとなります。
- アプリケーションを選ぶ際には，必ずあなたの目的をはっきりさせましょう。最も有用なアプリケーションは，他のニーズも満たしてくれることがあります。
- どれくらいが「適量」かを見極めましょう。これらの電子機器は，大量の情報を保存する能力があります。たくさんのプログラムを一度にダウンロードしたい誘惑にかられることもあるでしょう。特に新しい機器を手に入れた際には。学習曲線は一人ひとり異なることを忘れないでください。一度にたくさん取りこみすぎると，圧倒されてしまうかもしれません。また，プログラムの中には，多数の機能を持っていますが，少し使って初めて理解できるというものもあります。あなたと子どもたちが最大限の効果を享受できるように，一つ一つの機能を「習得すること」に十分な時間を費やしましょう。

　多くの子どもたちが，このような電子機器に魅力を感じることは朗報です。それもそのはずです！　こういった電子機器は「視覚的」ですから。とは言っても，電子機器がどの子どもにとっても最善の選択肢であるとは限りません。電子機器を操作するための運動スキルなどを考慮することが重要です。もうひとつの大きな条件は，道具を適切に扱い手入れをする能

力です。しかし，科学技術に関わる選択肢は，あなたの「視覚的支援の道具箱」に加えて，子どもにとっての魅力的な選択肢として検討すべきです。

重要な警告。iPhone，iPad，iPodやアンドロイド端末などの電子機器を自閉症スペクトラムの人のために使うことに，爆発的な関心が寄せられています。これらのうちの一つを手に入れて，「劇的な成功」をおさめた自閉症スペクトラムの子どもの話をたくさん報道することで，確かにニュースメディアは貢献しました。何を称して「成功」というのかが適切に説明されておらず，評価は家族ごとに異なるでしょう。現実的な期待を抱くように注意してください。

これらの機器は，あなたの見方次第で，支援の道具にもなれば，玩具にもなります。これらの道具は「魔法」ではないことを忘れないでください。自閉症スペクトラムの人たちの多くが，電子機器に本当に興味を持つことは間違いありません（まさに視覚的なものなのですから！）。あらゆる年齢の大勢の人たちが，多種多様な目的達成のために，電子機器を熱心に使うということがわかっています。けれども，自閉症スペクトラムの人たちへの他の多くの療育法や指導法や支援の選択肢と同様に，結果は一人ひとり異なるでしょう。

ビデオ

ビデオは，興味を強力に引く指導の新技術として登場しました。私たちは技術革命のただなかにいます。これにはいくつか理由があります。

１．あらゆるところにビデオ・カメラがあります

多くの人がビデオ・カメラ付きの携帯電話を持つようになりました。デジタル・カメラでもたいていビデオ録画ができます。市場にはかなり安価な新製品があふれていますので，費用のハードルは低くなりました。

２．現在のカメラは操作が容易です

過去のもっと複雑なカメラと比べると，現在のカメラは構えるのも撮るのもとても簡単です。子どもでさえも素晴らしいビデオ録画ができるようになりました。

利用可能な機器とアプリケーションは，急激に変遷し，進化しています。利用可能な最新情報を得るため，www.UseVisualStrategies.comのArticleのページで確認してください。

以下に，新たな可能性を広げる安価な電子機器の選択肢をあと２つ挙げます。これらの機器は，課題を完了するためや，情報やプロンプト（促し）を与えるために使うことができます。
- デジタル・フォトフレーム
- デジタル・フォトフレーム・キーホルダー

本人の目的とニーズを明確にすることが，適切な電子機器の選択に役立つでしょう。

3．編集が容易になりました

かつて録画編集は，特別なスキルと修練を要する困難な作業でした。編集処理が簡単にできる編集ソフトウェアが，カメラやコンピューターの多くに内蔵されています。このことは，ニーズや目的に正確に適うよう，ビデオを個別仕様にできるということです。

ビデオで何をするのでしょうか

ビデオ・モデリングとビデオ・セルフ・モデリングは，適切な行動，ソーシャル・スキル，機能的スキル，言語，遊びのスキル，その他もっと多くのことを教える手段として，とても効果的なことを立証する研究がどんどん増えています。

- ビデオ・モデリングとは，モデルが課題に取り組んだり，期待される行動を取っていたりする場面のビデオを作成することです。
- ビデオ・セルフ・モデリングとは，当の本人が自らその行動や活動をしている様子を録画するものです。

ビデオは多種多様なスキルを教えるために使うことができます。以下に可能性のあるものを列挙します。

- 想像力遊びのスキル
- 視点交換
- 家事スキル
- 日常生活活動
- 仕事
- 清潔保持，身辺処理
- 学業
- ことばの理解と表出
- 整理スキル
- 適切な行動
- 既に習得している行動を増やす
- 対人的やりとりのスキル
- 活動の切り替えや場所移動
- そして他には？

なぜビデオは効果があるのでしょう？

　第一に，ビデオは視覚的です。ということは，視覚的支援法によい反応を示す子どもたちの学ぶ力に合致しています。対人的な場面や学習場面に参加することにかなり無関心な子どもの多くが，ビデオには引かれます。ビデオは，他の手段からは得られない「娯楽的魅力」を備えているのです。

　ビデオで見た活動や行動を子どもたちは模倣する，という研究結果があります（Bellini, 2007）。

　ビデオによって，対人的状況の一過性という性質をうまく扱えます。常に動き変化するものを評価したり教えたりするのは難しいことです。ビデオによって，このような一過性の行動を繰り返し何度でも見ることができます。

　子どもたちは，ビデオに魅力を感じます。何度も何度も見ることのできる予測可能な手順は簡単に行えます。子どもたちは，ビデオを見るのが好きなのです。楽しいのです！

写真撮影の基礎

　視覚的コミュニケーションの多くのニーズを満たすために使える，最も簡単明瞭なシンボルが写真です。残念ながら，効率的に理解するためのニーズに写真の質が応えきれず，失敗に終わった人も少なくありません。視覚的支援具用の写真の撮影は通常のスナップ写真の場合とは少し異なりますが，カメラ慣れしていない人でも，いくつかの指針に従えば，効果的なコミュニケーションのための質の高い写真を撮ることができます。

重要要素が何かを明確にする

　何の写真を撮ろうとしていますか？　子どもにすぐに理解・解釈してもらうためには，注目してもらいたい重要要素は何なのかを考えてみてください。

　モノの写真を撮るのは，それほど難しくはありません。そのモノをアップで撮影するのが最も効果的です。周囲に余計なもののない場所で撮影し，被写体を主に，または被写体だけを写しましょう。

　動作や場所を撮影するのは，それほど簡単ではありません。例えば，子どもが体育館に移動するところを写真で表現したい場合，あなただったら

人のいない体育館を写真に撮りますか，それとも体育館のドアや体育館にある道具，あるいは子どものよく知っている運動用具を持っている体育の先生でしょうか。

　また子どもがトーストにバターを塗るところを表す写真を撮りたい場合には，トースターやお皿，バターナイフ，バターなどをのせたカウンターに，子どもも含めて，キッチン全体の写真を撮りますか？　それとも，バターナイフを持ってトーストにバターを塗っている2本の手を写しますか？

　お気に入りのファストフード店に行くことを伝える写真を撮る場合は，子どもが店の前に立っているところを強調しますか，それとも店の前にある看板，あるいはレジの人が注文を取っているところですか？（それとも写真ではなく，子どもが知っているロゴをコピーしますか？）

　場所の写真よりも，そこでよく買う商品の写真の方がわかりやすいでしょうか？　アイスクリーム屋さんの看板とアイスクリームの写真とでは，どちらの方が子どもにとってわかりやすいですか？（アイスクリームの写真を見せて，そのお店にアイスクリームではなくサンドイッチを食べに行ったら，子どもは混乱してしまいますか？　また，別の店にアイスクリームを食べに行く場合はどうですか？）

注：本人がその活動をしているところを撮影するのが望ましい，という意見もあります。例えば，子どもが座っているところや，横になっているところの写真は，子どもや状況によってはわかりやすいかもしれません。しかしこのような，子どもが何かを使っているところを撮影する方法が，問題となる場合もあります。重要要素が小さすぎて，写真を見せても重要要素に注意を向けることが難しいのです。また経験からわかったことですが，子どもの多くは，自分の目に映っているものの写真の方によく反応します。自分が何かをしているところを自分で見ることはできませんが，その活動で使っているモノは見ているからです。モノを使った活動を写真にする際には，そのモノだけを写すと，すぐにわかってもらえて効果的です。

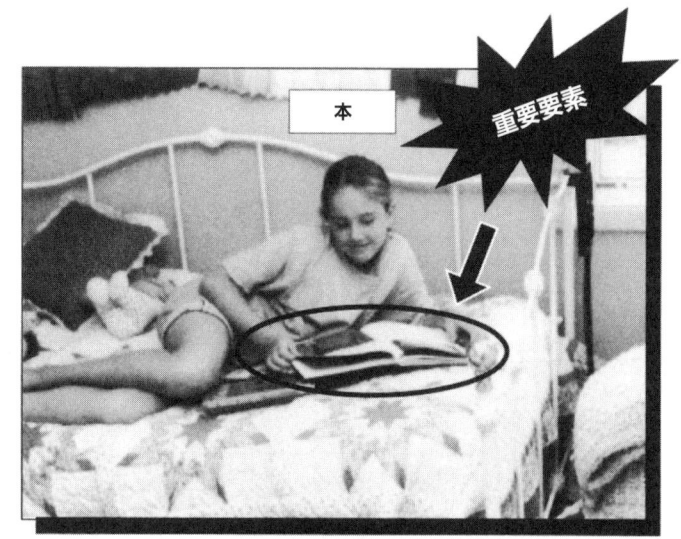

何の写真を撮るべきかを決めるときは，次のようなモノを選ぶようにしましょう：

- なるべく広く通用するもの
- 頻繁に入れ換える必要のないもの
- 意図ができるだけ明確に伝わるもの

重要要素だけを強調するように撮影しましょう。あまりにも色々なモノが写真に写っていると，こちらが意図するモノとは違うモノに注目してしまうかもしれません。

重要要素
キーボードをひく

↓それとも↓

キーボード

馬
重要要素

↓それとも↓

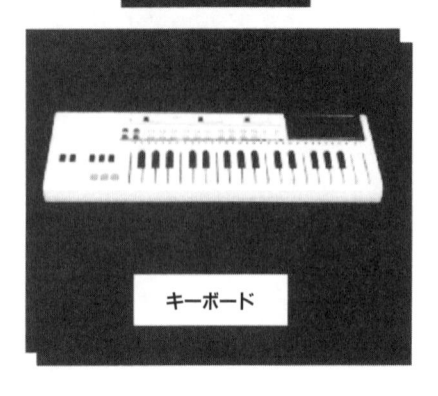

馬

アップで撮る

　初心者に多い間違いのひとつが，離れて撮影しすぎることです。写真の3分の2以上が重要要素になるようにしましょう。そうでないと重要要素が目立たず，誰にでもわかってもらうことができません。アップで撮影しないと，写真の中の重要要素はほんの1，2cm程度にしかならないかもしれません。人間の写真は，全身よりも上半身だけの方がよい場合が多いです。動作の写真の場合には，動作の重要な部分，あるいは使うモノに焦点を合わせてください。

　ピントの合った写真を撮るには，被写体との距離が重要です。カメラの機種によっては数センチの近さでもピントが合いますが，1m以上近づくとピントが合わないカメラもあります。使うカメラの機能をよく理解しておきましょう。

背景をなくす

　被写体の後ろに何があるか注意してください。人の写真を撮るときは，無地の壁を背景にしたり，モノでごちゃごちゃしていない場所で撮ったりしましょう。モノが被写体の場合は，周囲に気の散るようなモノがないようにします。被写体を目立たせるには，掲示板の上に置き，背景をすっきりさせ対照的な色にしましょう。

光に気をつける

　最近のデジタル・カメラのほとんどに，自動フラッシュや明るさの自動調整機能が付いています。これにより，様々な条件下で良い写真を撮ることがずいぶん容易になりました。撮影環境の明るさに注意すれば，良い写真が撮れます。

カメラが窓に直接向かないよう，被写体の位置をよく考えましょう。窓から入ってくる光によって，カメラの測光機能が乱れてしまいます。窓からの光が明るすぎて，被写体が暗くて見づらくなってしまうのです。光を調整するには，カメラが窓に向かないよう，少しだけ体の位置を変えてください。

屋外で撮影する場合，太陽に向かって撮影したり，人の顔に日光を直接当てて撮影したりすることは避けてください（まぶしくて目を細めてしまうので）。日当たりのよい場所で撮影するとよいとよく言われますが，その必要はありません。適度な日陰でもよい写真は撮れます。

カメラをしっかり構えて撮影する

手ぶれでボツになる写真は本当に多いものです。カメラを手にして，さっと撮って終わり，というようなやり方だとぶれてしまいますので，肘(ひじ)を体にピタッとつけて，カメラをしっかりと固定して撮影しましょう（訳注：最近のデジタル撮影機器には，手ぶれ補正機能が備わっていますが，効果には限度があるので，基本的な撮影技術は身につけておきましょう）。

なるべく広く通用する写真を撮る

子ども一人ひとりに別々のコミュニケーション支援具を作れたら，こんないいことはないのですが，これをやりすぎると先生の負担が必要以上に増えてしまいます。各自用の写真を撮るのに比べれば，誰にでも使える写真を作る方が，時間と労力の大幅な節約になります。中には自分が写った写真でないとだめという子どももいるでしょうが，写真が自分であってもなくても関係ない子どももいます。

写真の整理

整理整頓のやり方を決めておくことは，時間と労力の節約のために極めて重要です。これは高度に個別的な整理法になるかもしれません。テーマ，子どもの名前，あるいは同じ種類の写真を整理する方法を決めましょう。写真には必ず名称と日付をつけましょう。そうすれば新しい視覚的支援具を作成するために写真を検索することがとても楽になります。

視覚的支援具作成のための実用的なヒント

　教室で使う視覚的支援具を作ってきた人たちから，効果的な支援具の作成のためのちょっとしたアイデアがたくさん寄せられています。いくつか紹介します。

絵・写真
　「色」は視覚的支援具を強化する大事な手段です。

- 絵そのものではなく，白黒の絵の背景に色をつけるようにする。背景に色がついていると目立つ。一番目立つのは黄色
- 同じページにあるすべての絵に色をつけるのは避ける
- 写真は切り抜いて，不要な背景を取り除く
- 絵を色別に分けると，わかりやすく，分類しやすい

　支援具作りには，複数の手段を活用しましょう。文字，写真，新聞の写真，包装紙のラベル，棒線画のすべてを同一のコミュニケーション支援具に使うことも可能です。

　抽象的な白黒の線画ばかりのページは，見てすぐには理解できません。色をつけたり様々な種類のシンボルを混ぜて，見た目に面白く，わかりやすくしましょう。

　ページに線を引いて，いくつかのブロックに分けると，整理できます。ページが見やすいと，見てすぐに理解できます。

コミュニケーション・ブック
　大きいコミュニケーション・ブックの場合には，ページを色分けし，見たいページがすぐに見つかるようにしましょう（例えば，スケジュールのページは青，余暇活動のページはピンク，作業のページは緑など）。

　ページ数の多いブックの場合には，インデックスで項目ごとに分けてもよいでしょう。

寸法

　5 cm 大の写真を 5 cm 枠の引き出しや写真入れに入れるには，周囲をカットして少し小さくしておく必要があります。

視覚的支援具の補強

　子どもが手に持ったり，ホルダーに入れたりする支援具を作る際には，インデックス・カードや厚紙を裏地にして補強してみましょう。

重要な点：

- 視覚的支援具を作成するための材料や備品は手に入れやすくなり，安価にもなりました
- 科学技術を使った支援具がとても重要な選択肢として登場してきました
- コンピューター・プログラム，iPad タイプの機器，ビデオ装置を効果的に使うスキルを伸ばせば，時間を節約し，価値ある学びを子どもたちに支援するあなたの助けになります

第10章
コミュニケーションと教育に視覚的支援法を取り入れる

　コミュニケーションは教育の基盤です。効果的なコミュニケーション・スキルの発達が，対人的やりとりを左右し，学業スキルの獲得の前提となり，また自己管理と行動にも影響を及ぼします。コミュニケーション能力があるかどうかは簡単には判断できませんし，子どもが教育環境に参加して成長しているかどうかは，コミュニケーションという枠組みの中で評価する必要があります。またコミュニケーションのニーズが特定できれば，新しいスキルを教えることができます。効果的なクラスとは，コミュニケーション・スキルの発達に必要な支援を継続的に提供できるクラスです。コミュニケーション支援に視覚的手法を用いることで，これまでに様々な成果がもたらされています。

コミュニケーションの教え方

　視覚的支援具の利用について話していると，拡大コミュニケーション支援具を作ることに重点を置くあまり，人間の「身体」という最も便利で効果的な支援具を使うことの大切さを，強調し忘れてしまう危険があります。音声言語以外の手がかりの理解と使用とによってコミュニケーションを支援することは，効果的なやりとりの発達に欠かせません。

ジェスチャーと身体言語

　ジェスチャーと身体言語は，注意を引いたり，コミュニケーションを明確にしたりするうえで重要な支援具です。コミュニケーションのやりとり

> 何の意味もないジェスチャーは，コミュニケーションの助けにはなりません。ある教師は，子どもに指示を出すときに両腕を大きく振り続けていました。問題は，腕の動きがでたらめで，具体的な内容を伝えるものではなかった点です。その結果，子どもを混乱させ，本当に伝えたいことから気をそらせることになってしまいました。

を向上させる手がかりのうち，音声言語以外のものを以下に挙げます。

- 体の向き
- 相手との距離を決める，変える
- 目を合わせる，じっと見つめる，目をそらす
  - ▷相手の目
  - ▷話題にしているモノを特定する
  - ▷共に話題にしているモノを見る
- 表情
- 手・体の動き

ウシとハエが音声言語以外のコミュニケーション法を使っています
ジョセフ・アンダーソン　13才
© 1990 Imaginart

- ▷指差す
- ▷手を伸ばす，手で触れる
- ▷押す，引く
- ▷周囲にある何かをジェスチャーで示す

　子どもに対してコミュニケーションを取るときは，多くの場合活き活きとしたジェスチャーでするとうまくいきます。といっても，でたらめな動きで気が散ったり混乱したりするようではいけませんし，ことばを喋りすぎてもいけません。体を使って子どもの注意を引き，大げさなジェスチャーで意味を伝える，ということです。効果的なジェスチャーの例をいくつか挙げます。

- 首を大きく左右に振って「ダメ」と伝える
- 子どもの目の前に立って注意を引く
- 子どもの視線上でモノを提示する
- モノをどこに置くのかを教えるため，大げさにその場所に置いてみせる
- 両手を上げて「どこ？」と質問する
- 大げさに肩をすくめ，首を左右に振り，「わからない」ということを伝える
- 注意を向けてもらいたいモノを指差す

- モノを押しのける
- 肩を軽くたたいて注意を引く
- 手を引いて，目的の場所に連れて行く
- 手招きのジェスチャーで，「こっちに来て」と伝える

これらはどれも，メッセージを効果的に伝えるためによく使うジェスチャーです。

もっと洗練されたコミュニケーション方法を教える方がよいのではないですか？

そんなことはありません。自閉症や，中等度ないし重度のコミュニケーション障害を抱える子どもの多くは，ジェスチャーを適切に理解したり使用したりすることができません。この分野が得意でない子どもたちには，自然には獲得できなかったそのスキルを，特別に練習することが大いに役立ちます。あなたの身体言語をどう解釈すればよいのかを，教えてあげてください。それから，コミュニケーションの努力を補強するために，日常的によく用いるジェスチャーの使い方を教えましょう。

> ことばを話せる子どもでも，ジェスチャーの練習が必要な場合があります。

非音声言語コミュニケーションが困難だと，コミュニケーションの有効性を大きく損ないます。ジェスチャーに応答し，ジェスチャーを使うことで，コミュニケーションがより具体的になります。

子どもが楽に理解できないシンボル・スキルを教えようとすると，自発的に参加する意欲をかえってそいでしまうこともありますが，ことばに依らない効果的なスキルを教えると，自発性は高まります。

私が教えている子どもたちは既によく話せています。ジェスチャーを教えると，後もどりすることになりませんか？

今はまだ，理解と表出，その両方のコミュニケーション・スキルについての話をしていることを忘れないでください。ことばに依らないコミュニケーションを理解できるよう教えることは，理解とコミュニケーション全体の効果を高めることと大いに関係します。ことばに依らないコミュニケーション能力を向上させることは，後もどりさせることではなく，能力を高めることなのです。

ことばに依らないコミュニケーションのスキルを教える際のアドバイスは何かありますか？

　最善の指導方法の中には，ことばに依らないものや，ことばに依ることを最小限にして行うものもあります。役に立つアイデアをいくつか紹介します。

子どもに伝えるとき：

1. ジェスチャーの手本を見せてください。子どもに何かを伝えたいときは，子どもになるべく近づいて，視界の中に入るようにしましょう。ジェスチャーは明確であるよう注意してください。
2. ジェスチャーと，それと同時に言うことばは大げさにしてください。またゆっくりジェスチャーしましょう（注意を向けるのに時間がかかる子どももいることをお忘れなく）。例えば「ダメ」と伝えるには，子どもの目の高さまで腰を曲げ，首を何度も左右に振りながら「ダメ」と言います。そして，コミュニケーションを取るのに最小限の必要なことばだけを口にしてください。簡潔にしましょう。

子どもが伝えるのを手助けするとき：

1. ことばに依らないプロンプトを使いましょう。子どもにジェスチャーを使わせることが適している場合には，視覚的に，または身体的にプロンプトするだけにし，何をすべきかを口では言わないでください。「ジョニー，首を左右に振りなさい」と言うのではなく，ジェスチャーの手本を見せながら，それと同時にジョニーに言ってほしいことばを言ってあげましょう。子どもが真似をして一緒に言えるよう，十分に時間をかけてください。これで狙い通りの結果が得られない場合には，身体的にプロンプトしてみてください。子どもの頭に手を添えて，左右に振るよう促しながら，それが意味することばを言います。子どもが自分の意思を伝えるのに言うべきことば以外は，一切言わないでください。
2. 1対1の状況でジェスチャーを教えるときには注意が必要です。子どもがコミュニケーションを取ろうとしている相手があなたである場合，あなたがプロンプトするのは多くの場合は難しいものです。

「待つ」こともコミュニケーションの大切な要素です。メッセージを伝えた後は，その情報を受け取り，処理し，返事を考えるための時間を十分に与えることが重要です。子どもがすぐに反応しないと，すかさず口をはさんでメッセージを繰り返したい衝動に駆られる人が多いのですが，反応するのに5～10秒かそれ以上の時間をかけないと，本当の意味でコミュニケーションに参加することができない子どももいます。教師には，5～10秒待つことは耐え難く感じられるかもしれません。

コミュニケーションの相手とプロンプトを出す人とが別になれる場合を大いに利用しましょう。例えば，子どもが先生に「こっちに来て」と伝えようとしている場合，補助者（子どもの後ろに立っている）が子どもの手を取り，先生の手を引かせて目的の場所まで連れて行くように身体的にプロンプトします。プロンプター役はコミュニケーションのやりとりには参加せず，ことばを使わずに，子どもにどう行動するかを指導するだけです。もう一つ例を挙げます。別の子が使っているおもちゃを使いたがる場合には，子どもの後ろに立ち，手を差し出すか指差すかして，おもちゃを使わせてと頼むようプロンプトします。もう一つ例を挙げます。そばに立っている大人の注意をどうやって引いたらよいのかがわからない子どもの場合には，その大人の腕に触れるか肩を軽くたたくかして注意を引くよう，やってみせるか，あるいは身体的にプロンプトします。

周囲にあるモノを活用する

　特別に作った視覚的支援具について話していると，周囲に元々あるモノをつい見過ごしてしまいがちですが，そのようなモノも支援具として大いに活用すべきです。標識，ポスター，置いてあるモノ，その他目に見える，指差せる，触れられる，手に持てるあらゆるモノが，コミュニケーションを明確にする視覚的支援具として利用できます。こうしたモノを使う方法も，子どもに教えてください。

　話題にしているモノに注意を集中することを学ばなければならない子どももいます。遠くにある視覚的支援具よりも近くにある支援具の方が見やすく，理解しやすい場合もある，ということを覚えておいてください。子どもがコミュニケーション支援具に注意を向けているかどうかは，近づいて見てみないとわからないかもしれません。

重要な点：最も基本的な視覚的コミュニケーション支援具は，コミュニケーションを取ろうとする人の身体とその周囲にあるモノです。コミュニケーションの支援具を開発する前に，既に存在する支援具を最大限に利用してみることは，効率的であり賢明です。自然なジェスチャーを使えるようになると，その他のコミュニケーション・スキルの習得を補強し支援することにもなります。

コミュニケーション重視型の教室：
成功のための重要要素

　中等度ないし重度のコミュニケーション障害のある子どものための教育プログラムには，コミュニケーション・スキルの発達を効果的に支援する環境が必要です。「コミュニケーション重視型」の教室とは，コミュニケーション・スキルの習得を第一に考える教室です。他の機能的なスキルや学業スキルを効率的に身につけるためには，コミュニケーション能力が子どもに必要であると考えます。コミュニケーションは，達成すべき他のすべての事柄の基礎なのです。以下に詳しく説明します。

コミュニケーション重視型教室の重要要素

1．教育の重点課題を，まずコミュニケーションの発達にすえる
　コミュニケーション・スキルの指導が最重点課題となるように，クラスの流れ，スケジュール，タイミング，その他の活動を調整します。

2．教室でのコミュニケーション・レベルを子どもの機能レベルに合わせる
　目標は，子どもがついていけるレベルから始め，「はしごを一段ずつ」上がっていくことです。周囲のコミュニケーションが高度すぎると，始める前につまずくことになり，能力発揮がちぐはぐになってしまうでしょう。

3．コミュニケーションに十分な時間を与える
　よく構造化された活動でも，さほど構造化されていない活動でも，コミュニケーションの練習に時間的な余裕を与えましょう。さほど構造化されていない活動も組み入れて，子どもが自発的にコミュニケーションを取る機会を多く持てるようにします。

4．好機を逃さない
　自発性は重要な要素です。コミュニケーションを取る機会が訪れたときには，その機会をひとつ残らず最大限に利用しましょう。自発的にコミュ

ニケーションを取ろうとする状況を活用して，習得すべきスキルを子どもに教えましょう。

5．コミュニケーション・スキルは実際の状況で教える

こうした子どもたちは，一つの状況を別の状況に当てはめて応用するのが苦手です。前後の状況と切り離してコミュニケーション・スキルを教えても，実際の状況で教えるほど効果的な結果は得られません。

6．コミュニケーションの練習を，今行っている活動の中に取り入れる

コミュニケーションの練習は，曜日と時間を決めて行うものではなく，日常的に行われるあらゆる活動の一部として行うべきです。

7．コミュニケーションを支援する豊かな環境の一要素となるような視覚的支援具を作る

視覚的支援具は，スケジュールを明確にし，ルーティンを作り，一つの活動から次の活動への移行を支援するのに使います。また，情報を与え，規則を説明し，コミュニケーションの理解面と表出面の両方を支援する役割もあります。

8．問題行動は，コミュニケーションという状況から考える

問題行動については，理解ができていないからなのか，他者に対するコミュニケーションがうまくいかないからなのかを判断する必要があります。

9．実践的なスキルを具体的に教える

極めて重要なスキルとしては，相手の注意を引く，コミュニケーションのやりとりを開始・維持する，コミュニケーションの途切れに対処するスキルなどがあります。こうしたスキルを教える際に，視覚的支援具を使うことができます。

10．リズムと韻に重点を置く言語活動も行う

リズムがあり韻を踏むことばを強調し，体全体を動かすような音楽や読み物が優れています。

> 相手に伝えることすべてを視覚的なシンボルで表すことは不可能なので，特に支援が必要と思われることにだけ使うようにしましょう。例えば，頻度の高いルーティン，一つの活動から次の活動への移行，困難が予想される状況，などです。

11. 教わる学業スキルと子どもの体験との関係を強力なものにする

早期教育では，機能的な関連性がとても重要です。子どもが実際に意味のある体験ができるような教育をしましょう。

12. コミュニケーションを，それだけ取り出してではなく，活動の一部として行う

コミュニケーションは，子どもが関与するほぼすべての活動において，その一部であると考えましょう。

視覚的支援具を使うときにすべきこと，すべきでないこと

コミュニケーション・スキルを，他の学習の基盤として重点的に指導する教育環境が理想的です。視覚的支援具と視覚的コミュニケーションによって，子どものコミュニケーション能力を最大限に引き出す学習環境にすることができます。視覚的支援具を使うことが目的ではありません。それは指導の手段です。視覚的支援具は，コミュニケーションや教育の目標達成を支援するものです。視覚的支援の効果を最大限に高めるためのヒントをいくつか紹介します。

> 前もって計画を：普段とは違うことが起こりそうな場面は特にですが，子どもに理解してもらう必要があることを予想させることに少し時間を割くと，その場面がうまくいくかどうか，どのようにうまくいくかに大きな違いが出るかもしれません。

すべきこと：子どもに視覚的支援具の使い方を教える

使い方を教えたら，すぐに会得する子どももいれば，かなりの練習を必要とする子どももいます。支援具を使ってみてもうまくいかないという場合をよく観察してみると，使い方をきちんと教えていないということが多いのです。「わかるはず」と考えてしまうのです。支援具について教えるときも，その子どもに他のスキルを教えるときと同じように計画的に行うべきです。

すべきこと：支援具の使い方は計画的に教える

年齢やスキル・レベルの高くない子どもに，視覚的支援具を教える際の計画は簡単です。

- 支援具を見せる

- どこに注目すべきかを，ジェスチャーまたは指差しで教える
- 子どもがきちんと支援具を見ているか確認する
- そのときのコミュニケーションに必要な決まり文句を言う
- その後すぐ，そのコミュニケーションに必要な反応の示し方を，子どもにプロンプトするか誘導するかして教える

> ことばによる指導と視覚的支援を同時に行うのが最も効果的ですが，ことばによるプロンプトを何度も繰り返したり，視覚的刺激物をいくつも見せたりすると，かえって子どもの反応時間が長くなるかもしれません。

年齢またはスキル・レベルの高い子どもの場合には，支援具を使う前に少し話をしておくとよいかもしれません。支援具の目的や使い方をあらかじめ説明しておくと，理解しやすくなります。

すべきこと：視覚的支援具を使う前に，子どもの注意を引く

部屋の反対側から子どもに話しかけたり，子どもが背を向けているときや，子どもが何か別のものを見ているときに話しかけたりすることは珍しくありません。このようなとき，どれほどこちらに子どもが注意を向けているかを判断するのは難しいものです。自閉症や注意力障害の子どもの中には特に，状況はよく理解しているのに注意を向けてはいないように見える子どももいますが，以下の方法で，たいていの子どものコミュニケーションを向上させることができます。

> 視線を回避する傾向のある子どもは，人と目を合わせるよりも，視覚的シンボルの方を見る傾向が強いかもしれません。

- 目をこちらに向けさせたり，体をこちらに向けさせたりする
- 子どもに注目してほしい視覚的手がかりを，指差したりジェスチャーで示したりする
- 動作に加えて，ことばでも意思を伝える
- コミュニケーションに使っている支援具を指差すよう子どもを促す
- ことばを話せる子どもには，決まり文句を繰り返させて，しっかり注意を引く

すべきこと：支援具を使うときは，その支援具が確実に子どもから見えるようにする

視覚的支援具が役に立つ理由のひとつは，非一過性の安定したメッセージを子どもに伝えられることです。子どもが見て十分に理解できるまで，視覚的なメッセージがずっと見えていることが必要なのです。支援具は，子どもから見える便利な場所に置いておきましょう。課題に取り組み続けるため，コミュニケーションの内容を忘れないため，それでし

まった注意を再び向けるために，子どもは何度もツールを見ることがあります。このような場合には，以下をお勧めします。

- 子どもにも先生にも見えやすい位置に，小さめの支援具を置いておく
- 教室用の大きめの支援具や別の場所に掲示してある支援具のところに移動する
- 支援具をさっと取り出して，さっとしまいたいという誘惑を克服する

すべきこと：指差しをして，伝えたい内容を明確にする

- ゆっくりと大げさに指差す。十分に時間をかけてコミュニケーションに集中していると確認できるまで，手を元にもどさない
- 指でこつこつたたくよりも，指は動かさずに指すだけの方が効果的な場合が多い
- 大げさに指でこつこつたたくと，子どもが集中するのを邪魔してしまう場合もあることに注意

> 通常は視覚的支援具と決まり文句を組み合わせることが望ましいのですが，時には視覚的な手がかりだけで，ことばは伴わない方がよいと思われる場合もあります。こういうことは，子どもに問題行動が見られる場合に，多いようです。注意深く観察すれば，あなたが必要とする情報が手に入るでしょう。

すべきこと：支援具を使いながら言う決まり文句は，毎回同じにする

視覚的支援具の作成を計画するときには，支援具を使いながら言う「決まり文句」も考えましょう。決まり文句をどこまで高度にするかは，支援具を使う子どもの能力レベルによります。決まり文句は，支援具に記載されているアイテムに言及する際に使うことばです。毎回同じ決まり文句を言うことで，子どもがルーティンを早く覚えることができます。

視覚的支援具を使うときに言う決まり文句は，簡単で的を射たものにすべきです。たいていは，一語，二語，あるいは簡単な語句で十分です。コミュニケーション障害が重度の子どもは，簡単なことばの方が反応がよいのです。

> 子どもに繰り返し指示する必要性を感じたら，ことば遣いを変えたり，ことばを複雑にしたり，声を大きくしたりしがちですが，視覚的支援具を使えば，簡潔に手際よく提示することができます。

すべきこと：支援具を使うときには決まり文句以外は口にしない

子どもに思い通りに行動させようとして，話しかけることばをどんどん増やしてしまいがちです。子どもの抱える問題が大きければ大きいほど，子どもの行動が悪化すればするほど，教師の言う通りにさせようとして，ことば数が増えてしまうのです。あまりたくさんのことを言うのはやめましょう。経験的には，簡単な決まり文句以外に何も言わない方が，子どもの反応は良い場合が多いものです。もっと指示が必要な場合

> 返事を「期待して待つ」のも，コミュニケーションの重要部分です。子どもがなかなか応答しないときに，応答するまで質問を何度も何度も繰り返してしまいがちですが，それではかえって応答に時間がかかってしまいかねません。メッセージを伝えるのに視覚的支援具を使えば，子どもを質問攻めにすることなく，情報を処理できるまでメッセージを見せたままにしておくことができるのです。

には，同じ決まり文句を繰り返すと，注意を集中すべきコミュニケーションを強調することができます。

すべきこと：視覚的手がかりで伝えた行動をプロンプトするときは，ことばに依らないプロンプトを使う

目標は，視覚的手がかりと厳選した決まり文句に応じて，子どもが行動できるようになることです。そうするために手助けが必要なら，ジェスチャーか体を使ってプロンプトしましょう。ことばでプロンプトしようとすれば，コミュニケーションを複雑にしてしまうだけです。

> 子どもが言った通りにしてくれないとき，教師の口数は増える傾向にあります。それが通常の対応の仕方なのです。

すべきこと：ことばを話せる子どもに支援具を使うときは，決まり文句を「セルフトーク（自己指示）」として使うよう促す

決まり文句を子ども自身に言ってもらうことで，気が散るのを防ぎ，理解を助け，コミュニケーションの中での誤解を明らかにすることができます。またそれが自立への一歩にもなります。多くの子どもたちが，このセルフトークを自己制御に役立てています。

> 自分の指の差し方に気をつけてください。さっと指差すだけで，子どもがその動作を理解する前に指を引っ込めてしまう人もいます。また，キツツキのようにコツコツとたたき続けて，かえって子どもの気を散らしてしまう人もいます。最も効果的なのは，見てほしい部分を指差したまま指を動かさない，あるいは子どもの注意を引くため以外には動かさないことです。

すべきこと：明確なコミュニケーションのために，指差す方法を子どもに教える

視覚的支援具を使う子どもにとって，指差すことは効果的な手段です。うまく指差すことができれば，伝えたいことが明確に伝わります。適切な指差しの仕方も重要です。一本ではなく複数の指で差したり，手全部を使って差したりする子どもも少なくないのですが，指一本だけの方が明確で効果的です。また指差す以外の動作はなるべくしないようにしましょう。指でトントンとたたき続けたり，腕を大きく振ったりしますが，何を指差しているのかが相手にわかる前に手を引っ込めてしまう子どももいます。そういう場合，コミュニケーションを取っている間は，指を動かさずに差し続けるように教えてください。子どもには，相手が見ているかどうかに注意を払うよう教えることも必要です。

> 子どもの指差し方が不明瞭で，意図が明確に伝わらなければ，もっと効果的に指差せるよう修正してあげましょう。

すべきこと：使い方を覚えてもらうためには，一貫して使い続ける

視覚的支援具は，一貫した使い方で頻繁に使うと，速く覚えてもらえます。

すべきこと：支援具にできるだけ責任を持つよう教える

支援具を取りに行き，使う場所に置き，ページをめくり，しまう。これをすべてルーティンにしてしまいましょう。子どもに責任を持って支援具を使ってもらうことが，自立を促すことにつながります。それが目標なのです。

すべきこと：支援具は簡単ですぐにわかるものにする

色々なタイプの視覚的表現に対する子どもの反応を観察評価してみてください。白黒の絵では抽象的すぎるという子どももいれば，文字だけで十分という子どももいるでしょう。現物を見る必要がある子どももいれば，写真ですぐにわかる子どももいます。判断しかねる場合には，簡単な方を選んでください。第一の目標は，子どもが支援具をすぐに理解でき，効率的に使えることです。

すべきこと：視覚的支援具を使うのに条件などない，と肝に銘じておく

重要なのは，子どもの理解レベルに合わせた視覚的支援具を使うことです。すぐ，簡単にわかる具体的なシンボルを使いましょう。最初から系統立った方法で理解を深めていくようにしましょう。視覚的手がかりとそれが表す選択肢や行動との間には，明確な関連性を持たせてください。

すべきこと：視覚的支援具を効果的に使うにあたって，名称を言えることは必要条件ではない，と肝に銘じておく

それどころか，名称を言う課題を，それだけ取り上げて教えることは，お勧めできません。機能的ではないからです。子どもが学ぶべきは，視覚的支援具のコミュニケーション機能です。絵やモノの名称を言うことを教えても，非コミュニケーション言語が強化されるだけです。子どもが教わるべきことは，名称をコミュニケーションの目的で使えるようになることです。同様に，コミュニケーションに使う絵でカード合わせゲームをしても，子どもが混乱するだけかもしれません。これらの視覚的支援具のコミュニケーション機能を学ぶべきなのです。

すべきこと：支援具の意味と使い方を覚える時間を十分に与える

最も速く習得してもらうには，「失敗のない学習」ができる状況をつ

> 視覚的支援具は，自発的なやりとりを支援するような形態であるべきで，その邪魔になるようなものであってはなりません。

> 視覚的支援具を使うのに条件などありません。多くの発達支援プログラムでは，子どもにコミュニケーション目的で絵・写真を使わせる前に，いくつもの見本合わせ，物体認知，呼名を行わせますが，これらは全く不要であると言われています。コミュニケーション状況では，すぐに視覚的支援具を使い始めましょう。

> 視覚的支援具にうまく反応できない子どもというのは，絵に描かれているモノの名称を言うことを第一の言語活動として教えられた子どもです。呼名が絵の機能だと思ってしまい，絵に別の機能があることがわからない場合が多いのです。こうした子どもたちには，呼名を教えることに重点を置かない方がよいでしょう。その代わりに，何かを要求するとか情報を与えるといった別の機能を使う場面で，モノの名称を教えることをお勧めします。

くることです。子どもが視覚的支援具の意図を正確につかめばつかむほど，コミュニケーションへの対応能力の発達に要する時間は短くなります。例えばスケジュールや手順書を使う場合，活動が決まったら，その手順を失敗することなく完全に行うのに必要な指導を子どもにできるだけたくさん行います。子どもがその手順に慣れてきたら，徐々に先生からの支援を減らしていきます。

　視覚的支援具を初めて見せると，多くの子どもはこれをすぐに理解します。そのため，短期間プロンプトをすれば，支援具の基本を理解してくれます。その一方で学習に時間のかかる子どももいます。こうした子どもたちも，最終的には視覚的支援具の使い方を覚えますが，覚える速度は彼らが他のスキルを覚える速度と同じかもしれません。でもがっかりしないでください。「失敗のない学習」法が最も有効なのは，こうした子どもたちなのです。

すべきこと：支援具は修正が必要になったら修正する

　視覚的支援具を使い始めると，修正が必要になることもあります。よくあるのは以下のような場合です。

- 子どもが求められる能力を発揮しやすくなるように，支援具を修正する
- 子どもがスキルを身につけていくにつれ，子どものニーズを修正する

　最善の支援具には常に修正が必要です。「効果がない」とか「効果がなくなった」という理由で，支援具を使わなくなることがありますが，ニーズに合わせて修正していかないことは，必ずと言ってよいほど問題なのです。視覚的コミュニケーション支援具の修正は，まれならず必要なことなのです。

> 　子どものプログラムに取り入れる技法はすべて，評価の上，有効性ついて判断すべきです。コミュニケーションを支援する視覚的支援具を作成する際に，それが本人に合っているかどうかの判断基準のひとつは，その子がどう反応しているかを観察することです。子どもの能力発揮に変化は見られるか？　支援具を使うことで教師と子どもとのやりとりに変化が生まれるか？　子どもが支援具を気に入っているか？　子どもが自分から進んで使おうとしているか？　こういった点が評価の重要な点になります。

最後に質問をいくつか

視覚的コミュニケーションを使うことの価値はわかったのですが，長期的な目標は何ですか？　どんな結果を目指すべきですか？

コミュニケーション障害が中等度ないし重度の子どもの場合，長期的な目標は，効果的で効率的なコミュニケーション方法を身につけて，日々の生活の中で色々な活動にうまく参加できるようになることです。視覚的支援具は，子どもがその目標を達成するのを支援するためのものなのです。

忘れてほしくないことは，すべての視覚的支援をやめる必要はないということです。私たちも，日々の生活を効率的に営むために多くの視覚的支援具を使っています。長期的な目標は，視覚的支援具を使って目的を達成する方法を，子どもに教えることです。子どもは自分のニーズを認識し，利用できる様々な方法を使って，自分自身を支援していくことを学ばなければなりません。

私の担当の子どもたちは，特別な支援を必要としない子どもたちと一緒の通常のクラスにいます。他の子どもたちと同じように，支援がなくても行動できるようになるべきではないですか？

視覚的支援具を使って，勉強し，時間を管理し，毎日の生活を上手に組み立てることを習得することが，良い結果をもたらす子どもはたくさんいます。他の子どもたちは，支援具を使わなくてもかまわないのです。他の子どもたちが視覚的支援具の効果を享受しなくても，当の子どもは，自分が成功するために必要な方法を，自分で見つけることを学ぶべきなのです。

スキルの低い子どもが視覚的支援具を使い続けたら，実際以上に能力を低く見られませんか？

現実には，支援具を使わない方が，よほど能力が低く見えるでしょう。視覚的支援具を使用する目的のひとつは，子どもができるだけ自立して行動できるようになることです。つまり，大人から支援や介入を受けること

> 学校のプログラムに多数の視覚的支援具を取り入れた先生から，新たな問題が子どもに生じるという報告を聞くことがたまにあります。これまでは，様々な支援具に良い反応をみせていた子どもたちです。その新たな問題を分析してみると，最初は支援具をうまく使ってニーズに対処していたのに，問題行動が収まってくると，「いつのまにか使うのをやめてしまっていた」ことがわかりました。そして当然ながら，子どもの問題は「いつの間にか悪化した」わけです。視覚的支援具で支援した部分に改善が見られると，支援具の必要性がなくなったように見えてしまうのです。しかし，支援具を使わなくなると，問題は悪化します。支援具を再び使うようになると，問題行動は減っていきました。

なくルーティンややりとりをこなせるよう手助けするということです。他の人からの助けを必要としない方が，スキルのレベルは高く見えます。

　覚えておいてほしいのは，視覚的支援具の外見によって，周囲の人の受け止め方が大きく影響されるということです。支援具があまり目立たなくて，年齢にふさわしいものになるように注意してください。

私は整理整頓があまり得意ではありません。支援具を便利に使うにはどうすればよいですか？

　場所が大事です。視覚的支援具は，使いたい場所ですぐに使えなければなりません。壁の図表に書き込んだり，使う場所に掲示したりする規則もあります。掲示板やドア，壁，子どもの机などに貼っておくとよい場合もあるでしょう。色々な場所で使えるよう携帯できる支援具にすべきものもあります。また，子どもが自分の支援具の管理責任者となる方が適切な場合もあれば，教師が管理した方がよい場合もあるでしょう。

　一人の人の生活に関わるすべての規則とコミュニケーションを，1枚の紙や1カ所にまとめる必要はありません。成功の確率が一番高いのは，使いやすい支援具なのです。

> アドバイス：作成した視覚的支援具はすべて複製を作っておきましょう。なくしたときに困らずにすみます。

効果と言えば……視覚的支援具は必ず効果が出るのですか？　効果が出る確率があまり高くなければ，労力を費やしたくないのですが。

　視覚的支援具は，誰にでも有効な「魔法の薬」ではありません。支援具が有効かどうかは，それをどう作るか，どう使うかにかかっています。無効に終わる可能性のある状況をいくつか紹介します。

1．視覚的支援具の情報が間違っていて，狙った結果が得られない

　立案の段階で，状況を読み違える場合もあります。情報が多すぎたり少なすぎたりしたのかもしれません。支援具を使い始めたら，予想とは違う反応を子どもが見せたという場合には，支援具を修正したり作り直したりする必要があるかもしれません。

> 視覚的支援具で「治す」ことはできませんが，多くの場合は毎日の生活が送りやすくなります。

2．使っているシンボルが子どもには理解できない

　何らかの理由で，子どもには支援具が理解できないことがあります（支

援具の目的は，コミュニケーションを子どもが明確に理解するのを助けることです）。そういう場合は，シンボルが抽象的すぎたり複雑すぎたりしているのかもしれません。あるいは，シンボルとそれが表す活動や選択肢との関連性を理解できないのかもしれません。理由は何であれ，その支援具は理解を助けていないということです。

3．同じページにシンボルが多すぎる

支援具が複雑すぎると，子どもに理解してもらえません。間隔を空けて配置しましょう。多すぎたり，近すぎたり，小さすぎたりすると，理解に過大な労力を必要とします。目的ごとに必要に応じて別々のページにシンボルを配したり，別々の図表を作ったりするようにしましょう。そうすれば，子どもは考えを整理しやすくなります。

4．多くのシンボルや支援具をせっかちに取り入れすぎる

これは注意してください。視覚的支援具の考え方がわかって，使い道を思いつくと，色々なことを一度に試してみたくなるものです。コミュニケーションのニーズがいくつあっても，支援具は一つずつ順に使い始め，使い方を教える時間を十分に取ってください。新しい支援具を加えるのは，今教えている支援具にある程度なじんでからにしましょう。「問題生徒」に，30ページもあるルールブックを作った先生がいましたが，もちろん大失敗に終わりました。

教室をより良くするための助言は他にもありますか？

教室で普段行われる活動のすべてに視覚的な要素を取り込めないか，機会をうかがってください。音楽の時間なら，歌う曲ごとに，その歌を表す絵や人形も使います。学業スキルを教える場合なら，たくさんの視覚的支援具を使います。一日の学校生活のあらゆる部分でコミュニケーションが求められるので，これを視覚的に支援することが可能です。さらに校外でも，コミュニケーションが求められる点では，校内に負けず劣らず重要だということを忘れてはなりません。コミュニケーションの支援がとても必要となるのは，授業以外の場面のことが多いのです。

> 視覚的支援具を使ってみてうまくいかなくても，捨てたりせずに，どこを修正すればよいのかを考えてみてください。大変な時間をかけて作った支援具を見せてもらったことが何度もありますが，「子どもたちはこの支援具を理解できるの？」と質問すると，答えは「いいえ」でした。そしてこの先生たちは，何かが間違っていることにすぐに気づいたのです。

> 視覚的コミュニケーションの意義がわかると，その可能性を想像しただけで興奮したり，圧倒されたりしてしまいます。一度にいくつもの支援具を作りたくなってしまうかもしれません。でもまず計画を立てましょう。教室で様々な支援具を使えるようにするには，1年かかる場合もあります。基本的なことをやった後で，追加や修正や改訂を継続的に行っていけばよいのです。

教室で使えそうな視覚的支援具が色々と思い浮かびます。

その熱意はきっと報われますよ！　千里の道も一歩から始まることを忘れないでください。一歩一歩進んでいくうちに，たびたび発見の喜びを味わうことでしょう。

重要な点：視覚的支援具は，ハンマーやドライバー，レンチなどの道具を一切合財入れた道具箱のようなものです。道具は，それぞれが特定の機能を果たすよう作られています。道具ごとに目的があるのです。よく使うものもあれば，特別な場合にだけ取り出すものもあります。普段は大半のニーズに応えられる「基本セット」を使いながら，特別な道具を必要とする状況もたまに発生します。大きな道具箱を使う人もいれば，小さいものを使う人もいるでしょう。大工の棟梁が良い仕事をするのは，目的に合う道具を持っているからです。ハンマー1本とのこぎり1本だけで全部こなそうとする日曜大工には，やはり限界があります。

子どものコミュニケーション・プログラムに視覚的支援具を取り入れるときも，同じことが言えます。他の子どもたちよりも多くの支援具を必要とする子どももいます。多くは基本セットで十分ですが，特別に作成した支援具を必要とする子どももいます。学習を支援する最適な環境にするには何を使えばよいかを，棟梁（教師）は常に判断しなければなりません。最終的な目標は，子どものスキルとニーズに敏感になり，最高の成果をあげるための支援を行うことです。これは継続的な過程なのです。

> 視覚的なコミュニケーション支援は，一つの技法です。それは一つの過程であり，目的を達成するための手段です。それ自体が目的なのではありません。目的は，効果的にコミュニケーションを取ることであり，それを達成するのを助けてくれるのが，視覚的支援具なのです。

第 5 部

プログラムの立案について

第11章
教育の動向：
視覚的コミュニケーションについて

　特殊教育（特別支援教育）はその発展の過程で，良い時期と悪い時期を何度となく繰り返してきました。かつては特別なニーズのある人，つまり学び方の異なる人たちは，多くの場合，二流市民として生きることを余儀なくされていましたが，現在の教育理念では彼らにも学習能力があることが認識されています。すべての子どもが教育支援の恩恵を受けるべきだという点で，異論はありませんが，教育目標についての考えには，大きな開きがあります。成功するかどうかは，子どもに何をどう教えるのか，そして子どもは，学習したことをどう活かして機能的で自立した生活を送るのか，にかかっています。

　結果を示せというのが最近の傾向で，教育者には厳しい監視の目が注がれていますが，目的を忘れた教育は本末転倒です。目標を定め，その目標の達成に向けて，子どもを前進させるという義務があるのです。教育者は，学校制度が始まって以来，学習というものの本質について，そして子どもの様々な学習の仕方について理解を深めてきました。そしてその知識によって，「従来型の」指導方法では効果的に学習できない子どもが，思っていたよりも大勢いることがわかってきました。また指導方法の効果や支援サービスの提供についても，色々なことが次々とわかってきています。

　「教育面での不利な条件」の種類が増え，特殊教育を受ける子どもの数はこの十数年で増加しました。教育ニーズの中核的な要素として，効果的なコミュニケーション・スキルの発達が目標に挙げられてきました。普通教育では従来の方法で教えてきましたが，学習の仕方が異なることが確認される子どもが増えています。彼らは学習の仕方も量も，大きく異なります。特殊教育の教師は，意味のある脈絡でスキルを教えようと，特別な個別の指導方法の開発に努めてきました。その結果，特別なニーズのある子

> この本では，自閉症スペクトラムの人の独特な学習ニーズに力点を置いていますが，視覚的支援法は，自閉症スペクトラム以外の多くの子どもたちにも効果があるのです。自閉症スペクトラムの子どもが成功するうえで助けとなるものは何か，を学ぶにつれて，同じ方法や支援が，他のニーズのある子どもにも効果があることがわかりました。実際，コミュニケーション環境や学習環境に視覚的支援法が統合されると，ほとんどすべての子どもに成果が見られるのです。

どもだけでなく，その他の子どもも対象として，効果的な学習環境をつくる多種多様な指導技法が編み出されてきました。こうした技法の中でも広く用いられているのが，視覚的コミュニケーション支援法です。

一人ひとりに応じた指導は，子どもは皆同じではないという認識に基づく指導法です。これは，子ども一人ひとりのニーズを満たすために，指導法を柔軟に変えようというものです。教室の中でもっと多くの子どもが，効率的に学び，成果をあげられるよう支援することを目標としています。

この目標を達成するために，クラスの子どもたちの多様な学習様式に合うように，教材，学習課題，学習活動を調整します。学習環境がとても柔軟なものになれば，「特別なニーズ」のある子どもの数は減ると思われます。

　一人ひとりに応じた指導の重要な要素は，コミュニケーションの様々な「形態」に，すべての子どもが同じ反応をするわけではないという認識です。音声言語による指示に最もよく反応する子どももいれば，視覚的情報がとても有効な子どももいるのです。

私たちの知識が増えるにつれて，教育理念は変化し続けています。そして科学や医学の発見だけでなく，社会の考え方，地域社会の要望，予算の制約からも影響を受けます。特別なニーズのある子どもを，隔離して的を絞った訓練を行うのか，普通学級の中で一人ひとりのニーズに応えるのかの間で，振り子は左右に揺れ続けています。環境についてこのような選択肢があるということは，個人に対する注目度が様々であり，個人の目標と集団の目標との比率が様々であるということです。この2つの間で揺れ動きながら，いずれの教育現場も貴重な要素を提供していると認識することが重要です。目標とすべきことは，子ども一人ひとりの成功にとって最も重要なその要素を，最大限に高めることなのです。

この振り子様の状況では，視覚的コミュニケーション支援が最適な支援です。視覚的支援具は，どのような環境にも適用できます。本書で紹介した支援具は，どのようなクラスの子どもにも比較的簡単に役立てることができます。こうして特別なニーズのある子どもの受け入れ態勢が整えば，他の子どもたちとは全く違う存在として，皆から浮いてしまうようなこと

もありません。特別なニーズのある子どもが普通教育の環境に溶け込んでいくと，自立して活動する能力について，疑問がわいてきます。うまくやれるためには，どのような種類の支援を，どの程度まで行うべきかについて，疑問がわいてきます。視覚的支援具は，他のいくつかの選択肢よりもノーマライゼーションをもっと進めてくれるのです。

　教育理念は進化していますが，現時点での最も新しい考え方は，コミュニケーション障害が中等度から重度の子どもには，大人になったときにできるだけ自立できるように，機能的なスキルを教えようというものです。視覚的支援法が，この目標に向かって支援してくれます。

疑問に答えます

　視覚的コミュニケーションを，教師や支援者に紹介してきましたが，疑問や心配の声がいくつも上がってきました。こうした声を聞くと，視覚的支援具を使うことは，従来の指導法とはいささか考えを異にしているということがわかります。心配されることをいくつか紹介します。

懐疑論者の声：
「この子は，私の言うことはすべて理解しています。ただ，反抗しているだけです」

　現実には，こうした子どもたちの多くが，私たちの言うことをすべて理解しているわけではありません。ルーティンや状況，私たちの使うジェスチャーや表情などから手がかりを取り出して，どう返答すべきかを推測しているのです。ですから，どんな手がかりから最も多く情報を子どもは得ているのかを察知し，それを提供できるように環境を構造化することが大切なのです。

　注意を集中し続けることが困難な子どもは，ことばは十分理解できても，理解すべきことを理解して目的を達成するまで，集中し続けられない点に問題があります。視覚的支援具は，そういう子どもたちのニーズにも合わせて支援できるのです。

懐疑論者の声：
「でも，それでは発話を教えることにはなりません！」

　言語聴覚士の中には，受けた教育や志向によって，視覚的支援具の作成に重点を置くことは自分の専門ではないと感じる人もいます。しかし広い見方をすれば，発話や構音，言語構造は，子どもが効果的に活動するのに必要な「包括的コミュニケーション・システム」の一部でしかありません。効率的で効果的なコミュニケーション・システムの発達こそが，真の目的なのです。そういうシステムでは，様々な要素が一緒になって効果を発揮することを重要視するはずです。

懐疑論者の声：
「でも，それは発話を教えることで，クラス担任の仕事ではありません！言語聴覚士の仕事です」

　実のところ，コミュニケーション（子どもに発話スキルがある場合には発話も含む）は，何であれ子どもが学ぶときの基盤です。コミュニケーション・スキルの発達は，子どもの学びのプログラム全体の一部と考えることが大切です。

懐疑論者の声：
「でも，他に教えなければいけないことがたくさんあるんです！」

　コミュニケーションは，あらゆる学びの基盤です。適切なコミュニケーション環境があれば，その他の指導目標にも良い影響が出ます。セラピストもクラス担任も，コミュニケーションという目標を最重要視することで，他の指導目標でも良い結果が出せるのです。

懐疑論者の声：
「聴覚的スキルを伸ばす指導をすべきではないですか？」

　人の話をよく聞くことを教えるのは大切なことですが，多くの子どもにとって「治癒」は現実的な目標ではありません。聴覚や注意力の問題は子どもの障害の一部であり，それをなくすことはできません。困難を抱える分野を支援したり補強したりする手段を与えることは，価値ある指導目標なのです。

第 11 章　教育の動向：視覚的コミュニケーションについて　217

懐疑論者の声：
「視覚的支援具はどうせ後で使わなくなるのに，なぜ今やらなければならないのですか？」

　子どもが今，最も効果的に活動できるような支援具を作ることが大切です。今の学びの環境を構造化すると，子どもの学習速度が向上します。子どもが別の学校や職場，生活環境に移るときには，それまで最もうまくいっていた方法を，これからの支援者に伝えることが大切です。子どもが自立した環境に移行するにあたっては，自分で自分を支援するために，これからも使い続けることができる方法を既に習得していると，とても役に立つでしょう。

懐疑論者の声：
「子どもは，絵や写真に頼るだけになってしまいませんか？」

　視覚的支援具は，能力をもっと発揮できるよう子どもを支援するためのものです。絵や写真が，子どもにとって有意義で，効果的なものであるなら，それがいけない理由などありません。絵や写真をはじめ，あらゆる視覚的支援具は，子どもからスキルを奪い去るわけではなく，活動への参加を促すはずです。

　字の読める子どもの中にも，すぐにわかる絵や写真の方がいいという子もいます。絵や写真の方が楽なのです。使うシンボルのタイプは，子どもの好みと能力発揮に合わせて決めるべきです。だから広告の世界では，絵や写真で消費者を攻め立てるわけです。

懐疑論者の声：
「手話，発話，などのやり方はもうわかっているので，視覚的支援具を使うと一歩後退ということになってしまいます」

　視覚的支援具を使う子どもを大勢観察してわかったことは，ほとんどの子どもに，何らかの形の視覚的支援具が役に立っているということです。忘れてはならないことは，視覚的支援具を使う第一の目的は，子どもの理解スキルを伸ばすということです。子どもが効果的な表現手段を持っている場合でも，視覚的支援具は，理解や整理についてのコミュニケーションに役立ちます。また視覚的支援具は，特定の状況において，表現コミュニケーションを補足したり拡張したりするのにも役立つでしょう。視覚的支援具には，あらゆる人のコミュニケーション・システムに役立つのです。

懐疑論者の声：
「この子は，スキルが高すぎます」「この子は，スキルが低すぎます」

　特別なニーズのある子どものスキルが高すぎるために，視覚的支援具が役に立たないということは決してありません。形態を一人ひとりのニーズや好みに合わせて調整すればよいだけです。

　スキルが低めの子どもたちが，大好きなものや行事の絵や写真（特に子どもに情報を与えるために使うもの）を，多くはないとは言え，かなり理解できるようになる様子を，心を躍らせながら見てきました。視覚的支援具は，単なる絵や写真以上のものだということを，忘れないでください。有効かどうかは，選んだアイテムとトレーニングの仕方に直接関係するようです。子どもの能力レベルと，視覚刺激の識別を習得する速度との間には何らかの関連性があります。

懐疑論者の声：
「私が抱く疑問にはすべて答えがあるようですね」

　コミュニケーションの視覚的支援に最初は疑問を抱く人も，支援具を使ってみて成功を目の当たりにすると，熱心に使いたくなるようです。視覚的コミュニケーションの目的を理解すると，環境を視覚的に改善する方法をどんどん思いつくようになります。

　疑問には答えがあります。しかしそれよりも重要なのは，結果です。視覚的支援具を使った人たちが，ますます使ってみようという気になるのは，子どもの能力発揮によって，悩みが軽減されるからなのです。

教師の役割

　教師とは何でしょうか。子どもの教育を目的とする人です。教育の手段は，どんな学校で，いつ教職課程を取ったかによって決まります。さらに，勤務する学校のカリキュラムにもよりますし，教える科目やクラスの種類にもよります。そのほか，過去の経験や現在のクラス編制も関係します。教師の考え方ややり方は，多くの要素が作用して決まるのです。子どもがそうであるように，教師も一人ひとり違うのです。

　教育は変化し続ける分野です。教育方針は変わり，教えなければならな

いことは増え続けます。学校組織が改編されるたびに，責任が一つまた一つと増えていきます。そんな中で言語聴覚士から「仕事の進め方を変えたい」と言われたら，気分のいい日なら喜んで話に乗れるかもしれませんが，そうでなければ意地でも聞きたくないと思うかもしれません。

　子どもには何が理解できるのかについて，私たちは専門家として多くのことを学んできました。それは明らかです。子どもたちが，何を，どう学ぶべきなのかは，私たちの方がよく知っています。その知識によって，すべての疑問に答えられるわけではありませんが，進むべき方向性は見つかります。

　結果を左右する要因はたくさんあります。教師の努力がどの程度の効果を発揮するかは，「使える手段を使ってどんなことができるか」にかかっています。視覚的支援具によって，あなたの努力に拍車がかかり，クラスの有意義な授業計画案ができあがれば理想的です。その可能性を信じてください。あなたが「経験豊かな」教師である場合には，コミュニケーションの発達に関する考え方や技法には，最近多くの変化が起きていることを理解してください。あなたがまだ駆け出しの教師なら，研修はまだ始まったばかりであることを認識してください。

　生産的な結果は，多くの場合，協働作業から生まれます。支援スタッフがあなたと協力して，新しい道を模索できれば理想的です。どんな支援が自分にとって意味があるか，をスタッフに効果的に伝えられれば伝えられるほど，さらに，共通の目標に向かって協力できればできるほど，結果はますます満足のいくものになります。共に努力することが，実り多い成功につながります。

言語聴覚士の役割の進化

　コミュニケーションの定義とトレーニングの範囲が広がるにつれて，言語病理学の分野は大きく変化し続けてきました。考え方が変わってきたのです。一時的に個別に取り出すスキル・トレーニングを重視する従来型の「医学モデル」では，恒常的に望ましい結果を得ることはできないことが経験からわかっています。「医学モデル」は，問題を除去するために矯正を目指すモデルだからです。

　中等度から重度のコミュニケーション障害がある子どもたちを，簡単に

「治す」ことはできません。子どもたちのニーズは，特定のスキルの欠如以上に広範囲にわたるものなのです。総じて子どもたちの学び方は，コミュニケーションのニーズによって決まります。そのため支援の目標が変化してきており，脈絡抜きに構造化された状況で発話・言語スキルだけを取り出して指導するやり方は変わりつつあります。現在の傾向は，機能的スキルを教えて，それからトレーニングを自然で機能的に関連性のある環境に持ち込む，というものになりました。今では，コミュニケーション・スキルの指導は，スキルを身につける自然な機会があり，豊かで双方向的な環境で行う必要があると考えられています。また，コミュニケーションの「理解」の面にもっと重点を置くことが，多くの子どものニーズであるという認識も高まってきています。

> 著者注：
> 視覚的支援具について話すときには，私の職種が「言語聴覚士」ではなく「コミュニケーション・スペシャリスト」だったらよかったのに，と思います。そして「言語療法」という名前も「コミュニケーション・トレーニング」に変えたいと思っています。その方が，子どもに提供するサービスの内容が正確に伝わる，と思うからです。また，子どもの長期的な目標の意義も伝わると思います。「言語」ということばを「コミュニケーション」に置き換えた方が，私の専門知識とスキルが活かされる分野が広がると思うのです。

ASHA（アメリカ言語聴覚士協会）は，基本方針を表明し，自閉症スペクトラムの子どもたちのコミュニケーション課題の難しさを強調しました。その中で，自閉症スペクトラムの子どもとやりとりしようとするときに，家族や友人，その他にもコミュニケーションの相手となる人たちが遭遇することになるコミュニケーション・バリアに，言語聴覚士が取り組むことの重要性が力説されています（ASHA, 2006）。

その結果，自閉症スペクトラムの子どもに言語聴覚士が提供できる最も重要な支援として，その子の生活の中でコミュニケーションの相手となる人たちへの教育と支援に，時間を費やすこととなりました。視覚的コミュニケーション支援具の必要性とその使い方を，コミュニケーションの相手が理解できるよう言語聴覚士が努力することで，優れた長期的効果が子どもにもたらされるでしょう。

子どもたちにいつ，どこで，どのようにサービスを提供できるかについて，これまで多くの場合，独断的で時代遅れな制約を言語聴覚士は受けてきました。それと同時に，「ことば」や「コミュニケーション」のトレーニングは言語聴覚士の仕事だ，と教師の多くは教育されています。その結果，トレーニングは，教室のルーティンとして具体的に取り入れられることがなかったのです。幸運なことに，これは変わりつつあります。現在で

は，言語聴覚士と教師とが，協力・相談し合う形でサービスを提供し，対象の子どものニーズにうまく応えるための新しい方法を模索しています。

現在では，言語聴覚士は自分の部屋を出て，実際に子どもがコミュニケーションを取る教室やその他の環境に入るべきだ，ということが認識されつつあります。このことで，言語聴覚士が，専門の知識や技術を子どもの学習に活かす機会が増えました。環境がこのように変化すると，言語聴覚士と教師とが，子どものために協力し合う方法をいろいろと学ぶことができます。この新しい協働の結果のひとつとして，進行中の教育プログラムにコミュニケーション・スキルのトレーニングをしっかり組み込むという，非常に効果の高い学習環境が生まれました。ここで重要なのは，教育環境の中で行われる学びの基盤として，効果的なコミュニケーション・スキルのトレーニングを位置づけることです。

本書で紹介しているコミュニケーション支援具は，コミュニケーション・スキルのトレーニングについての着眼点と方法に関して，従来型の多くの学校環境のものとは違います。新しい着眼点と方法により，言語聴覚士と教師との協働が進みます。そしてこの協働の中でこそ，生産的で独創的な問題解決とプログラム作りが成功するのです。

言語聴覚士が視覚的コミュニケーション支援具の作成に関わることで，子どもへの支援に大きく貢献できます。視覚的支援に重点を置くとなると，個々の子どもへの支援方法を変える必要があるでしょう。例えば，子どもに直接「言語療法」を行うことに費やす時間を減らし，環境の評価や教師その他の支援者への助言などに費やす時間を増やすといったことです。最善の支援の鍵となるのは柔軟性です。柔軟性とはつまり，言語聴覚士が，持てる時間を使って，子どものプログラムの開発に必要なことをすべて行えるようにするということです。

言語聴覚士が提供できそうな支援サービスの例をいくつか挙げます。

> 言語聴覚士の最も重要な役割のひとつは，コミュニケーション障害のある人の家族と協力関係を結ぶことです。家族は，アセスメント（評価）のための重要な情報源となってくれるでしょう。加えて，生活の中で子どもとうまくコミュニケーションを取るためのトレーニングと支援を，家族や支援者に提供すれば，子どもの生活にとてもよい影響を及ぼすでしょう。
>
> 視覚的支援は，校門まででおしまいにするべきではありません。家族が本当に視覚的支援法の利点を認め，視覚的支援法の効果を理解するとき，その家族は，生涯にわたる支援法として視覚的支援を行うことに，誰よりも熱心になることでしょう。

評価：

- ☐ 子どものコミュニケーション能力の発揮のされ具合について，教師，親，その他の支援者から聞き取りをする。
- ☐ 子どもがうまく活動できる環境を分析する。
- ☐ 子どものコミュニケーション能力の，教室の内外での発揮のされ具合を観察する。
- ☐ 具体的なコミュニケーション・ニーズを明らかにし，日々の機能的

な活動についての問題を明らかにする。

計画：
- □ コミュニケーションの目標の選択を指導する。
- □ 目的達成のための計画の立案に参加する。

実施：
- □ 教室内のスタッフと協力し，子どもの学びを支援できるよう環境を変えていく。
- □ 子どもの活動参加を支援する機会や，コミュニケーション・スキルを練習させる機会となるルーティンを教室内に定着しやすくする。
- □ 子どもの活動を支援する「視覚的コミュニケーション手段」の考案に協力する。
- □ 教室内のスタッフと共同で指導して，スキルの発達を支援する。
- □ 子ども一人ひとりのプログラムと進展状況を観察する。

　これですべてというわけではなく，視覚的支援具を効果的に作成するのに必要と思われる活動の幅広さをわかってもらうために，リストアップしただけです。決して忘れないでほしいことは，ニーズを明らかにしたり，視覚的支援具を作ったりすることは，総合的なトレーニング・プログラムの開発過程の一段階に過ぎないということです。言語聴覚士に単調な切り貼り作業を押しつけたり，孤立させたりするのではなく，チームの一員として，重要な一連の知識を活かしてもらうべきです。協力し相談し合うことで，子どもの学び全般を広く支援することができます。言語聴覚士はチームに欠かせないメンバーなのです。

全体のまとめ

　中等度ないし重度のコミュニケーション障害の子どもは，大変な困難に直面しています。コミュニケーションは対人関係の要であり，学びの基盤です。
　こうした子どもたちの教育に携わる教師は，考え方の対立に直面することがあります。しかし，これは発見につながる「産みの苦しみ」です。目

標とするところは，成長し続けること，学び続けること，そしてニーズに完全に応えられるまで，わかることとできることを増やし続けることです。成長にはリスクが伴います。創造力豊かなシェフは，おいしいことがわかっている食材の新しい組み合わせを考え，調味料を加えて，新しい料理を創り出します。もちろん途中で失敗することもあるでしょうが，何がうまくいかないかを知ることが，成功につながります。多くの場合，ほんのちょっと手を加えたり，絶妙なバランスを見いだしたりすることで，逸品が生まれるのです。

　本書で紹介している考え方もこれと同じで，創造力豊かに探求しようということなのです。よくある一時的な流行のように，これまでのやり方をすべて捨て去れなどとは言いません。優れた材料は活用し，その上に新しいものを創り上げるのです。視覚的支援の実行を促すという方針が，その優れた材料なのです。望む結果を出すためには，シェフの調味料と同じで，一種類だけ使う方法も複数を組み合わせる方法もあります。コミュニケーションの理解面を重視し，コミュニケーション環境内の視覚的な要素を強化することで，結果に明白な違いが出てきます。ファストフードのハンバーガーと腕の良いフランス料理のシェフによる料理を比べるようなもので，全くの別物なのです。

　視覚的支援は，もはや「場当たり的なもの」ではなく，「とても重要なもの」になりました。「後知恵」ではなく，「基本原理」と呼ぶべきものになりました。そうした方向づけが確立されれば，アイデアはどんどん湧いてくるでしょう。

付　録

研究についてはどうなっているのでしょうか？

　コミュニケーションの支援には視覚的支援法が有効であることを立証した研究が増えています。自閉症の人たちは，聴覚的情報の処理が困難であることも研究で確認されています。

　以下にいくつか例を挙げます。

自閉症の子どもに活動の切り替えを促すための視覚的支援

　小学生の男児2人に対して，ある活動から別の活動への切り替えを助けるために，視覚的支援が行われました。視覚的な支援をすると，指示してから次の活動を子どもが始めるまでに要する時間が，著しく減少したことが，データから明らかになりました。視覚的に支援すると，活動が切り替わるまでの間に教師が与える音声言語プロンプトと身体的プロンプトも，著しく減少するという結果になりました（Dettmer, 2000）。

学校で活動をなめらかに切り替えるために，活動スケジュールを使う

　就学前の子どもの攻撃的行動や破壊的行動の機能評価により，ある活動から別の活動に切り替える際の問題行動と結びついている先行状態が特定されました。スケジュールの掲示により，教室での攻撃的行動は劇的に減り，協力的行動は増えました（Dooley, 2001）。

監督する人がいなくても，絵による自己管理によって日常生活が送れるように，そのためのスキルを自閉症の子どもに教える

　低機能自閉症の子ども3人（6歳から9歳）の研究で，子どもたちは治療者がいなくても，絵・写真を上手に使って自分の面倒をみることができ，場面や課題が変わってもその行動を般化でき，維持できることが追跡調査でわかりました。絵・写真の並び順を変えても，子どもたちは新しい絵・写真の並び順に従いました（Pierce, 1994）。

学校でルーティンとなっている場面の切り替え時に，写真による手がかりを自閉症の子どもに使用した効果

　6歳の自閉症の子どもに，毎日の定番活動での活動をうまく切り替える

ことを，写真による手がかりを使って教えました。ことばと写真による手がかりとを組み合わせて，活動が変わることを前もって知らせると，場面を適切に切り替えることが増える一方，癇癪発作（いわゆるパニック）を減らすことができました（Schmidt, 2000）。

ビデオも加えた指導パッケージを使っての，知的障害の小学生に対する自助スキルの指導

　知的障害の小学生3人に，3種類の自助スキル（サングラスを拭く，腕時計をはめる，上着のファスナーを締める）をうまく教えるために，ビデオによるモデリングとプロンプトを使いました（Norman, 2001）。

　以上は，視覚的支援の効果を実証した研究のサンプルに過ぎません。視覚的支援により，コミュニケーションを改善し，多くの問題行動を軽減あるいは解消し，適切なソーシャル・スキルを教え，自閉症スペクトラムおよび関連する学習障害の子どもたちが，実生活で好機にうまく参加していけるようにしたのです。

視覚的支援法を用いる 25 の理由

リンダ・ホジダン，M.Ed., CCC-SLP

　視覚的支援法を使って，私たちは目的を達成します。ある状況を子どもに理解しやすくするために，何か視覚的なものを使うということでしょう。視覚的なプロンプトが与えられるので，子どもは課題を自力で達成できるのでしょう。

視覚的支援具の「目的」について考えましょう
　子どものニーズを明らかにすれば，どのような支援具を使うべきかが判断できるでしょう。視覚的支援具の目的が明確になれば，その使い方もわかるでしょう。
　学校や家庭は，子どもに役立つ視覚的支援を行えるようになっていますか？
　あなたの周囲で，視覚的支援具によって実現されている機能は，以下に挙げたもののうちいくつありますか？　リストを見ながら，子どもたちが現在何通りの方法で視覚的支援を受けているのか数えてみてください。

1．注意を引きつける
　何かを見ていると，ただ聞いている場合よりも，子どもは注意を集中しやすくなります。ひとたび注意を集中すれば，その後のコミュニケーション・メッセージが子どもの頭の中に入りやすくなります。

2．情報を与える
　誰が，何を，なぜ，どこで，いつという質問の答えとなる情報を，子どもはどのように得ていますか？

3．対人的状況を説明する
　対人関係の世界は混乱を招きます。人々は動き，変化し，予想がつきません。書き出して対人関係情報を与えれば，子どもには理解しやすくなります。

4．選択させる

どのような選択肢があるかを，子どもたちはどのようにして知るのでしょうか？ 何が手に入り，何が手に入らないのか？

5．一日に構造（意味と見通し）を与える

スケジュールを作ると，これから何があり，何がないのかがわかります。全体像を与えると，子どもたちの不安は軽減します。

6．ルーティンを教える

ルーティンの中にステップが複数ある場合，それが「見えれば」，順にこなしていくことが容易になります。間違いをたくさんしないように，視覚的支援具で導かれると，子どもたちはルーティンを早く学ぶでしょう。

7．周囲の環境を整理する

私たちが必要とするものはどこにあるのでしょう？ 片づけるときに，備品をしまう場所は決まっていますか？

8．周囲の空間を整理する

勉強したり，遊んだり，座ったりする場所が，子どもにわかりますか？ 環境内のどこがその子の使える場所で，どこが「立ち入り禁止」の場所ですか？

9．新しいスキルを教える

新しい玩具や装置の操作を学ぶ。新しい課題や学業スキルを学ぶ。

10．切り替えを支援する

今の活動を終わりにして，別の活動を開始する。今の環境から別の環境に移動する。変更や変化に関するすべてのこと。

11．課題を続ける

現在の活動は何であるかを忘れず，完了するまでそれに取り組み続ける。

12．気を散らせるものを無視する

求められている活動ややりとりに，注意を意識的に集中することを助け

13．時間を管理する

5分間，あるいは1時間は，どれくらいの長さでしょう？　スケジュールの次の活動に移るまでには，どのくらい時間があるのでしょう？　時間は目に見えません。タイマーや時計は，時間を「見える」ものに変えてくれるのです。

14．ルールを伝える

子どもたちはルールを知っているものと思われています。でも，そうではないことが多いのです。ひょっとしたら思い出せないのかもしれません。あるいは理解していないのかもしれません。あるいは衝動的になりすぎているのかもしれません。他にも理由は色々あります。

15．変化や変更への対処を助ける

変化や変更に対して準備をしましょう。通常の予想とは何か異なることが起こりそうなときには，子どもに準備させておくと，多くの問題を防げます。

16．自己管理を指導する

子どもたちは不安になったり，問題に遭遇したりするときには，容認されうる選択をすることによって，自分の行動を管理する方法を学ぶ必要があります。

17．記憶を助ける

何をすべきか，そしていつすべきかを忘れないでいること。あるものが何と呼ばれているか，あるいはある人の名前は何かを覚えておくこと（あなたの場合，自分自身には手がかりを何通りの方法で出しているか，考えてみてください！）。

18．遅いひらめきを速くする

脳内に多くの情報を持っているけれども，それを引き出すのにとても時間のかかる子どもがいます。視覚的手がかりは，その過程を速めることができます。

19．ことばを思い出すことを支援する

　ある人の名前を知っているのに，どうしても思い出せないという経験をしたことはありませんか？　あるいは，あるモノが何かを知っているのに，その名称を思い出せないということはありませんか？　聞いたり見たりしさえすれば，すぐに思い出せます（年をとるほどにひどくなります！）。子どもたちも思い出す際に同じ苦労を経験します。

20．構造を与える

　構造とは，状況の意味が整理され先の見通しが立つことを意味します。視覚的に構造と情報が与えられる環境を目指して努力しましょう。

21．語彙を学ぶ

　重要な語彙について，絵と文字で個人用の辞書を作りましょう。重要な語彙とは，人の名前，お気に入りの玩具の名前，ビデオの題名，活動や場所の名前などです。繰り返し何度も接することができれば，子どもはそういう情報を習得するでしょう。

22．感情を伝える

　子どもたちは，様々な感情を行動の形で表に出します。そのような行動を，絵や文字に翻訳すると，自分の経験を説明したり，明確にしたり，正当性を表明したりする機会が持てます。

23．音声情報を明確にする

　私が理解したと思っていたことは，あなたの意図したことではなかったかもしれません。それを視覚化すれば，私たちの会話を明確にすることができます。混乱しないですみます。

24．生活情報を整理する

　電話番号，カレンダー，料理の手順書，買い物のリスト，保険証番号，約束事について考えてください。他にももっとあります。

25．復習し記憶する

　何かを視覚化することの最大の利点のひとつは，それを保存できるということです。音声は飛び去ってしまいます。消えてしまうのです。何度も

繰り返し復習するために視覚的情報を保存しておけば，理解し，記憶しやすくなります。

　このリストは，ほんの手始めです。子どもたちが自立し，日常生活をうまく営むことができるように，視覚的に支援する方法は，他にもたくさんあります。具体的で目に見える形にして子どもたちに情報を与えましょう。そうすれば，混乱しイライラしかねない事態になっても，対処しやすくなるのです。困難な状況にうまく対処するために必要な構造を，視覚的情報は子どもたちに与えてくれるのです。

視覚的支援具の参考例

休憩（表）

休憩（裏）

家族カレンダー

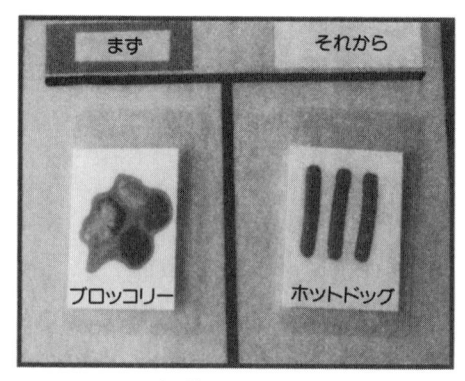

まず，それから

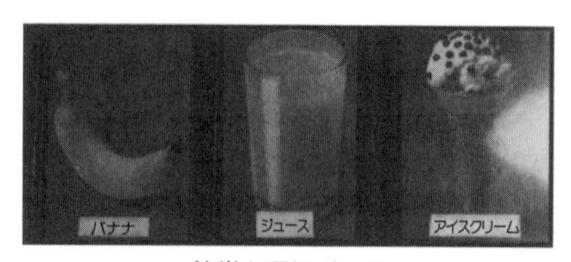

簡単な選択ボード

ナナちゃんのパソコンにさわらない

視覚的支援具の追加例

　視覚的支援具には，説明をつけることもあります。支援具はこぎれいなものではなくても，非常に具体的で重要なニーズを満たしてくれます。いくつか例を挙げます。

　この**支援マニュアル**は，ケイティのお母さんが作りました。これは，学校内の様々な場面で，ケイティがうまくふるまうための助けとなるような特記事項を，支援者が忘れないようにするためのものです。

　このマニュアルは，（代替の教師のように）初めてケイティに関わる人や，（昼食の介助員のように）接触の機会が少ない人にとって特に有用でした。

　洗濯カードによって，厄介な状況をいくつも乗り越えることができました。服が汚れているということが，ケイティには理解できませんでした。でも，自分は入浴する必要があるということが，ケイティにはわかっていましたので，ケイティの服も洗濯機の中で入浴する必要があるということを視覚化しました。そうするうちに，選択肢の中から洗う服を選ぶことができるようにもなりました。

　仕事のリマインダー：2年生になって，子どもたちは係活動をすることになりました。この視覚的支援具（イラスト右）は，8月20日月曜日から24日金曜日まではドア係だ，ということをこの子どもに思い出させてくれました。裏側には，8月27日月曜日から9月7日金曜日までは係活動はなし，と書いてあります。これは重要な視覚的支援具でした。ある特定の日にはもうドア係ではなくなりますが，その後は係活動がなくなる，あるいは別の係活動をすることになるということの心の準備が，この子どもには必要だったからです。この視覚的支援具により，係活動の切り替えがわかりやすくなり，大パニックを予防することができました。

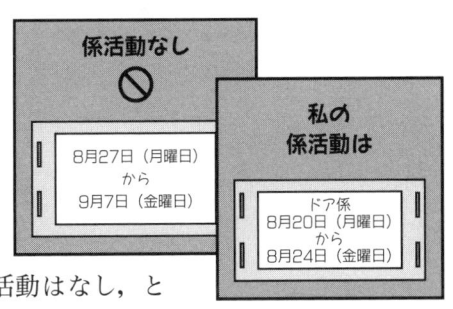

Linda Hodgdon and Marianne Bryant. (2010). Practical Communication Tools for Autism, Troy, MI：QuirkRoberts Publishing. www.UseVisualStrategies.com

視覚的支援具の追加例

　視覚的支援のページを作って，本人が決定できるようにし，安全性と自立度を高めるルーティンに基づいて行動できるようにしましょう。以下にいくつか例を挙げます。

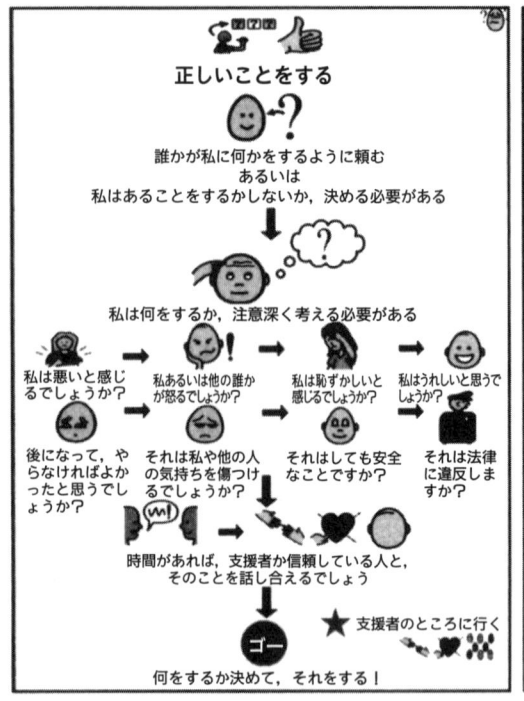

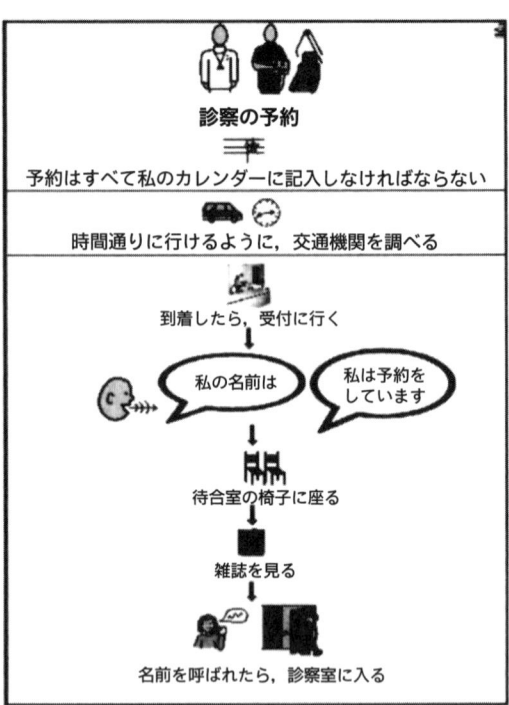

付録 237

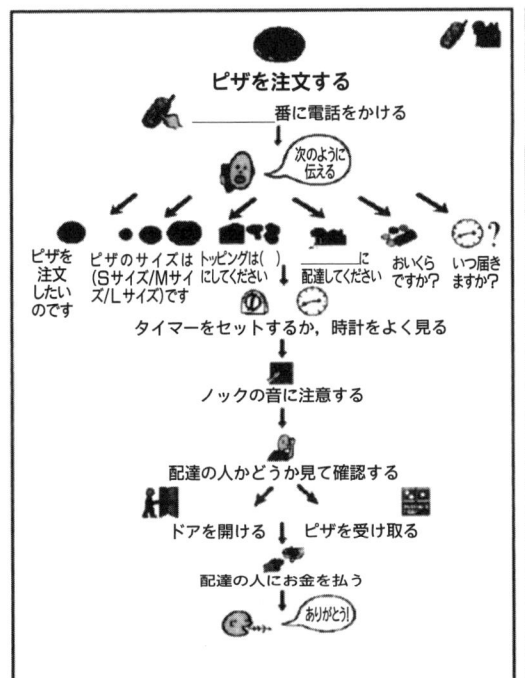

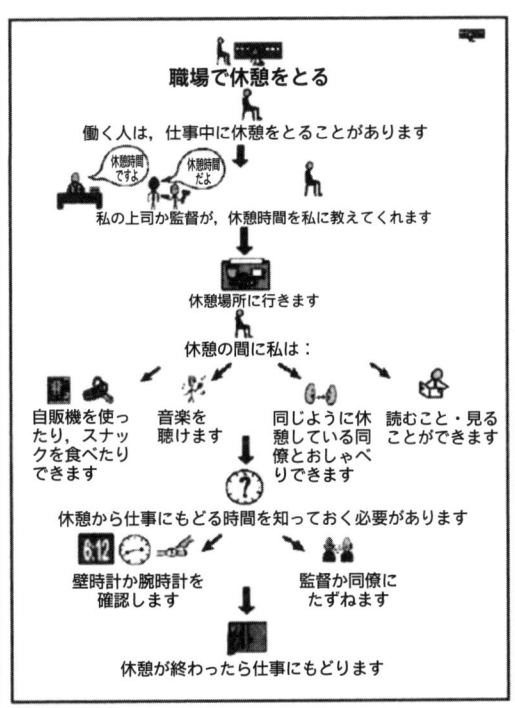

ピザを注文する

_____番に電話をかける

次のように伝える
- ピザを注文したいのです
- ピザのサイズは(Sサイズ/Mサイズ/Lサイズ)です
- トッピングは(　)にしてください
- _____に配達してください
- おいくらですか？
- いつ届きますか？

タイマーをセットするか，時計をよく見る

ノックの音に注意する

配達の人かどうか見て確認する

ドアを開ける　ピザを受け取る

配達の人にお金を払う

ありがとう！

職場で休憩をとる

働く人は，仕事中に休憩をとることがあります

「休憩時間ですよ」「休憩時間だよ」

私の上司か監督が，休憩時間を私に教えてくれます

休憩場所に行きます

休憩の間に私は：
- 自販機を使ったり，スナックを食べたりできます
- 音楽を聴けます
- 同じように休憩している同僚とおしゃべりできます
- 読むこと・見ることができます

休憩から仕事にもどる時間を知っておく必要があります

- 壁時計か腕時計を確認します
- 監督か同僚にたずねます

休憩が終わったら仕事にもどります

http://www.theplannerguide.com

自閉症とコミュニケーションについての8つの神話とその克服方法

リンダ・ホジダン, M.Ed., CCC-SLP

理解しておくべき最重要事項を以下に挙げます。

自閉症は，謎……あるいは難問……となることがあります。

私たちを当惑させ……困惑させ……混乱させることがあるのです。

それでも，自閉症スペクトラムの人について学ぶべき，非常に重要なことがいくつかあります。基本的概念をいくつか学ぶと，自閉症の人の良さを見出す旅の舵取りがしやすくなり，自閉症の人を成功に導く選択肢を選びやすくなるでしょう。

神話を葬ってしまえば，難問には解決策があることに気づきます。それは非常に単純な解決策のこともあります。絵・写真，標識，ロゴ，黄色い付箋紙などの視覚的支援具は，困難な状況を乗り越えるためのとても簡単な支援具となります。その理由を探ってみましょう。

神話その1―自閉症の人は誰でも同じである

間違いです。

私たちは，自閉症スペクトラム（ASD）を話題にしています。最もよく見られるASDは，自閉症，アスペルガー症候群，特定不能の広汎性発達障害です。スペクトラム上のこれらすべてを指して，簡単に自閉症と呼ぶこともあります。

覚えておくべき重要なことがあります。「スペクトラム」という語はとても重大な意味を持っているのです。すなわち，自閉症，アスペルガー症候群，広汎性発達障害（PDD），特定不能の広汎性発達障害（PDD-NOS），あるいはその他のASDと診断されている人たちの行動や能力発揮は，一人ひとりとても異なるという意味なのです。

自閉症スペクトラムの人に共通する行動上あるいは学習上の問題も，広範囲にわたります。それが診断のもとになっているのです。しかし，一人ひとり異なります。

スキルの高い人もいます。学ぶのがとても遅い人もいます。もちろん，コミュニケーションと対人的スキルの問題は，自閉症診断の構成要素です。

子どもの個性的な強み，ニーズ，課題を理解することは，良い結果を生むための重要な第一歩です。そして，これが神話その2へとつながります。

神話その2―話すことさえできれば，万事うまくいくだろう
　とてもそうはいかないのです。
　コミュニケーションは，単にことばを話せるということではなく，それ以上のものです。
　コミュニケーションは，まさに自閉症スペクトラムの人の主要な問題領域なのです。診断基準のひとつなのです。
　コミュニケーションのスキルとその問題は，子ども一人ひとり多種多様です。コミュニケーションのスキルで人々が最も重視するのは，当人のことばを話す能力であることがとても多いのです。それが最も容易に観察できるスキルだからです。
　しかし本当は違います。自閉症の人の中には，ことばを話せない人もいます。決して話せるようにはならない人もいるのです。ことばを話せるようになっても，それを効果的に使う能力に制約がある人もいます。相手と上手に関わるためにことばを使えるようになる人も中にはいます。アスペルガー症候群の人たちは，より正常なあるいは定型的な発達パターンに沿ってことばが発達しますが，会話の対人的な面で多くの問題を抱えています。能力の程度は実に様々なのです。これこそ，まさに「スペクトラム」のスペクトラムたる所以です。
　欲しいものを要求する能力や，何がよくないのかを誰かに伝える能力を発達させることは，自閉症スペクトラムの子どもたちすべてにとって重要な目標です。
　しかし，話すことはコミュニケーションの一側面にすぎません。理解することも同じくらい重要なコミュニケーションの一側面なのです。話すこと以上に重要でさえあるかもしれません。コミュニケーションのこの理解面でも，能力と障害は「スペクトラム」と言えるでしょう。
　自閉症スペクトラムのほとんどの人は，理解することの困難さを経験します。ことばを話せる子どもでさえも，他者について，自身の対人関係の世界について，その理解と解釈とに著しい困難さを経験することがあるのです。このことは，神話その3につながります。

神話その3―自閉症の子どもは人の言うことをすべて理解できる

　間違いです。すべてを理解できるわけではありません。

　確かに理解できることもありますが，必ずしも私たちが期待しているようには理解していません。あるいは他の子どもが理解しているようには理解していません。自閉症の子どもの多くは，とても上手にルーティンを習得するので，本当は習得した日常生活のルーティンにただ従っているだけなのに，言われたことをあたかも理解しているかのように見えることがあるのです。

　自閉症の子どもたちは，他者のことばを理解することに困難を覚えることがよくあります。その理由のひとつは，誰かが話しかけても，子どもは注意を向けていないということです。子どもが注意を向けていなくても，人はたくさん子どもに話しかけるのです。

　次に，覚えておくべきことを挙げます。

　ことばは一過性のものです。聞こえたかと思えば，すぐに消えてしまいます……雲散霧消してしまうのです。もし子どもが注意を向けていないか，「受信」していなければ，誰かが自分に話しかけているということに気づきさえしないうちに，ことばは消えてしまうかもしれません……。たとえ気づいたとしても，ことばはすぐに消えてしまうのです。

　これは一例にすぎません。コミュニケーションは複雑だということを忘れないでおくことが大切です。コミュニケーションには，情報処理のスキル，思考整理のスキル，対人的環境からの合図や手がかりの解釈のスキル，その他多くのスキルが関係します。

　他者に注意を向けることと，他者が伝えようとしている内容を理解することが難しいと，望みやニーズを満たす能力も重大な影響を受けます。日常生活のルーティンへの参加の仕方にも影響を及ぼすでしょう。

　つまり，一般にこのような子どもたちは，私たちが思っているほどには理解できないということを，コミュニケーションの相手として私たちが理解することが極めて重要なのです。

　相手は何を伝えようとしているのか，自分の生活でこれから何があるの

か，それらをどれくらい理解できるかということが，行動の自己管理のありようを左右するということが極めて重要です。これが神話その4につながります。

神話その4―自閉症の子どもの問題行動には何の理由もない

全く違います。

自閉症の子どもの問題行動には，一見理由がないかのように見える，と言う方がよいかもしれません。時には，なぜ問題が存在しているのかがよくわからないこともあります。しかし，たいていは理由があるということを忘れてはなりません。

私たちの課題は，探偵のような観察眼を持つことです。よく観察すると，いくつかのパターンが見えてきます。問題行動は，医学的なニーズあるいは感覚の問題に根ざしていることもあります。多くの可能性があるのです。けれども，ここでの焦点はコミュニケーションです。

コミュニケーションと行動との間には，とても深い関係があります。問題行動は，子どもたちが自分自身をあまりうまく表現できないために生じることがあるのです。

ことばを話せるにしても話せないにしても，子どもたちが望みやニーズを伝えるために使っている方法が，あまり効果をあげていないのかもしれません。

問題行動はまた，子どもたちが理解できないために生じることもあります。しなければならないことやしてはならないことが，理解できないのです。欲しいものが，欲しいときにもらえない理由が，理解できないのです。事態が変化すると混乱してしまうのです。問題がコミュニケーションに根ざしていることが，極めて多いのです。

子どもは状況をコントロールしようとします。時には，子どもが使うコントロール手段が容認できないということもあります。最終的に，問題行動というラベルを私たちは貼ることになるのです。

コミュニケーション障害に基づくこれらの問題行動は，幼児にも見られることがあります。学齢児にも見られます。問題行動や不適切な対人的反応に発展するコミュニケーションの重大な断絶は，青年や成人でも見られます。

興味深くもあり困難でもある事実は，本人がことばを話せるかどうかとは関係がないということです。

　実際，スキルが高い，あるいは年齢が高いアスペルガー症候群の人で，しかもよく話せる人でも，コミュニケーションの断絶に関係した行動的・対人的な問題や困難さが見られるのです。それは，もっと年下の子どもやコミュニケーション・スキルがもっと制限された人たちと同様なのです。しかし，次のこともわかっています。
　視覚的支援があれば，結果はずいぶん異なります。
　朗報があります。このような問題行動と対人的問題を大幅に減らすために，視覚的支援法が使えるということです。視覚的支援法は，子どもたちがもっと上手に自己表現をするうえで力になります。
　けれども，さらに重要だと言えることは……視覚的に支援すると，これらの人々は，理解力が向上し，日常生活活動に上手に参加できるようになるということです。これが神話その5につながります。

神話その5─絵・写真は幼児にしか使えない
　絶対に間違い。けれども，このことをよく理解するためには，絵・写真の使い方をしっかり理解することが重要です。
　元々，絵・写真はことばを話せない子どもたちを助けるために使われました。選択をしやすくし，何が欲しいかを相手に伝えるために，絵・写真を指差すことを子どもに教えたのです。このやり方は，これまで絵・写真の重要な使用方法でした……子どもたちが自分をうまく表現することを手助けする手段でした。
　しかし，絵・写真は他の面でも極めて有用なことが判明しました。子どもたちの理解を助けるのです。私たちにわかっていることは以下のことです。

　自閉症スペクトラムの人の大多数が聞いたことよりも見たことの方をよく理解するのです。

　さて，この見解に反論しようとする人たちもいますが，私たちのほぼ全員（あなたも私もという意味です）が，聴覚的情報よりも視覚的情報の方

によく応じられるということを実証した，実に興味深い研究がいくつかあるのです。

もちろん，例外もあります。いつだって例外はあるものです。けれども，私たちの社会が，どれほどテレビ，映画，テレビゲームの，そしてもちろん，メール機能のある新時代の携帯電話やスマートフォン，そしてインターネットなどの虜になっているかについて，考えてみてください。

（原注：私は，学会などで話すとき，学ぶことに役立つのは情報を聞くことか，それとも見ることかと出席者に質問します。すると，ほとんどの人が視覚的情報の方だと答えます。このことからも，研究結果は正しいのだと思います）

自閉症に話をもどします……

視覚的支援法によって，自閉症スペクトラムの子どもたちがもっとうまくやれるためには，どのような支援ができるかを実証する研究は増加の一途をたどっています。

視覚的支援法は，視覚的支援具や視覚的支援とも言います。靴や弁当箱のような物体のこともあります。線画や写真のように画像のこともあります。その人の年齢や特別なニーズ次第では，文字や指示書ということすらあります。しかし，肝心な点は……

視覚的に支援することで，子どもたちは成功しやすくなるのです。

本当に，本当に重要なのは，この視覚的支援が，あらゆる年齢，あらゆるスキル・レベルの自閉症スペクトラムの人（そして他にも特別な学習上のニーズを抱える多くの子どもたち）に有効なことを理解することです。そして，これが神話その6につながります。

神話その6――あなたの子どもの問題をすべて解決するためには，スケジュールを使用しさえすればよい

なるほど，スケジュールは非常に重要な視覚的支援具なのですが，スケジュールさえ作ればよいと考える人が多すぎます。本当に神話としか言いようがありません。

スケジュールを使うのはよいことですが，これは手始めにすぎないのです。スケジュールは，子どもに使う最初の視覚的支援具として，教師や親によく勧められます。

スケジュールは，その日，子どもに何が予定されているのかについて情報を与えることで，場面の切り替えを容易にし，活動を予測できるように

してくれます。スケジュールは，他にも多くの重要なニーズを満たしてくれます。

しかし，子どもたちの役に立つ視覚的支援具と支援法の道具箱は巨大であり，スケジュールはその中のひとつの道具にすぎない，と理解することが本当に重要なのです。

スケジュールで何もかも修理できると考えるのは，修理屋が道具箱に入れておくものはハンマーだけでよい，と考えるようなものです。

ハンマーは有用であり，非常に重要ですが，仕事をやり遂げるためには，道具セットを丸ごと修理屋は必要とするのです。

視覚的支援法も同じように機能します。子どもがうまくやれるために使える視覚的支援法は何百通りもあるのです。

「視覚的支援の道具箱」に有効な視覚的支援具を十分に用意しておくという心がけが大切です。そうすれば，学校や家庭の活動にうまく参加するために必要となったら，すぐに使うことができます。このことが神話その7につながります。

神話その7―絵・写真を使うと私の子どもを障害児にしてしまう

この神話には，質問で答えることにします。食料品店で，次の子どものうち，どちらが障害を背負っているように見えますか？

- 欲しいものを母親が買ってくれないと思って，ボビーは激怒し，何十箱ものクッキーを店の棚から床にぶちまけています。
- 食料品店に入る前に，母親は小さな絵カードをアダムに渡し，アダムはそれをポケットに入れています。「買い物の終わりにクッキーを買ってあげます」と母親はアダムに言いました。クッキーの棚のところで，母親は，ポケットからクッキーの絵カードをアダムに取り出させます。「クッキーを選んで買い物かごに入れていいよ」と母親はアダムに言います。

どちらの子どもと買い物に行きたいですか？　私ならアダムの母親になりたいです。

視覚的に支援すると子どもは障害児になると心配する人に会うと，私は

いつもニヤッとしてしまいます。なぜなら，カレンダーや予定表，「すること（To Do）」リスト，大量の黄色い付箋紙などの視覚的支援具に，私自身の生活は満ちあふれているからです。

あなたはどうですか？

私たちの周囲では，既に多くの視覚的支援が行われています。私たちの生活を導いてくれる標識，ロゴ，停止信号などについて考えてみてください。ガソリンを入れるとき，ATMを使うとき，食料品店でクレジットカードを使うとき，すべての場合に多くの視覚的手がかりに助けられています。私たちは視覚的支援に取り巻かれているのです。

視覚的支援法は絵・写真だけではありません。あなたに見えるものは何でも有用な支援具になりうるのです。けれども，絵・写真はなかなかいい支援具なのです。要は，人々に理解できる視覚的支援を行うということです。

もちろん，年齢的にふさわしいものにすることは重要です。一人ひとりが最大限の成果を収められるように，視覚的支援を，いつ，どのようにするかを決定する必要もあります。そして，何を，どのようにするかを明確にすることが目標となるのです。これが神話その8へとつながっていきます。

神話その8―視覚的な支援は面倒で時間がかかる

そうですね。正直にお答えしましょう。視覚的支援具の準備には，少々考えることが必要ですし，時間もかかります。しかし，難しいあるいは克服できない作業になるはずはありません。以下に挙げるのは，絶えずつきまとっていた問題への手っ取り早い解決策を，ある母親が発見した様子です。

> 　視覚的支援法についての先生の講演会に出席しました。先生のプレゼンテーションは驚きでした。講演会の数日後のことです。アスペルガー症候群の息子にパジャマを着せようとしましたが，うまくいかず，万策尽きて困り果てていました。
>
> 　パジャマを着るようにと，何度も何度も（ええ，わかっているんですが）言わなければならなかったので，私はイライラしてきました。長い，長い間（年単位で）続いており，うんざりしていたのです。
>
> 　突如として先生の講演が頭に浮かんで，問題は私にあるのだと気づいたのです。私は聴覚のみに訴えていて，それは息子のやり方に合っていなかったのです。イライラする代わりに，私は約 8 cm×13 cm 大のカードを買ってきて，「今，パジャマを着なさい！」と書き，穏やかにそれを息子に手渡したのです。
>
> 　息子が目を丸くしたのを見て，私はびっくり仰天しました。しかも，息子は立ち上がると，「わかった」と言いました。すぐにパジャマを着たのです。それがすごくうまくいったことにとても大きなショックを受けた私は，そのショックから回復すると，さらにカードに書きました。「ありがとう。愛しているわ」と。すると息子は，とても素敵な笑顔を返してくれたのです。
>
> 　皆が先生の講演を聞きに行けるといいのに，と私は思います。私は視覚的支援を使うことを常に覚えているわけではないのですが，使ったときにはすごく効果を発揮してくれます！
>
> 　　　　　　　　　　　　　　　　　　　　——ミシェル（母親）

　必死になる必要はないのです。自閉症スペクトラムの子どもたちが，うまく理解して活動に参加できるように，子どもたちの生活の中で構造を視覚的に示すことが重要なのです。何を，どのようにするかを，知らねばならないだけなのです。

　それがすべてなのです……

参考文献

American Speech-Language-Hearing Association. (2006). Roles and Responsibilities of Speech-Language Pathologists in Diagnosis, Assessment, and Treatment of Autism Spectrum Disorders Across the Life Span [Position Statement]. Available from www.asha.org/policy.

Banotai, Alyssa, How to Talk to Children, Advance, Jan 21, 2008 ... Vol. 18, Issue 3, Page 6.

Bellini, S. & Akullian, J. (2007). A Meta-Analysis of Video Modeling and Video Self-Modeling Interventions for Children and Adolescents with Autism Spectrum Disorders. *Exceptional Children*, 73, 261-284.

Carr, E. (1985). Behavioral approaches to communication in autism. In E. Schopler & G. Mesibov (Eds.), *Communication Problems in Autism*. New York: Plenum Press.

Couchene, E. (1991). A new model of brain and behavior development in infantile autism. *Autism Society of America Conference Proceedings*. Indianapolis, IN: ASA.

Bondy, A., & Frost, L. (1994). The picture exchange communication system. *Focus on Autistic Behavior*, 9 (3), 1-19.

Dettmer, S., Simpson, R.L., Myles, B.S., & Ganz, J.B. (2000). The use of visual supports to facilitate transitions of students with autism. *Focus on Autism and Other Developmental Disabilities*, 15 (3), 163-169.

Dooley, P., Wilczenski, F.L., & Torem, C. (2001). Using an activity schedule to smooth school transitions. *Journal of Positive Behavior Interventions*, 3, 57-61.

Frith, U. (1989). *Autism, Explaining the Enigma*. Worcester, England: Billings. (冨田真紀，清水康夫，鈴木玲子訳，『新訂自閉症の謎を解き明かす』，東京書籍)

Grandin, T. (1995). *Thinking in Pictures*. New York: Doubleday. (カニングハム久子訳『自閉症の才能開発—自閉症と天才をつなぐ環』，学習研究社)

Grandin, T. (1990). Needs of high functioning teenagers and adults with autism. *Focus on Autistic Behavior*, 5 (1), 1-16.

Grandin, T. (1991). Autistic perceptions of the world. *Autism Society of America Conference Proceedings*. (pp. 85-94). Indianapolis, IN: ASA.

Gray, C. A. & Garand, J. D. (1993). Social stories: Improving responses of students with autism with accurate social information. *Focus on Autistic Behavior*, 8 (1), 1-10.

Grofer, L. (1990). Helping the child with autism to understand transitions. *The Advocate*, 21 (4).

Hodgdon, L. (1991). Solving behavior problems through better communication strategies. *Autism Society of America Conference Proceedings* (pp. 212-214). Indianapolis, IN: ASA.

Hodgdon, L. (1995). Solving social -behavioral problems through the use of visually supported communication. In K. Quill (Ed.), *Teaching Children with Autism*. Albany: Delmar Publishing Co.

Hodgdon, L. (1995). *Solving Behavior Problems in Autism*. Troy MI: QuirkRoberts Publishing. (門眞一郎訳『自閉症スペクトラムと問題行動』，星和書店)

Hull, R.H. (2008, November). How to talk to children. Technical session presented at the annual meeting of the American Speech-Language-Hearing Association, Chicago, IL.

Kistner, J., Robbins, F., & Haskett, M. (1988). Assessment and skill remediation of hyperlexic children. *Journal of Autism and Developmental Disorders*, 18, 191-205.

LaVigna, G. (1977). Communication training in mute autistic adolescents using the written word. *Journal of Autism and Childhood Schizophrenia*, 7, 135-149.

LaVigna, G. & Donnellan, A. (1986). *Alternatives to Punishment: Solving Behavior Problems with Non-aversive Strategies*. New York: Irvington.

Mayer-Johnson, R. (1981). *The Picture Communication Symbols Book*. Solana Beach, CA: Mayer-Johnson Co.

Medina, J. (2008). *Brain Rules*. Seattle: Pear Press. (小野木明恵訳『ブレイン・ルール』, NHK出版)

Mehrabian, A. (1972). *Nonverbal Communication*. Chicago: Adline Publishing Co.

Mirenda, P. & Iacono, T. (1988). Communication options for persons with severe and profound disabilities: State of the art and future directions. *Journal of the Association for Persons with Severe Handicaps*, 15, 3-21.

Mirenda, P. & Locke, P. (1989). A comparison of symbol transparency in nonspeaking persons with intellectual disabilities. *Journal of Speech and Hearing Disorders*, 54, 131-140.

Mirenda, P. & Santogrossi, J. (1985). A prompt-free strategy to teach pictorial communication system use. *Augmentative and Alternative Communication*, 1, 143-150.

Norman, J.M., Collins, B.C., & Schuster, J.W. (2001). Using an instructional package including video technology to teach self-help skills to elementary students with mental disabilities. *Journal of Special Education Technology*, 16, 5-18.

Orelove, F. P. (1982). Developing daily schedules for classrooms of severely handicapped students. *Education and Treatment of Children*, 5, 59-68.

Paul, R. (1987). Communication. In D. Cohen & A. Donnellan (Eds.) *Handbook of Autism and Pervasive Developmental Disorder*. New York: John Wiley.

Pierce, K.L. & Schreibman, L. (1994). Teaching daily living skills to children with autism in unsupervised settings through pictorial self-management. *Journal of Applied Behavior Analysis*, 27 471-481.

Prior, M. (1979). Cognitive abilities and disabilities in autism: A review. *Journal of Abnormal Child Psychology*, 2, 357-380.

Prizant, B. (1983). Language and communication in autism: Toward an understanding of the "whole" of it. *Journal of Speech and Hearing Disorders*, 48, 296-307.

Prizant, B. & Schuler, A. (1987). Facilitating communication: Language approaches. In D. Cohen & A. Donnellan (Eds.) *Handbook of Autism and Pervasive Developmental Disorder*. New York: John Wiley.

Quill, K. (1991). Methods to enhance student learning, communication and self-control. *Autism Society of America Conference Proceedings*. Indianapolis, IN: ASA.

Quill, K. (1995). *Teaching Children with Autism: Strategies to Enhance Communication and Socialization*. Albany, NY: Delmar Publishing Co.

Rogers, S. J. & Lewis, H. (1989). An effective day treatment model for young children with pervasive developmental disorders. *Journal of the American Academy of Child and Adolescent Psychiatry*, 28, 207-214.

Rotholz D., Berkowitz S.F., & Burberry J. (1989). Functionality of two modes of communication in the community by students with developmental disabilities: A comparison of signing and communication books. *Journal of the Association for Persons with Severe Handicaps*. 14, 227-233.

Schmit, J., Alper, S., Raschke, D., & Ryndak, D. (2000). Effects of using a photographic cueing package during routine school transitions with a child who has autism. *Mental Retardation*, 38, 131-137.

Smith, M. (1990). *Autism and Life in the Community: Successful Interventions for Behavioral Challenges*. Baltimore: Paul H. Brookes Publishing Co.

University of Texas-Paper presented at Radiological Society of North America 2009.

Radiological Society of North America, news release, Dec. 1, 2008.

Vygotsky, L.S. (1987). *Mind in Society: Development of Higher Psychological Processes*. Cambridge: Harvard University Press.

Whitehouse, D. & Harris, J. (1984). Hyperlexia in autism. *Journal of Autism and Developmental Disorders*, 14, 281-289.

Williams, D. (1992). *Nobody Nowhere*. New York: Times Books. (河野万里子訳『自閉症だったわたしへ』，新潮文庫)

Wing, L. (1988). The continuum of autistic characteristics. In E. Schopler & G. Mesibov (Eds.) *Diagnosis and Assessment*. New York: Plenum. (田川元康，長尾圭造監訳『自閉症の評価』，黎明書房，所収)

Additional references & resources are posted at www.AutismFamilyOnline.com

訳者あとがき

　本書は，リンダ・A・ホジダンの"*Visual Strategies For Improving Communication*"（2011）を訳したものです。すでに本書の姉妹篇とも言える『自閉症スペクトラムと問題行動』（"*Solving Behavior Problems in Autism*"）を星和書店から刊行していますが，そちらは妹篇，あるいは発展編なので，姉篇も訳してほしいとの要望が寄せられました。そこで姉篇，あるいは基本編である本書を訳すことになりました。実は翻訳することが決まってまもなく，小川由香さんが下訳をしてくださったのですが，私の横着さから，なかなか監訳作業にとりかかれませんでした。やっとのことでいざ出陣となったそのときに，たまたま覗いたホジダン先生のホームページには，なんと，改訂増補版が出たとのニュースが載っていました。愕然として（この言葉はよく誤用されます。「がっかり」ではなく「びっくり」の意です），すぐに星和書店に連絡を取りました。出版社としてはいろいろ難しいこともあったようですが（私にはよくわかりません），最終的には改訂増補版を訳させていただけることになりました。

　改訂増補版は，初版の古臭くなった箇所がわずかに削除されただけで，ほとんどが加筆なので，初版ではなく改訂増補版の方を訳出すべきだと思い，星和書店にお願いしたところ快諾していただきました（増補された箇所は黒澤麻美さんが下訳してくださいました）。

　改訂増補は，主に近年の急激なICT機器の進歩に関するものです。PCはもとより，スマートフォン，タブレット端末など，ICT（情報コミュニケーション技術）の業界は日進月歩の世界です。そこには，自閉症スペクトラムをはじめとして，減り張り（メリハリ）の著しい発達を特徴とする人たちにとっても，有用なものが続々登場しています。そのような世の中の変化に対応した改訂増補ですが，著者も言うように「本書が出版される頃には，さらに新製品が登場して，この分野の可能性をさらに拡大伸張している」はずです。

　本書は，自閉症スペクトラムの人にとって，もっとも重要な制約となっているコミュニケーションの困難さ，特に音声言語によるコミュニケーションの困難さに対して，もっとも有効な支援法である視覚的支援を，豊富

な具体例とともに解説した本です。

　著者は，「表出」コミュニケーションに先行するのは「理解」コミュニケーションなのに，従来のコミュニケーション支援は「表出」の支援に偏っているので，まず「理解」コミュニケーションの方を支援すべきだと述べています。しかし，著者の言う「表出」は，主に「応答の表出」のようです。そうであるなら，「理解」のコミュニケーション支援の方が優先されるのも当然でしょう。しかし「表出」で大事なのは「応答の表出」よりも「自発の表出」です。後者の支援は，「理解」の支援に先行，あるいは並行して行うべきです。ホジダンは，本書の姉妹篇の『自閉症スペクトラムと問題行動』において，「自発の表出」コミュニケーションについて触れ，PECS（絵カード交換式コミュニケーション・システム）についても少しだけ紹介しています。しかし，本書がコミュニケーション支援についての本である以上，もっと「自発の表出」についてもページを割いて，PECSについても触れてほしかったというのが，訳者の個人的な不満です。特に，ICT機器を使う場合，メッセージを相手に確実に伝えるスキルは，PECSを習得している場合とそうでない場合とでは雲泥の差となるからです。

　とは言え，本書が，自閉症スペクトラムの人の理解コミュニケーションの支援を考えていくうえで，とても有用なガイドブックとなることは言うまでもありません。あとは著者が言うように，読者の皆さんがまず一つから始めてみることです。

　翻訳出版に当たっては，星和書店編集部の桜岡さおりさんに一方ならぬお世話になりました。ありがとうございました。監訳作業がとても遅れてご迷惑をかけたのですが，それが幸いして改訂増補版を出すことができました。まさに人間万事塞翁が馬ということを実感させられた作業でした。

　　　　　　　　　iPhone 5の予約開始のニュースを聞きながら
　　　　　　　　　　　　　　　　　　アンドロイダー　門　眞一郎

◆訳者◆

門 眞一郎（かど しんいちろう）
1948 年　広島市生まれ
1973 年　京都大学医学部卒業
1980―81 年　ロンドン大学精神医学研究所にて研修
1981 年より京都市児童福祉センターに勤務
現在，京都市児童福祉センター副院長。
訳書　ホジダン著『自閉症スペクトラムと問題行動―視覚的支援による解決―』（星和書店），サットマリ著『虹の架け橋―自閉症・アスペルガー症候群の心の世界を理解するために―』（星和書店），ボンディ＆フロスト著『絵カード交換式コミュニケーション・システム（PECS）マニュアル』（ピラミッド教育コンサルタントオブジャパン）など
ホームページ　http://www.eonet.ne.jp/~skado/

小川 由香（おがわ　ゆか）
1967 年生まれ。群馬県出身。東京女子大学短期大学部英語科卒業。
保険会社勤務後カナダに滞在し，帰国後フリーランスで翻訳業に従事。
現在カナダ・バンクーバー在住。

黒澤 麻美（くろさわ　あさみ）
東京都生まれ
1989 年　慶應義塾大学文学部卒業
1990 年　英国オックスフォード大学留学（～1993 年）
1991 年　慶應義塾大学大学院文学研究科修士課程修了
帰国後，複数の大学で英語講師として勤務
2005 年　北里大学一般教育部専任講師
星和書店より訳書多数。

◆著者◆

リンダ・A・ホジダン（Linda A. Hodgdon, M.Ed., CCC-SLP）

　自閉症スペクトラムなどの子どもたちのコミュニケーションを視覚的に支援する方法の開発の先駆者として，国際的に著名な言語聴覚士です。リンダ・ホジダンは，天性の指導者，コンサルタント，天才的な伝達者であり，豊かな情熱・洞察・エネルギーにあふれ，創造的で刺激的な講演をします。

　講師やコンサルタントとしての 30 年以上にわたる活動の中で，診断されたばかりの子どもの親から自閉症の経験豊富な専門家まで，世界中の数多くの人たちに強力なメッセージを発信してきました。

　リンダ・ホジダンは，コミュニケーションの向上を目標として，コンサルテーション，トレーニング，専門家の育成を行うコーナーストーン・コミュニケーション・センターの所長を務めています。

自閉症スペクトラムとコミュニケーション

2012 年 10 月 29 日　初版第 1 刷発行

著　者　リンダ・A・ホジダン
訳　者　門眞一郎，小川由香，黒澤麻美
発行者　石澤雄司
発行所　㈱星 和 書 店
　　　　〒168-0074　東京都杉並区上高井戸 1-2-5
　　　　電話　03 (3329) 0031 (営業部)／03 (3329) 0033 (編集部)
　　　　FAX　03 (5374) 7186 (営業部)／03 (5374) 7185 (編集部)
　　　　http://www.seiwa-pb.co.jp

Ⓒ 2012　星和書店　　Printed in Japan　　ISBN978-4-7911-0824-4

・本書に掲載する著作物の複製権・翻訳権・上映権・譲渡権・公衆送信権（送信可能化権を含む）は ㈱星和書店が保有します。

・JCOPY 〈(社)出版者著作権管理機構　委託出版物〉
本書の無断複写は著作権法上での例外を除き禁じられています。複写される場合は，そのつど事前に (社) 出版者著作権管理機構 (電話 03-3513-6969，FAX 03-3513-6979, e-mail：info@jcopy.or.jp) の許諾を得てください。

自閉症スペクトラムと問題行動

視覚的支援による解決

［著］リンダ・A・ホジダン
［訳］門 眞一郎、長倉いのり
B5判　288頁　本体価格 3,800円

アスペルガー症候群や自閉症の子どもたちの問題行動の原因は、コミュニケーションの断絶や不全にあることが多い。その解決策は、コミュニケーション・スキルを向上させることである。自閉症スペクトラムの子どもたちの多くは、「聞く」よりも「見る」ことにより理解する能力にすぐれているため、「視覚的支援」がカギとなる。本書は、視覚的支援として用いる絵カードの例など、豊富なイラストとともにその方法を具体的に詳しく解説する。

虹の架け橋

自閉症・アスペルガー症候群の心の世界を理解するために

［著］ピーター・サットマリ　［訳］佐藤美奈子、門 眞一郎
四六判　404頁　本体価格 1,900円

自閉症とアスペルガー症候群の子どもたちの生活を、想像力逞しく、生き生きと再現した物語の集大成。子どもたちや親の物語、著者の共感に満ちた思いが、読者の障害に対する見方を変えていく。親、医療・教育関係者、そして一般読者にもお勧めの名著である。

発行：星和書店　http://www.seiwa-pb.co.jp　価格は本体(税別)です